Für unseren Opa Ludwig, der uns mit
seiner Leidenschaft für alte Tomatensorten
und seinen Küchengarten inspiriert hat.

INHALT

VORWORT
7

UNSER GARTEN
8

UNSERE KÜCHE
10

FRÜHLING

Apfelblüten-Whiskey mit Honig 19
Radieschen-Wildkräuter-Tortilla 21
Frühlingspizza mit grünem Spargel
und Zuckererbsen 22
Frühlingssalat mit Räucherforelle
und schwarzer Nuss 26
Giersch-Apfelminz-Couscous mit Salzzitronen 29
Grüner Spargel mit Balsamico,
Erdbeeren und Parmesan 31
Knusperbrot mit Erbsen,
Karamellzwiebeln und Ei 32
Rosmarin-Rum-Cocktail 37
Rhabarber-Vanille-Tarte 38
Würzige Bärlauch-Scones mit Bergkäse 41
Ausgebackene Holunderblüten 42
Frühlingssuppe mit Schnittlauch-Nockerln 47
Mangoldstrudel mit getrockneten Tomaten 49
Spinatknödel 50
Brennnessel-Spätzle mit Röstzwiebeln 53

SOMMER

Garten-Shakshuka 61
Johannisbeer-Shrub 62
Sommerliche Tomatentarte 64
Gurkendrink mit Holunder 69
Zucchini-Fritters mit Apfel-Chutney 71
Tomaten-Focaccia mit Gartenkräutern 72
Bärlauchkapern mit gegrillter Paprika 74
Rhabarber-Wacholder-Gin am Stiel 79
Pavlova mit Erdbeer-Rhabarber-Kompott 80
Bunter Kartoffelsalat mit Radieschengrün-Pesto 82
Stockbrot mit Auberginen-Dip 84
Kräuterbutter aus dem Glas 87
Steffis Geburtstagstorte 90
Grünes Tomaten-Relish 93
Dinkel-Kaiserschmarrn mit Zwetschgenröster 95
Bier-Brathendl 97

HERBST

Pastinaken-Schwarzwurzel-Suppe
mit gerösteten Maronen 104
Romanesco-Sauerteig-Fladenbrot 107
Rote-Bete-Nudeln mit Gemüsechips
und Walnusspesto 109
Kürbiskekse 112
Gefüllte Kohlrabi 115
Kürbis-Gnocchi mit Gorgonzolasauce
und Salbei 116
Krautwickerl mit Dinkel und Haselnusssauce 118
Rotwein-Gewürz-Kuchen
mit versunkenen Birnen 123
Gefüllte Nudeln mit Balsamico-Birne 124
Apfelpfannkuchen 126
Kürbissuppe 128
Roggeneis mit Weißwein-Quitte 132
Zwetschgen-Cordial 135
Fermentierte Pilze 137

WINTER

Honig-Vanille-Rosenkohl mit Pürree 145
Portulak mit Ei und geröstetem Brot 146
Rinderschmorbraten mit Wurzelgemüse 149
Stoppelrübeneintopf 153
Winterporridge mit Birne 154
Rotkohlpuffer mit Feldsalat und Walnüssen 157
Sloe Gin Fizz 160
Gebackener Spitzkohl mit Butterbröseln 163
Rote-Bete-Suppe mit Meerrettich-Joghurt 164
Rotkohlsalat mit Feta 167
Schwarzwurzeltarte 171
Bratapfel mit Vanillesauce 172
Krensuppe mit Speck 175
Grünkohlsalat mit Buttermilchdressing 177
Dinkelrisotto mit gebratenen Frühlingszwiebeln 179
Gewürz-Apfel-Punsch 180

WEITERE KAPITEL

———

SAUERTEIG
183

UNSERE SPEISEKAMMER
189

HÜHNER HALTEN
199

Register
200

Impressum
208

VORWORT

Die Geschichte von *Farmmade* beginnt mit einer Reise zurück zu unseren Wurzeln: zum Hof, auf dem wir aufgewachsen sind. Damit haben wir uns den Wunsch nach einer ursprünglicheren Lebensweise erfüllt, mit eigenen Tieren, einem großen Garten und einer regional-saisonalen Ernährung – ganz im Einklang mit den Jahreszeiten.

Farmmade, das sind wir, die Schwestern Lisa und Steffi, unser Küchengarten und unser Leben auf dem Land. Über unsere Kindheit können wir viele Geschichten erzählen: Aufgewachsen sind wir in großer Freiheit irgendwo zwischen Feldern, Wiesen und Wald, was sicher auch unseren Charakter nachhaltig geprägt hat. Als wir erwachsen wurden, mussten wir erst weggehen, um uns vor einiger Zeit wieder auf unsere Ursprünge zu besinnen. Eine Entscheidung, die alles verändert hat.

Als erfahrene Gastronominnen setzen wir uns schon lange mit gesunder, nachhaltiger Ernährung, regionaler Vielfalt und Qualität von Nahrungsmitteln auseinander. Neben einem erfolgreichen eigenen Food Truck haben diverse Fortbildungen und der Erfahrungsaustausch mit Gleichgesinnten zu unserem Wissen beigetragen. Auch wenn wir diese Zeit nicht missen möchten, haben der damit verbundene Stress und die Arbeit an den Wochenenden irgendwann nicht mehr zu unserem Bedürfnis nach Entschleunigung gepasst.

Hier wohnen wir nun also wieder im Kreis der großen Familie mit unseren Pferden, Hunden, Katzen und Hühnern. In diesem Buch stellen wir unsere Lieblingsrezepte vor und möchten dich einladen, uns ein Jahr in unserem Küchengarten zu begleiten. Wir hoffen, dich inspirieren zu können, mit offenen Augen durch die Natur zu gehen und dir zu zeigen, wie viel Freude es machen kann, die eigene Ernte zu verarbeiten. Es ist gar nicht schwer, mit einer guten saisonalen Ernährung auch einen nachhaltigeren Lebensstil zu erreichen – dein Teller macht den Unterschied!

UNSER GARTEN

Neben unserem weitläufigen Garten mit unterschiedlichen alten Obst- und Nussbäumen haben wir eine Nutzfläche mit Hochbeeten, essbaren Hecken und vielen Kräutern angelegt. Angrenzend befindet sich ein großes Gewächshaus, das wir von unserem Opa geerbt haben.

Uns ist besonders wichtig, dass Erde und Boden gesund und die Artenvielfalt lebendig bleiben. Das Zusammenspiel verschiedener Pflanzen trägt dazu entschieden bei. Wir setzen deshalb vor allem auf das Prinzip der Mischkultur, um mit der richtigen Wahl von Pflanznachbarn das Wachstum nachhaltig zu beeinflussen und so auf Pestizide und künstlichen Dünger verzichten zu können. Die verschiedenen Pflanzen beeinflussen sich positiv beim Wuchs und wehren gemeinsam Schädlinge ab. Frei laufende Hühner in unserem Garten sorgen auch durch ihr Scharren zusätzlich dafür, dass der Rasen tagsüber belüftet und von anderen Schädlingen befreit wird. Wir denken in Kreisläufen, das heißt, den Grasschnitt verwenden wir zum Mulchen der Beete oder zum Füttern der Hühner. Pferdemist arbeiten wir zur Nährstoffanreicherung in die Beete ein.

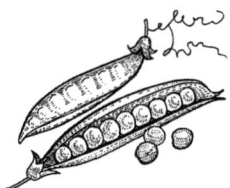

EIN GARTEN MUSS NICHT AUFGERÄUMT SEIN,
BEI UNS GIBT ES VIELE WILDE ECKEN.
―――――――――――――――――――――――――

Unser Wissen über die Gartenarbeit haben wir uns größtenteils durch Ausprobieren selbst angeeignet, andere Erfahrungen wurden von Generation zu Generation auf dem Hof weitergetragen. Nicht alles, was wir anpacken, funktioniert. Aber auch im Scheitern sehen wir eine Chance – vor allem mehr über unsere Wurzeln zu lernen. Ein Garten muss nicht aufgeräumt sein, bei uns gibt es viele wilde Ecken.

UNSER GROSSVATER WÄRE SICHER STOLZ DARAUF, DASS SEIN GARTEN ZU UNSEREM NEUEN LEBENSMITTELPUNKT GEWORDEN IST.

Solch ein naturnaher Garten ist nicht nur ein Rückzugsort für uns Menschen, sondern auch für Insekten, Bienen, Vögel und andere Tiere, die sich hier besonders wohlfühlen und eigene kleine Ökosysteme entstehen lassen. Sie brauchen Verstecke, Futter und Nistplätze, um zu überleben.

Unser Großvater hat uns mit seinem grünen Daumen und seiner Leidenschaft für alte Sorten ein paar gewaltige Fußstapfen hinterlassen, die wir nun Stück für Stück beim Reaktivieren unseres Küchengartens ausfüllen möchten. Sind heute die Johannisbeeren reif oder genug Walnüsse am Boden, klingt seine bestimmte Aufforderung zum Einsammeln noch immer bei uns nach. Wir fragen uns oft, was Opa wohl zu unserem Garten sagen würde. Sicherlich würde er den Kopf schütteln über so viel „Freiheit" für Unkräuter, aber er wäre bestimmt auch ein wenig stolz darauf, dass „sein Garten" zu unserem neuen Lebensmittelpunkt geworden ist.

UNSERE KÜCHE

Wir sind es gewohnt, für eine große Familie oder für Freunde, die spontan zum Essen bleiben, zu kochen. Das zelebrieren wir gerne an einem schön gedeckten Tisch mit bunten Blumen aus dem Garten, einem leckeren Cocktail oder auch einer Extraportion Nachtisch. Am liebsten kochen wir frei, spontan und ohne viele Regeln. Aber uns liegt einiges am Herzen, auf das wir achten und das wir weitergeben möchten. In vielen unserer Gerichte spielt Gemüse die Hauptrolle. Das hängt damit zusammen, dass wir am liebsten auf das zurückgreifen, was uns unmittelbar zur Verfügung steht: selbst gezogenes Gemüse und Obst, frisch gepflückte Kräuter und Eier von unseren Hühnern. Trotzdem essen wir gerne – wenn auch selten – ein Stück regionales Fleisch. Dieser Festtagsbraten wird dann besonders wertgeschätzt.

Egal ob gepflanzt oder wild gewachsen – wir lieben alles, was direkt vor unserer Haustür wächst. Nicht jeder hat einen eigenen Garten, aber Kräuter, Radieschen oder ein wenig Pflücksalat gedeihen auch auf kleinster Fläche auf dem Balkon oder der Fensterbank. Steckt man zum ersten Mal viel Arbeit in ein eigenes Beet, bringt man Lebensmitteln automatisch noch mehr Respekt entgegen. Man versucht, nachhaltiger zu verwerten, und vermeidet es, Essen unnötig zu verschwenden.
Um die verschiedenen Geschmäcker für den Winter zu konservieren, probieren wir außerdem viele Rezepte zum Haltbarmachen ohne künstliche Zusatzstoffe aus.

Natürlich sind wir keine reinen Selbstversorger, auch wenn wir das gerne wären. Aber wir achten sehr darauf, was und vor allem wo wir unsere Lebensmittel kaufen. Ganz nach dem Motto: Weniger ist mehr, aber auf die Qualität kommt's an – das gilt eigentlich für alle Lebensbereiche. Es muss nicht immer der Supermarkt sein, der vor allem billig produzierte Nahrung anbietet, die weite Strecken bis zu uns zurücklegt hat. In jeder Region gibt es viele Landwirte und Gärtner, die zum Beispiel hervorragendes Gemüse anbauen und verkaufen, und das zu einem wirklich fairen Preis. Es lohnt sich, sie zu unterstützen und Produkte von Betrieben, die monostrukturell auf Masse produzieren, zu meiden. Ein weiterer Pluspunkt bei saisonalen Lebensmitteln aus der Region sind die kurzen Transportwege, die sich nicht nur auf die Umwelt, sondern auch auf Frische und Geschmack positiv auswirken. Dadurch ist der Nährwert unschlagbar und man trägt gleichzeitig zur Reduktion von Emissionen bei.

EGAL OB GEPFLANZT ODER WILD GEWACHSEN – WIR LIEBEN ALLES, WAS DIREKT VOR UNSERER HAUSTÜR WÄCHST.

Saisonale, regionale Küche ist fordernd, weckt aber auch die Kreativität. Das macht das Kochen im Rhythmus der Natur für uns so spannend. Die Vorfreude auf bestimmte Lebensmittel steigt, sobald diese nicht mehr ganzjährig greifbar sind. Warum Superfoods aus Südamerika verwenden, wenn es so viele heimische Alternativen gibt? Man kann aus einer einzigen Pflanze so viel mehr herausholen und verwerten. In vielen Fällen sind auch Blüten oder Blätter essbar und verleihen so manch einfachem Gericht eine besonders raffinierte Note. Wild Food ist Free Food: Das schont nicht nur den Geldbeutel. Manchmal sind wir selbst erstaunt darüber, was uns die Natur alles kostenlos liefert. So entsteht eine ungeahnte Abwechslung in der Küche, obwohl uns nur wenige, dafür ausgewählte Zutaten zur Verfügung stehen.

FRÜHLING

Wenn die Frühlingssonne vom Himmel lacht,
huschen wir mit einer kleinen Schüssel barfuß in den
Garten, um einen Blick in jedes Beet zu werfen
und uns über die ersten Frühlingsboten zu freuen.
Es ist dann ein bisschen so, als würden
wir uns wieder neu verlieben.

FRÜHLINGSGEFÜHLE

Der Moment, wenn wir zum ersten Mal im neuen Jahr wieder in unserem Küchengarten ernten dürfen, ist einfach grandios. Zunächst sehen die Beete noch etwas kahl aus. Schaut man aber genauer hin, tut sich tatsächlich schon einiges. Neben Blutampfer wachsen die ersten Kräuter, einige Salate, Mangold und Rhabarber. Die Tage werden länger und es juckt uns in den Fingern, loszulegen und die ersten Beete umzugraben. Da geht es nicht nur uns so: Alles erwacht aus dem Winterschlaf, es zwitschert in jeder Ecke. Der Palmkohl, den wir im Winter stehen gelassen haben, blüht nun gelb und erfreut die ersten Insekten. Im Obstgarten sprießen Löwenzahn, Gänseblümchen und ein Blumenmeer an Vergissmeinnicht. Die Sonne lässt sich jetzt immer öfter blicken und so genießen wir das erste Frühstück im Grünen.

Aber auch unserer Anzucht im Haus auf den Fensterbänken kann man nun täglich beim Wachsen zusehen. Nicht mehr lange und es geht ins Freiland. Jedes Jahr bepflanzen wir ein ganzes Hochbeet mit Erdbeeren und schützen es mit einer dicken Schicht aus Stroh vor dem Austrocknen und gefräßigen Gartenmitbewohnern. Auch an vielen anderen Ecken im Garten kommen erste Frühblüher zum Vorschein. Im Wald lockt uns der intensive Duft von Bärlauch und Holunderblüten. Wir ziehen los und sammeln Blätter und Knospen, um damit zu kochen oder die leeren Vorräte wieder aufzufüllen.

Auch unsere Tiere freuen sich über das Frühlingserwachen. Die Pferde wechseln von den Winterkoppeln auf sattgrüne Wiesen und die Hühner drehen wieder regelmäßig ihre Runden im Garten. Lautes Summen kommt aus dem Blütenmeer der Apfelbäume und es duftet nach Flieder im ganzen Haus.

IM WALD LOCKT UNS DER INTENSIVE DUFT VON BÄRLAUCH UND HOLUNDERBLÜTEN.

UNSER GARTEN IM FRÜHJAHR

GARTENARBEITEN

Pflegeschnitt von Obstbäumen und Gehölzen; Boden und Beete säubern und lockern; Erde und Kompost einarbeiten; Stauden und Hecken pflanzen; Schneckeneier absammeln; Gemüseanzucht im Haus (z. B. Tomaten) und im Freiland (z. B. Radieschen und Kräuter); Beete abdecken mit Reisig oder Mulch; Blumen säen (z. B. Lupine oder Sonnenblumen)

TOMATEN ZIEHEN

Die Vielfalt alter Gemüsesorten liegt uns besonders am Herzen. Seit wir unsere Tomaten selbst ziehen, haben wir unsere Küche um unglaublich viele Geschmäcker erweitert. Unser Rekord lag bei neun verschiedenen Tomatensorten. Der beste Zeitpunkt zur Anzucht im Haus hängt davon ab, wo die Tomatenpflanzen anschließend eingesetzt werden. Aber spätestens im März kann man loslegen. Unser Wohnzimmer hat mit 22 °C ideale Temperatur- und Lichtverhältnisse zum Vorkeimen des Saatguts in Schalen mit torffreier Bio-Anzuchterde oder gereiftem Kompost. Die Samen werden damit dünn bedeckt und gleichmäßig feucht gehalten. Eine transparente Haube darüber sorgt für das richtige Klima, damit die Samen nach etwa 10 Tagen keimen. Sobald sich die ersten Blätter gebildet haben, werden die Jungpflanzen pikiert. Mit einem Stäbchen wird das ganze Pflänzchen vorsichtig mit dem Wurzelwerk herausgezogen und einzeln in einen größeren Topf mit frischer Erde gesetzt. Ausgepflanzt wird nach den Eisheiligen ab Mitte Mai, an die von Wind und Regen geschützte Südseite des Hauses.

UNSERE SAISONLIEBLINGE

Apfelminze, Bärlauch, Blutampfer, Brennnessel, Brunnenkresse, Erbsen, Frühlingszwiebeln, Giersch, Holunderblüten, Knollensellerie, Lauch, Liebstöckel, Löwenzahn, Mangold, Minze, Möhren, Petersilie, Radieschen, Rhabarber, Rosmarin, Rucola, Salbei, Sauerampfer, Schnittlauch, Spargel, Spinat, Zitronenmelisse

APFELBLÜTEN-WHISKEY MIT HONIG

Zucker, Säure und Alkohol in ein harmonisches Verhältnis zu setzen ist einer der wichtigsten Bausteine für einen guten Drink. Für einen besonders intensiven Geschmack kommt dieses Rezept mit so wenig Komponenten wie möglich aus. Wir folgen auch hier unserer Philosophie und bleiben bei regionalen Zutaten und beim Thema Apfelbaum: Apfelessig als Säure, Bienenhonig als Süße und eine Apfelblüte als Deko.

FÜR 1 DRINK

6 cl Whiskey
1 cl naturtrüber Apfelessig
1 TL flüssiger Waldhonig

AUSSERDEM
Eiswürfel
1 Apfelblüte

Whiskey, Apfelessig und Waldhonig mit 3–4 Eiswürfeln in einen Shaker geben und ca. 10-mal kräftig schütteln. Wer keinen Shaker besitzt, kann stattdessen auch einfach ein Schraubglas verwenden.

Anschließend 1 großen Eiswürfel in ein passendes vorgekühltes Glas, z. B. in einen Tumbler, geben. Den Drink aus dem Shaker durch ein Sieb einfüllen und mit einer Apfelblüte dekoriert servieren.

Bei der Zubereitung dieses Cocktails kommt es besonders auf die Qualität der Zutaten an. So haben wir den Apfelessig selbst aus dem naturtrüben Saft unserer Äpfel angesetzt. Mit seinem fruchtig-milden Geschmack harmoniert er sehr gut mit dem Whiskey. Eine große Auswahl an Essigsorten findet man auch in Delikatessenläden, wo man sich durch die verschiedenen Sorten probieren kann, bis man seinen Lieblingsessig gefunden hat. Auch der Eiswürfel hat einen entscheidenden Einfluss auf den Geschmack. Um den Whiskey nicht zu stark zu verwässern, nehmen wir gerne große, kompakte Eiswürfel bzw. Eiskugeln, die wir in speziellen wiederverwendbaren Formen gefrieren lassen. Aufgrund ihres Volumens haben sie auch eine bessere Kühleigenschaft als kleinere Eiswürfel.

RADIESCHEN-WILDKRÄUTER-TORTILLA

Diese Tortilla gehört zu unseren Lieblingsgerichten und gelingt garantiert. Sie besteht hauptsächlich aus Kartoffeln und Eiern. Wildkräuter gibt es bei uns eigentlich zu jeder Jahreszeit, sodass man hier nach Lust und Laune variieren kann. Wir verwenden Petersilie, Schnittlauch, Zitronenmelisse, Löwenzahn, Blutampfer, Giersch und wilden Rucola.

FÜR 4 PERSONEN

600 g vorwiegend festkochende Kartoffeln
4–5 Radieschen
1 Handvoll Wildkräuter (nach Beliebe)
5 Bio-Eier
80 ml Milch
Salz, Pfeffer
1 Prise geriebene Muskatnuss

<u>AUSSERDEM</u>
Olivenöl zum Braten

Die Kartoffeln schälen und in ca. 1 cm große Würfel schneiden. Reichlich Olivenöl in einer beschichteten Pfanne erhitzen und die Kartoffeln darin unter gelegentlichem Wenden in ca. 15 Minuten goldbraun braten.

Inzwischen die Radieschen waschen, putzen und in Scheiben schneiden. Kräuter waschen, trocken schütteln und fein hacken. Wer mag, kann auch etwas Radieschengrün zugeben. Eier, Milch, Radieschen und Kräuter in einer Schüssel verrühren und mit Salz, Pfeffer und Muskat würzen. Die gegarten Kartoffeln untermischen.

Erneut Öl in der Pfanne erhitzen und die Kartoffel-Ei-Mischung darin ca. 5 Minuten stocken lassen. Die Tortilla mithilfe eines großen Topfdeckels wenden und auch auf der anderen Seite goldbraun braten. Anschließend auf einen Teller stürzen und warm oder kalt am besten mit einem frischen Kräuter-Radieschen-Salat servieren.

FRÜHLINGSPIZZA MIT GRÜNEM SPARGEL UND ZUCKERERBSEN

Auf die Spargelsaison freuen wir uns jedes Frühjahr aufs Neue. Dabei bevorzugen wir den grünen Spargel, weil er würziger und aromatischer schmeckt und nicht geschält werden muss. Hier wird er Teil einer grünen knackigen Frühlingspizza.

FÜR 4 PERSONEN

FÜR DEN TEIG
25 g frische Hefe
250 ml lauwarmes Wasser
1 TL Honig
400 g Weizenmehl
10 g Salz

FÜR DEN BELAG
1 Bund grüner Spargel
100 g Zuckererbsen
1 Frühlingszwiebel
1 Handvoll Rucola
5–6 Stängel Schnittlauch
200 g saure Sahne
Olivenöl zum Beträufeln
Salz, Pfeffer

Für den Teig die Hefe in 125 ml Wasser auflösen und mit Honig und 100 g Mehl verrühren. Den Vorteig 30 Minuten zugedeckt gehen lassen. Dann das restliche Mehl mit dem Salz auf die Arbeitsfläche sieben, eine Mulde formen und den Vorteig hineingeben. Alles verkneten, dabei nach und nach das restliche Wasser einarbeiten. Den Teig ca. 10 Minuten weiterkneten und zwischendurch fest auf die Platte schlagen, damit er schön geschmeidig wird.
In 1,5–2 Stunden abgedeckt an einem warmen Ort zur doppelten Größe aufgehen lassen.

Für den Belag Spargel, Zuckererbsen und Frühlingszwiebel waschen und putzen. Die Frühlingszwiebel in Ringe schneiden. Rucola waschen und trocken schleudern. Schnittlauch waschen und in Röllchen schneiden.

Den Ofen auf 250 °C mit zugeschalteter Grillfunktion vorheizen, ein Backblech mit Backpapier auslegen.
Den Teig direkt auf dem Blech dünn ausrollen, dann ca. 2 Minuten im heißen Ofen vorbacken. Die Grillfunktion ausschalten, den Ofen anlassen. Den Teig mit saurer Sahne bestreichen und mit Spargel und Zuckererbsen belegen. Die Pizza in 20 Minuten goldbraun backen. Noch heiß mit Rucola, Frühlingszwiebel und Schnittlauch bestreuen, mit Öl beträufeln und mit Salz und Pfeffer würzen. Die Pizza in Stücke schneiden und servieren.

Für noch mehr Frühlingsgefühle die fertige Pizza zusätzlich mit 1 Handvoll Erbsensprossen und Gänseblümchen dekorieren.

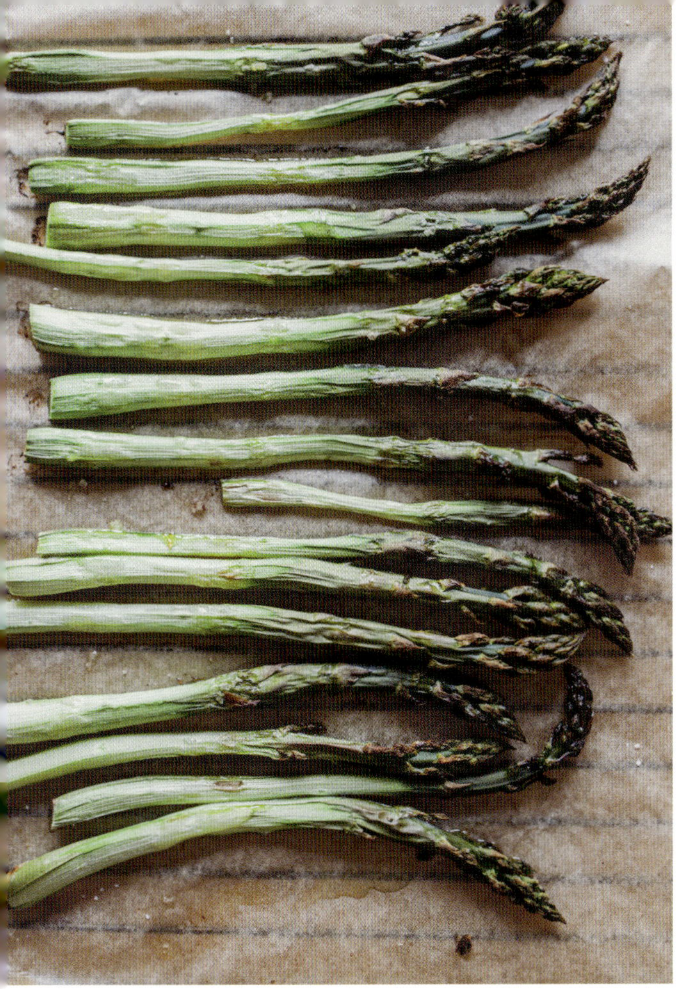
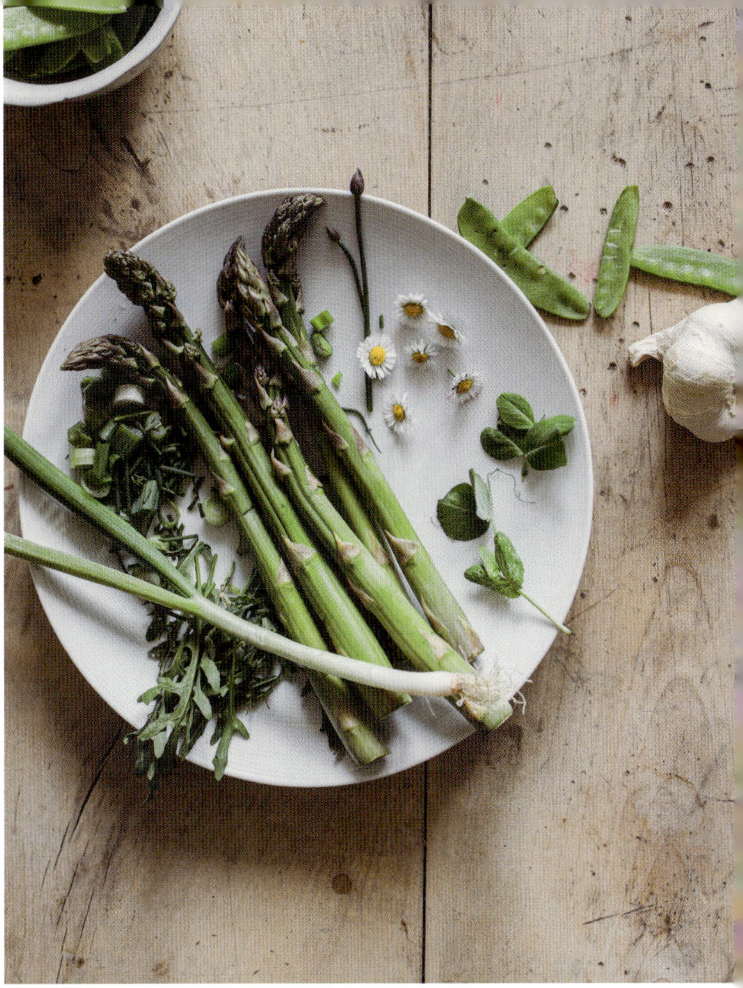
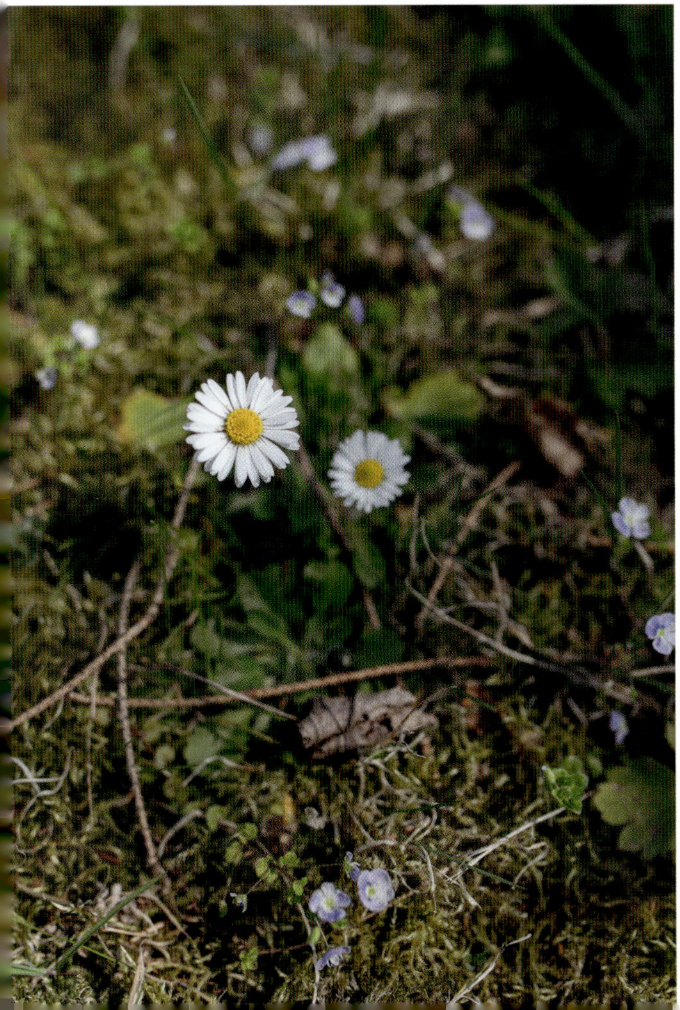
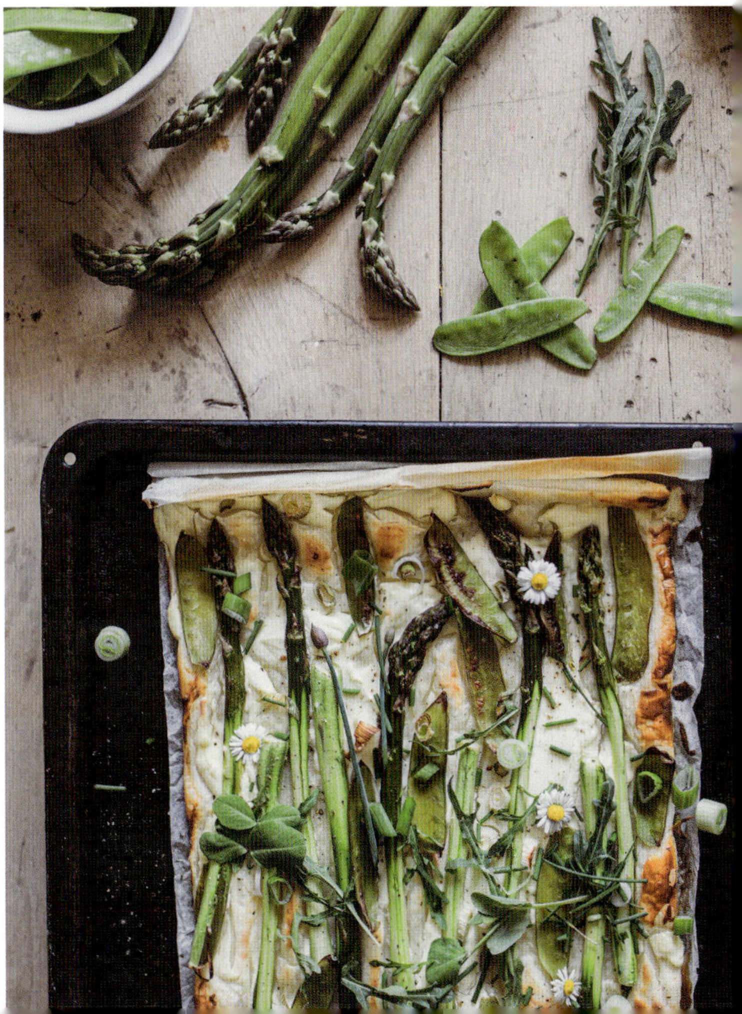

FRÜHLINGSSALAT MIT RÄUCHERFORELLE UND SCHWARZER NUSS

Wir haben das große Glück, in der Nähe zahlreicher Fischteiche zu wohnen, sodass wir hervorragend frischen einheimischen Fisch beziehen können. Besonders die Forelle hat es uns mit ihrem feinen Geschmack angetan. Mild geräuchert und in Kombination mit Wildkräutern lässt sich aus ihr ein fabelhaftes leichtes Hauptgericht zaubern.

FÜR 2 PERSONEN

FÜR DEN SALAT
125 g Wildkräuter und Blüten (z. B. Rucola, Blutampfer, Eichblattsalat, Schnittlauchblüten)
2 geräucherte Forellenfilets
1 schwarze Nuss (Rezept s. S. 195)

FÜR DAS DRESSING
200 g saure Sahne
3 TL Tafelmeerrettich (aus dem Glas)
1 TL Weißweinessig
Salz, Pfeffer

AUSSERDEM
4 Stängel Schnittlauch

Für den Salat die Blätter und Blüten kurz waschen und trocken schütteln, dann auf Tellern verteilen. Die Forellenfilets in Stücke zupfen. Wer mag, erwärmt die Filets kurz vor dem Auseinanderzupfen und Anrichten in der Pfanne. Die schwarze Nuss in feine Scheiben schneiden. Beides auf dem Salat verteilen. Schnittlauch waschen, trocken schütteln und in feine Röllchen schneiden.

Für das Dressing saure Sahne, Meerrettich und Weißweinessig verrühren und mit Salz und Pfeffer würzen. Eine beliebige Menge Dressing auf den Salat geben, den Schnittlauch darüberstreuen. Das restliche Dressing in einem kleinen Schälchen dazu reichen.

GIERSCH-APFELMINZ-COUSCOUS MIT SALZZITRONEN

Kaum zu glauben, aber was heute als Unkraut verschrien wird, wurde in früheren Zeiten in Klöstern und Bauerngärten als Nutzpflanze gezogen. Kein Wunder bei all den positiven Inhaltsstoffen des Gierschs. Bei uns im Garten vermehrt sich dieses Kraut von ganz allein. Daher haben wir beschlossen, es mehr in unseren Speiseplan zu integrieren.

FÜR 4 PERSONEN

FÜR DIE SALZZITRONEN
3 Bio-Zitronen
50 g Meersalz
5 Lorbeerblätter

FÜR DEN SALAT
250 g Couscous
250 ml heißes Wasser (ersatzweise Gemüsebrühe)
1 Handvoll Wildkräuter und Blüten (z. B. Giersch, Apfelminze, Löwenzahnblüten)
½ Zwiebel
Salz, Pfeffer
1 EL Olivenöl

AUSSERDEM
1 Einmachglas (ca. 1,5 l)

Für die Salzzitronen die Bio-Zitronen heiß waschen und trocken tupfen, dann einige Male tief ein-, aber nicht durchschneiden. Etwas Meersalz in die Einschnitte reiben. 1 l Wasser aufkochen und das restliche Salz darin auflösen. Die Zitronen mit den Lorbeerblättern in ein großes sterilisiertes Einmachglas füllen und mit dem heißen Salzwasser übergießen. Nach dem Abkühlen gut verschlossen für mindestens 8 Wochen im Kühlschrank ziehen lassen.

Für den Salat den Couscous mit heißem Wasser oder Brühe übergießen und zugedeckt ca. 5 Minuten quellen lassen. Inzwischen die Kräuter und Blüten waschen, trocken schütteln und grob klein schneiden. Die Zwiebelhälfte schälen und fein hacken, dann mit der Kräutermischung unter den Couscous heben. Den Couscous nach Belieben leicht mit Salz und Pfeffer würzen (nicht zu kräftig, denn die Salzzitrone ist sehr salzig!) und mit dem Olivenöl verrühren.

Den Couscous auf Teller verteilen und mit Salzzitronenvierteln servieren. Alternativ 1 Salzzitrone vor dem Anrichten dünn aufschneiden und unter den Salat mischen.

GRÜNER SPARGEL MIT BALSAMICO, ERDBEEREN UND PARMESAN

Salzige Molkereiprodukte wie Parmesan harmonieren hervorragend mit Spargel. In dieser Vorspeise spielen außerdem die Erdbeeren eine besondere Rolle. Sie unterstreichen mit ihrer Süße das fein-würzige Spargelaroma und sorgen gleichzeitig für eine angenehme Frische auf dem Teller.

FÜR 4 PERSONEN

1 Bund grüner Spargel
200 g Erdbeeren
1 Handvoll Rucola
½ Bund Schnittlauch
40 g Parmesan
1 EL Olivenöl
Salz, Pfeffer
2 EL Aceto Balsamico

Den Spargel waschen und von den holzigen Enden befreien. Die Erdbeeren kurz abbrausen, dann trocken tupfen, putzen und vierteln. Rucola waschen und trocken schütteln. Schnittlauch waschen, trocken schütteln und in grobe Röllchen schneiden. Den Parmesan reiben.

Das Olivenöl in einer Pfanne erhitzen und den Spargel darin ein paar Minuten von allen Seiten anrösten, dann salzen, pfeffern und mit dem Balsamicoessig ablöschen. Die Pfanne vom Herd nehmen und die Erdbeeren untermischen.

Den gerösteten Spargel mit Erdbeeren, Rucola und Schnittlauch auf Tellern anrichten. Mit geriebenem Parmesan bestreuen und servieren.

KNUSPERBROT
MIT ERBSEN, KARAMELLZWIEBELN UND EI

Mit diesem Brot kommt eine wahre Farbexplosion auf den Teller. Ein sättigendes einfaches Mittagessen, das in Kombination mit der süßen Röstzwiebel, den frischen Erbsen, den würzigen Kräutern und dem cremigen Ei alle Sinne und Geschmacksknospen anspricht.

FÜR 4 PERSONEN

FÜR DAS BROT
430 g Weizenmehl
1 TL Salz
1 TL Trockenhefe

FÜR DEN BELAG
1 weiße Zwiebel
2 Knoblauchzehen
400 g gepalte Erbsen
2 Blättchen Zitronenmelisse
2 Blättchen Minze
2 Stängel Liebstöckel
1 rote Zwiebel
1 EL Olivenöl
½ TL Honig
4 Bio-Eier
Salz, Pfeffer

AUSSERDEM
Mehl zum Arbeiten
Gusseisentopf mit Deckel
(ø ca. 24 cm)
1 EL grob geschnittener Schnittlauch

Für das Brot Mehl, Salz, Hefe und 350 ml Wasser glatt verkneten. Den Teig 18 Stunden zugedeckt gehen lassen. Anschließend den Teig in ein bemehltes Geschirrtuch legen, dieses von jeder Seite einmal einschlagen, so als würde man ein Päckchen wickeln, und in eine bemehlte Form legen. Den Teig erneut 2 Stunden ruhen lassen. Den Backofen mit dem Gusseisentopf auf 250 °C vorheizen. Den Teig in den aufgeheizten Topf geben und zugedeckt 30 Minuten im heißen Ofen backen. Dann in weiteren 15 Minuten ohne Deckel fertig backen. So bekommt das Brot die leckere, resche Kruste. Das Brot komplett auskühlen lassen, anschließend in Scheiben schneiden.

Für den Belag die weiße Zwiebel und 1 Knoblauchzehe schälen, würfeln und mit den Erbsen in einem Topf mit Wasser 8 Minuten kochen. Inzwischen die Kräuter waschen und trocken tupfen. Den Backofen auf 200 °C Umluft vorheizen, ein Blech mit Backpapier auslegen. Die rote Zwiebel schälen und in Scheiben schneiden. Mit Öl und Honig auf dem Blech vermengen und 5 Minuten im heißen Ofen karamellisieren lassen.

Die Eier in einem Topf mit kochendem Wasser ca. 5 Minten garen, das Eigelb sollte noch leicht flüssig sein. Die Eier pellen und halbieren. Das Erbsenwasser abgießen. Übrigen Knoblauch schälen, mit den Kräutern in den Topf zu den Erbsen geben und alles mit dem Pürierstab grob mixen, salzen und pfeffern. Erbsenpüree auf 4 Brotscheiben verteilen und je 2 Eihälften darauf anrichten. Mit karamellisierter Zwiebel und Schnittlauch bestreut servieren.

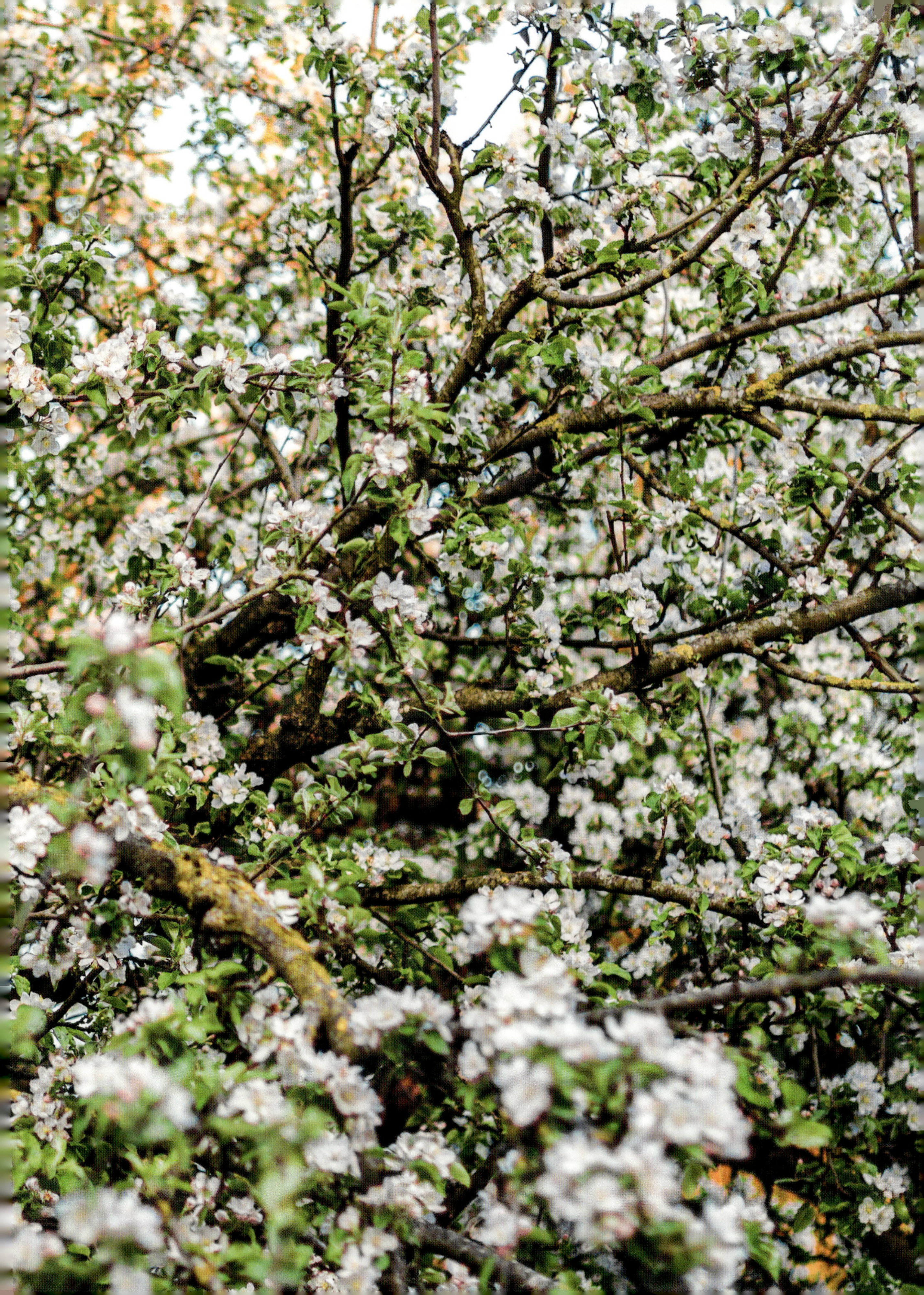

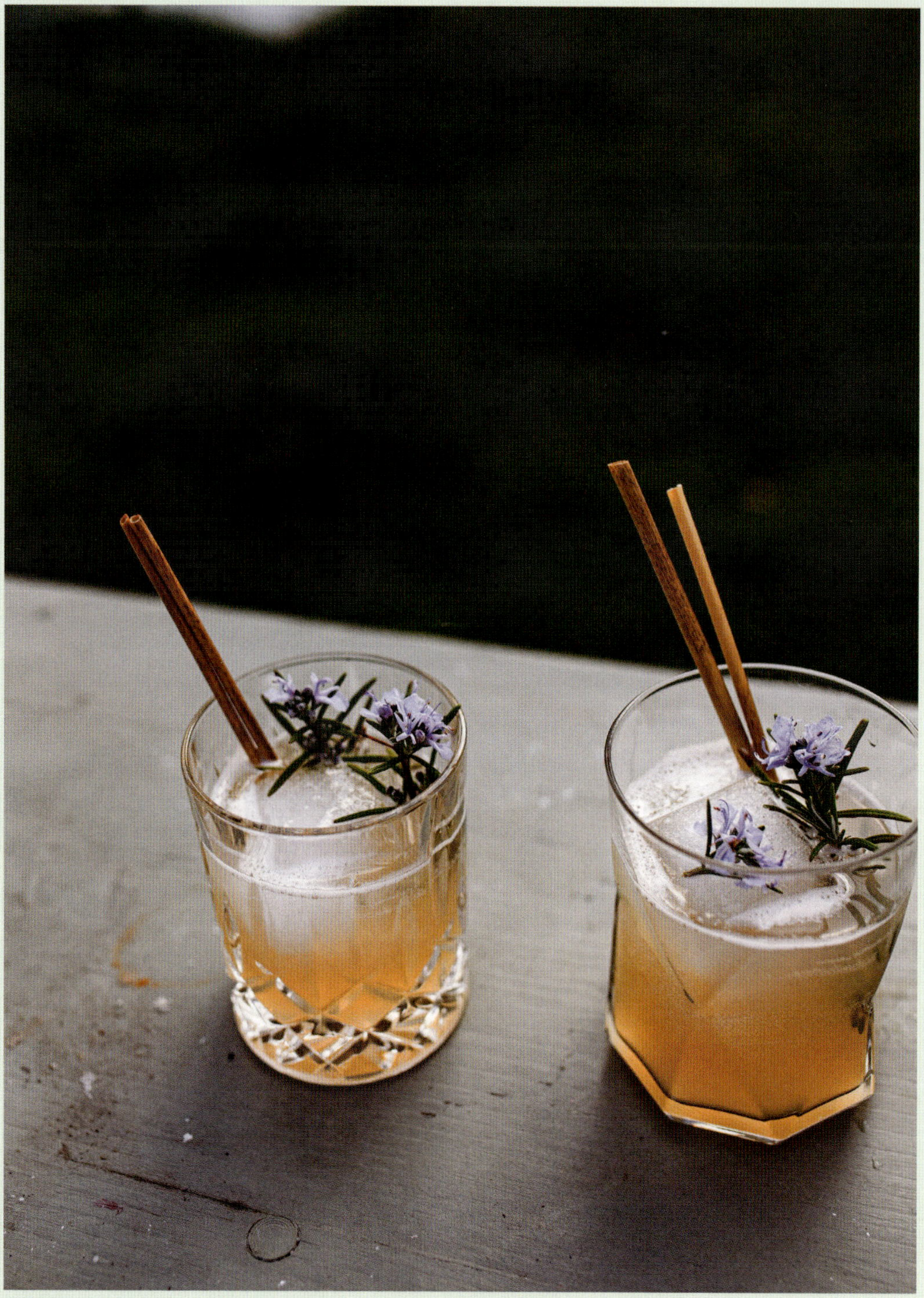

ROSMARIN-RUM-COCKTAIL

Nach einem langen Arbeitstag im Garten voller Werkeln, Jäten und Umgraben genießen wir gerne die Ruhe, beobachten die Natur und schauen den Pflanzen beim Wachsen zu. Dieses Innehalten klappt besonders gut auf der gemütlichen Gartenliege mit diesem kühlen, leckeren Drink in der Hand – eine wahre Wohltat!

FÜR 1 DRINK
BZW. 375 ML SIRUP

FÜR DEN ROSMARINSIRUP
2 Zweige Rosmarin
250 g Zucker

FÜR DEN COCKTAIL
2 cl Rosmarinsirup (s. o.)
6 cl weißer Rum
3 cl Zitronensaft
1 cl Mondino Amaro
(oder ein anderer Bitter-Aperitif, z. B. Campari)
5 cl gekühlter trockener Weißwein

AUSSERDEM
1–2 Eiswürfel
1 Zweig Rosmarin mit Blüten
1 kleine Flasche (ca. 250 ml)

Für den Rosmarinsirup die Rosmarinzweige abbrausen. Dann die Zweige in einem Topf mit 250 ml Wasser einmal aufkochen, die Herdplatte ausstellen und den Sud ca. 15 Minuten ziehen lassen. Die Rosmarinzweige entfernen und den Zucker einrühren. Sobald sich der Zucker aufgelöst hat, alles abkühlen lassen.

Für den Cocktail den Rosmarinsirup mit Rum, Zitronensaft und Mondino Amaro in einen Shaker geben und kräftig schütteln. Einen Tumbler mit Eiswürfeln füllen und den Cocktail zugießen. Das Glas mit Weißwein aufgießen und mit Rosmarinzweig samt Blüten dekoriert servieren.

Den restlichen Sirup in eine kleine sterilisierte Flasche abfüllen und im Kühlschrank aufbewahren.

RHABARBER-VANILLE-TARTE

Rhabarber, das fruchtig-säuerliche Frühlingsgemüse, ist in der Küche vielseitig einsetzbar. Hat man seine Säure erst einmal mit etwas Süße gebändigt, entwickelt sich ein fantastisches Aroma. Kombiniert mit Vanille – ein Traum! Kein Wunder also, dass dieser Kuchen zu unseren absoluten Lieblingen zählt.

FÜR 1 TARTEFORM (Ø 28 CM), 8–10 PORTIONEN

FÜR DEN TEIG
300 g Dinkelmehl
200 g kalte Butter (in Stücken)
100 g Rohrzucker
1 Prise Salz

FÜR DIE FÜLLUNG
5 Stangen Rhabarber
3 Bio-Eier
200 g Sahne
100 g Ricotta
100 g Rohrzucker
20 g Speisestärke
1 Msp. gemahlene Vanille

AUSSERDEM
Butter für die Form
Mehl zum Arbeiten
Hülsenfrüchte zum Blindbacken

Für den Teig Mehl, Butter, Zucker und Salz mit den Händen zügig verkneten. Den Teig zu einer Kugel formen, leicht flach drücken und zugedeckt 30 Minuten im Kühlschrank ruhen lassen.

Den Backofen auf 180 °C vorheizen. Die Tarteform fetten (alternativ mit Backpapier auslegen). Den Teig auf der bemehlten Arbeitsfläche zu einem Kreis ausrollen, die Form damit komplett auskleiden und den Teig am Boden mit einer Gabel mehrmals einstechen. Mit Backpapier belegen, mit Hülsenfrüchten beschweren und ca. 10 Minuten vorbacken. Anschließend Hülsenfrüchte und Backpapier entfernen.

Für die Füllung den Rhabarber putzen, schälen und in kleine Stücke schneiden. Eier, Sahne, Ricotta, Zucker, Stärke und Vanille verrühren. Die Masse auf dem Teig verteilen und die Rhabarberstücke darauflegen. Die Tarte in ca. 1 Stunde im Ofen fertig backen. Anschließend abkühlen lassen, aus der Form lösen, in Stücke schneiden und genießen.

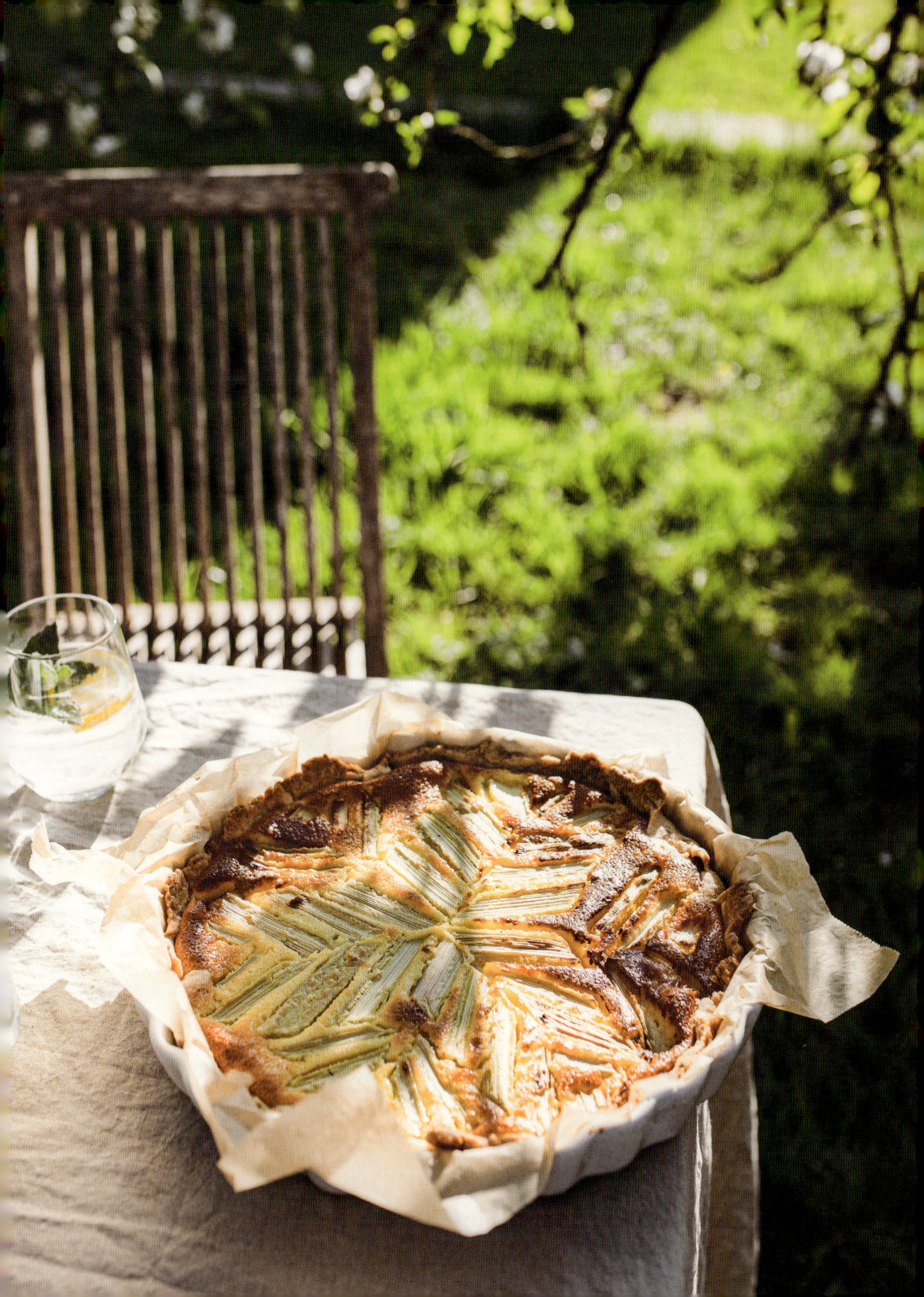

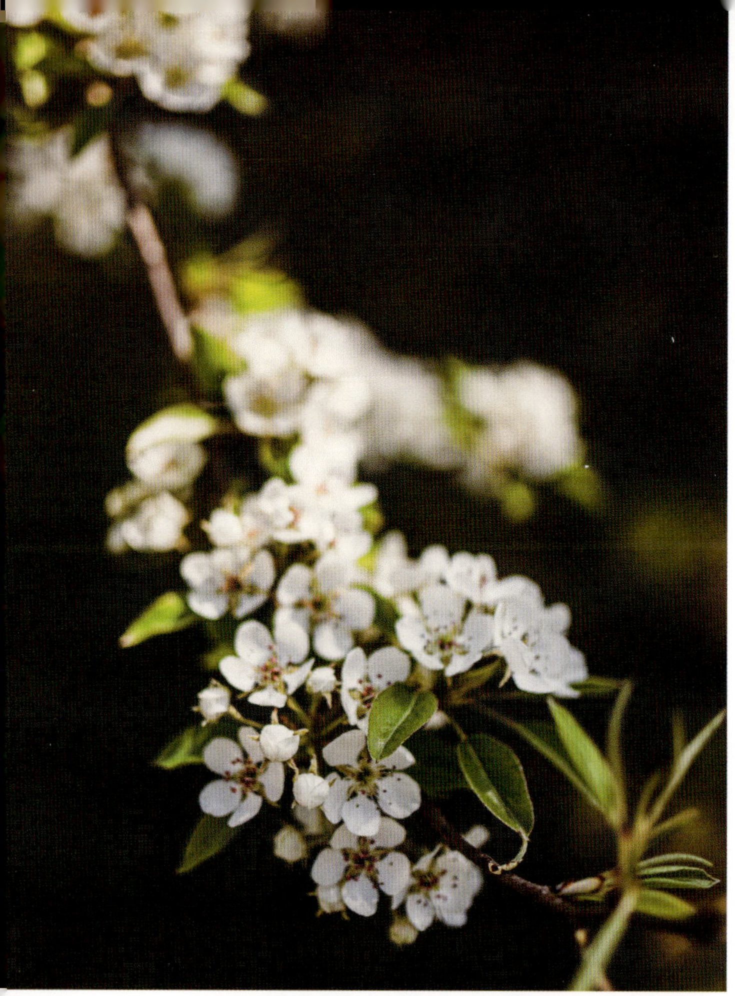
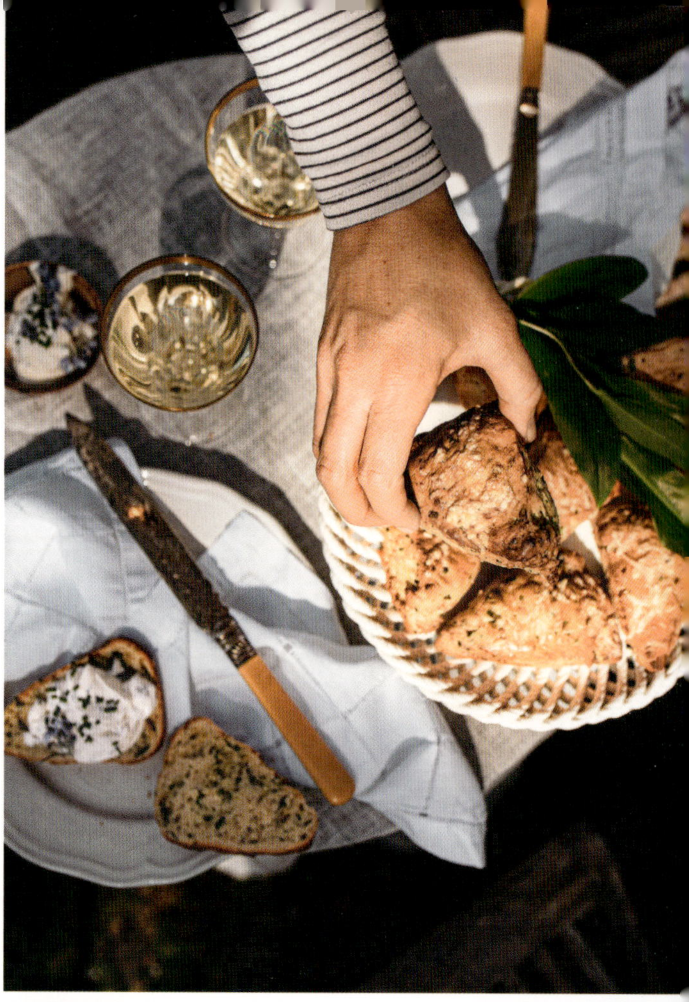
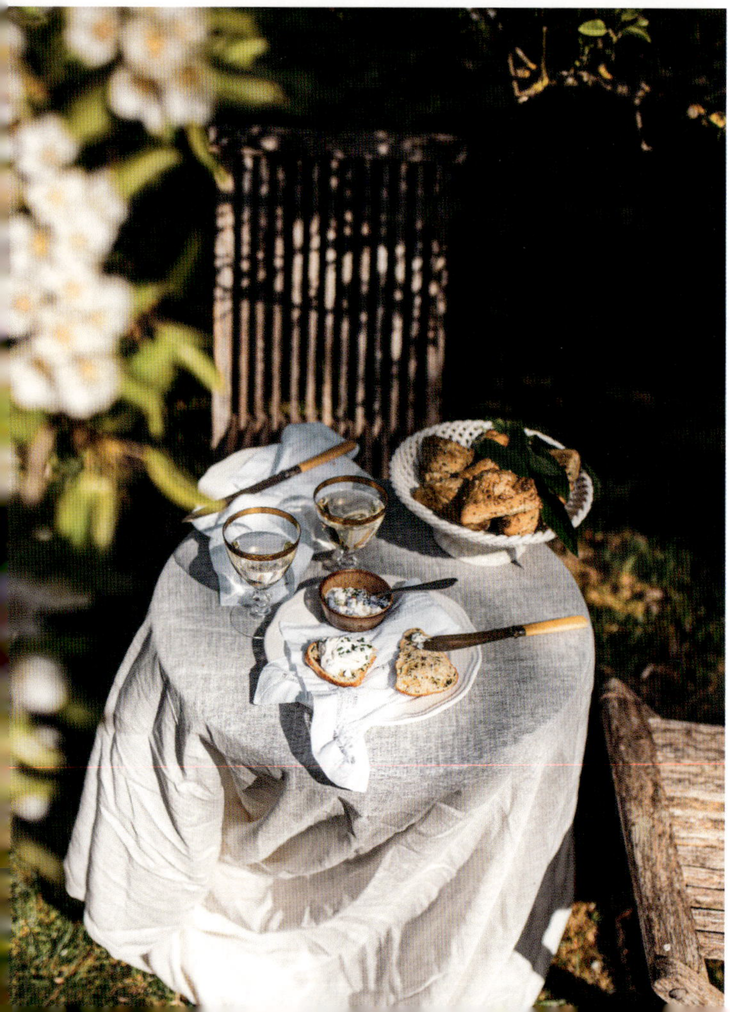
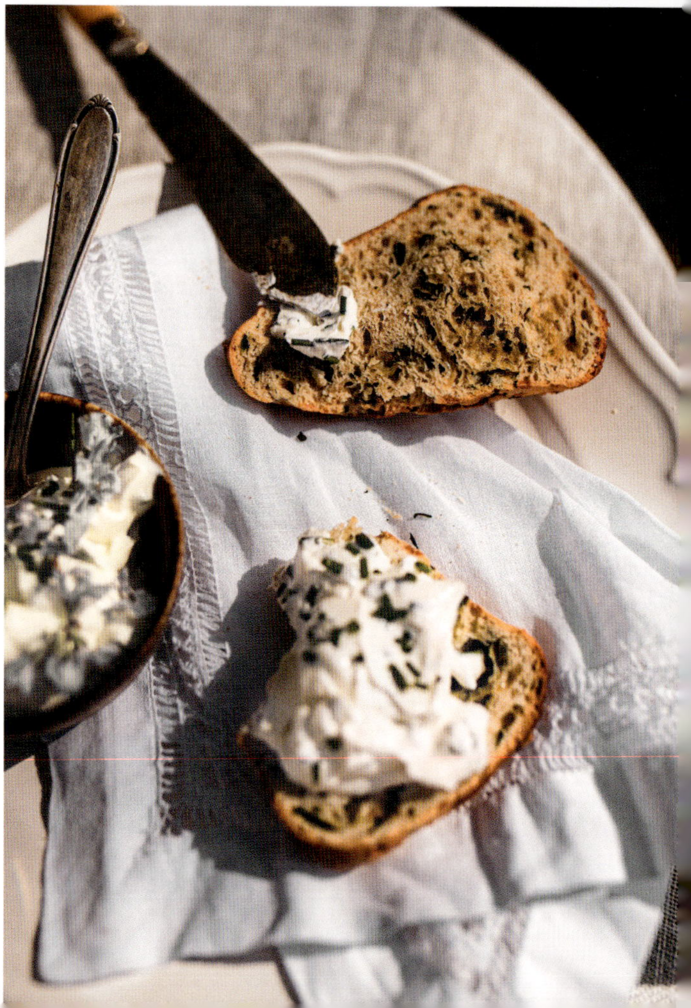

WÜRZIGE BÄRLAUCH-SCONES MIT BERGKÄSE

Mit Scones verbinden wir Teatime und Sommerurlaub in Südengland. Bei den Besuchen dort lassen wir uns von den Landhäusern mit ihren Prachtgärten inspirieren. Da wir daheim im Garten oft auch mal Lust auf etwas Deftiges haben, wandeln wir die normalerweise süßen Scones leicht ab. Praktisch für auf die Hand sind sie allemal.

FÜR 8–10 STÜCK

10 Blätter Bärlauch
60 g Bergkäse
250 g Dinkelvollkornmehl
½ Pck. Backpulver (ersatzweise Weinsteinbackpulver)
½ TL Salz
50 g weiche Butter
1 Bio-Ei

<u>AUSSERDEM:</u>
Mehl zum Arbeiten

Den Backofen auf 200 °C Umluft vorheizen, ein Blech mit Backpapier auslegen. Den Bärlauch gründlich waschen und klein schneiden. Den Käse fein reiben, 1 EL zum Bestreuen beiseitelegen. Mehl mit Backpulver in eine Schüssel sieben und mit Salz und geriebenem Bergkäse vermengen. Die Mehlmischung mit der Butter zu einem geschmeidigen Teig verkneten, dabei nach und nach den Bärlauch einarbeiten.

Den Teig auf der bemehlten Arbeitsfläche tellergroß (ca. 2,5 cm dick) ausrollen, dann mit einem scharfen Messer in kleine Tortenstücke schneiden. Das Ei verquirlen, die Scones damit bepinseln und mit dem restlichen Käse bestreuen. Die Scones in ca. 15 Minuten im heißen Ofen goldbraun backen.

Für eine süße Variante Salz, Käse und Bärlauch durch etwas Zitronenabrieb, Zimt und Kardamom ersetzen. Außerdem 25 g Zucker und 1 Handvoll Beeren in den Teig einarbeiten. Zu der herzhaften Variante mit Bärlauch passt ein frischer Kräuterquark.

AUSGEBACKENE HOLUNDERBLÜTEN

Frühling ist Holunderzeit. Dabei denken wir besonders an eine Leibspeise aus unserer Kindheit, die man nur an wenigen Tagen im Jahr zubereiten kann. Der Holunderbusch wächst gerne am Waldrand und ist recht einfach zu entdecken. Von Mai bis Ende Juni duftet er schon von Weitem, sobald er seine weiße Blütenpracht entfaltet hat. Wir backen die Dolden und servieren sie warm als Nachtisch.

FÜR 4 PERSONEN

12 Holunderblüten (Dolden inkl. 10 cm Stiel)
2 Bio-Eier
200 g Weizenmehl (ersatzweise Dinkelmehl)
250 ml helles Bier (ersatzweise Weißwein oder Milch)
1 EL Pflanzenöl
1 Prise Salz
1 Prise Zucker

AUSSERDEM
Öl zum Ausbacken
Puderzucker zum Bestäuben
Apfelmus zum Servieren
(nach Belieben)

Die Dolden vorsichtig ausschütteln, um sie von etwaigen Verschmutzungen oder kleinen Insekten zu befreien. Dann kurz in kaltem Wasser schwenken und auf einem Küchentuch abtropfen lassen. (Beim Sammeln am Wegesrand möglichst viel befahrene Straßenränder meiden.) Mindestens 10 cm Stiel an der Dolde lassen, damit man diese gut in den Teig tauchen und ausbacken kann. Später isst man nur die Blüten, nicht die Stiele.

Die Eier trennen, Eiweiße steif schlagen. Eigelbe, Mehl, Bier, Öl, Salz und Zucker zu einem glatten Teig verrühren. Dann den Eischnee behutsam unterheben.

Ausreichend Öl in einem großen Topf erhitzen. Die Dolden nacheinander in den Teig tauchen, etwas abtropfen lassen und portionsweise im heißen Öl in 2–3 Minuten goldgelb ausbacken. Herausnehmen und auf Küchenpapier abtropfen lassen. Die Holunderblüten mit Puderzucker bestäuben und warm nach Belieben mit Apfelmus servieren.

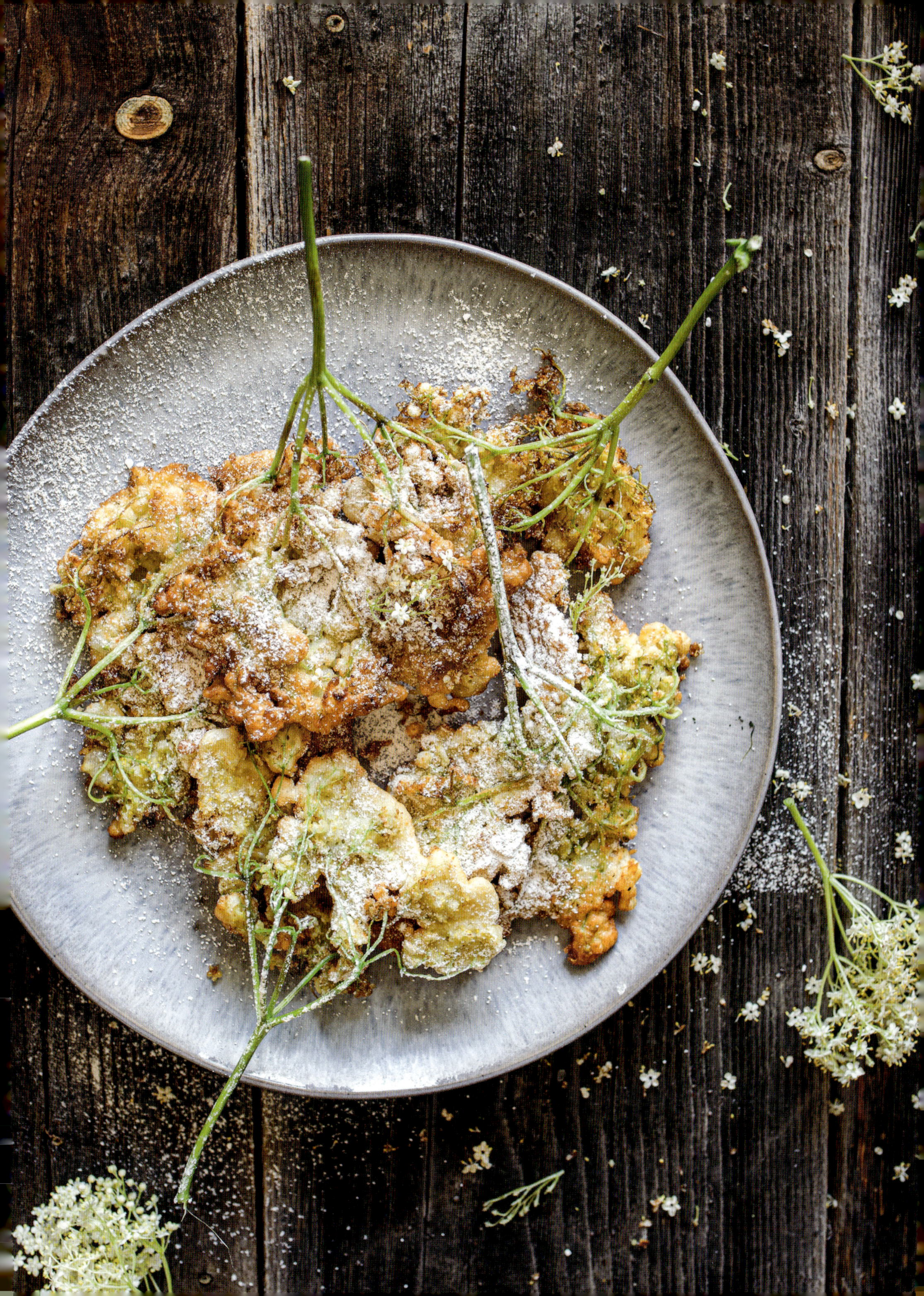

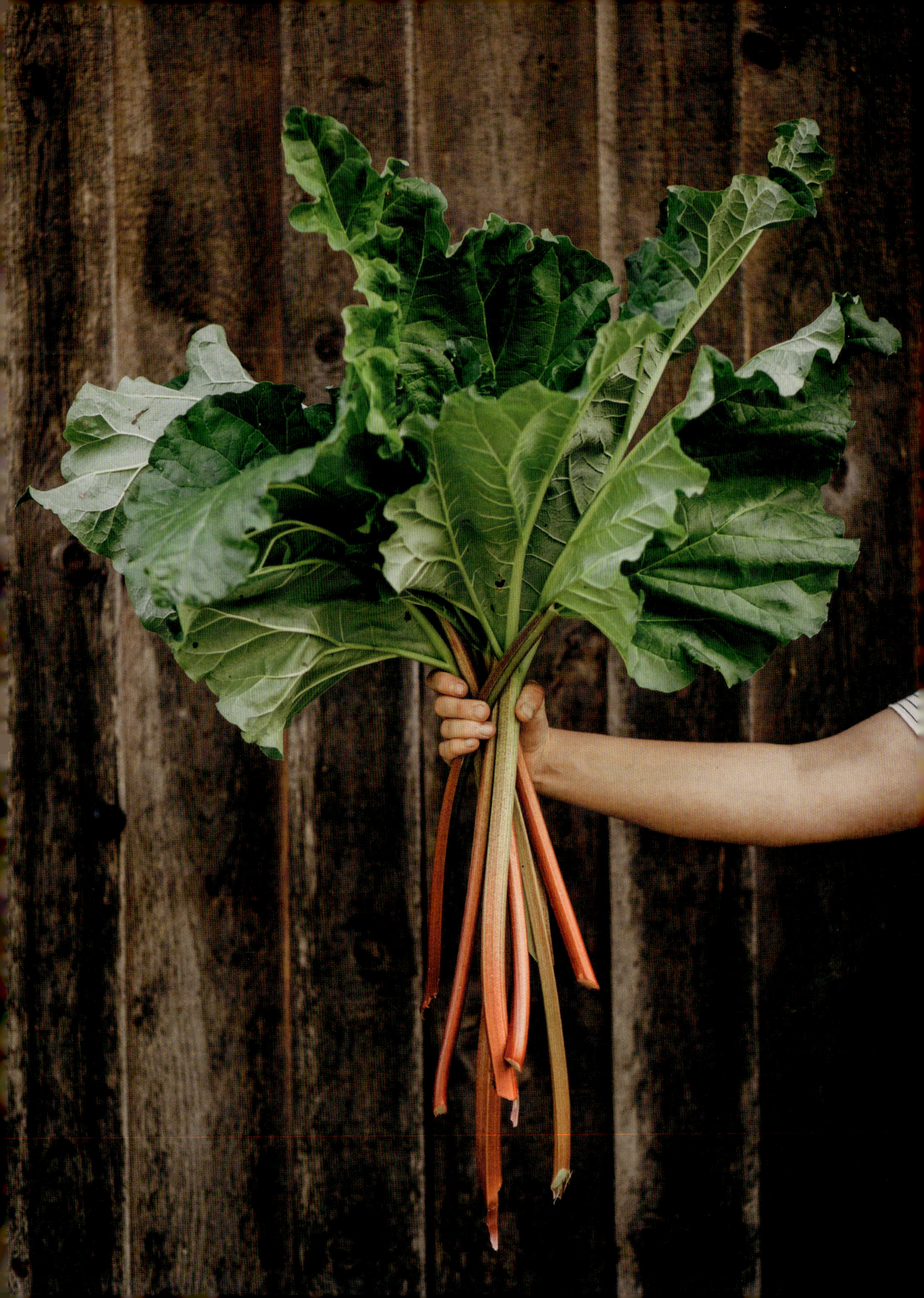

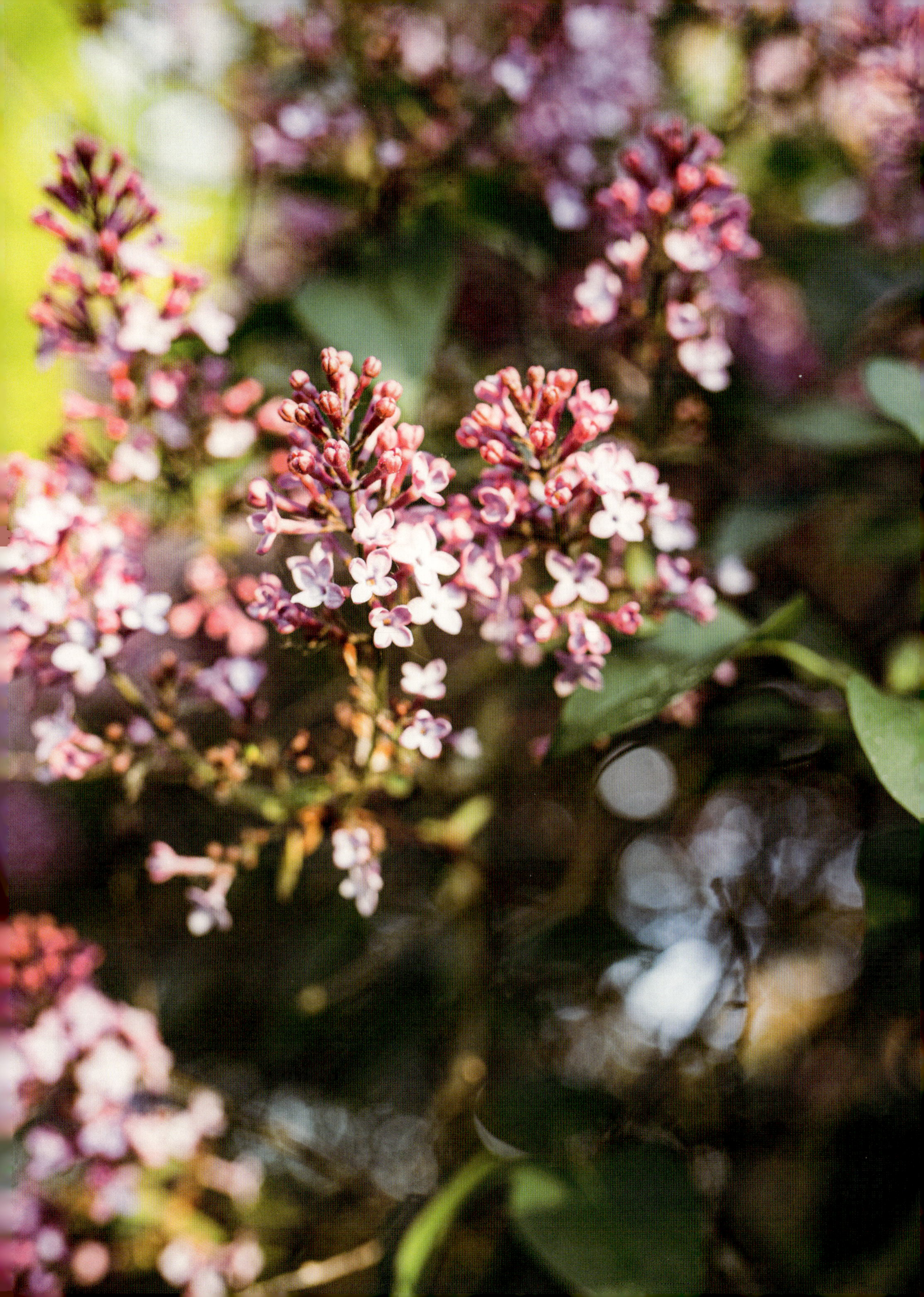

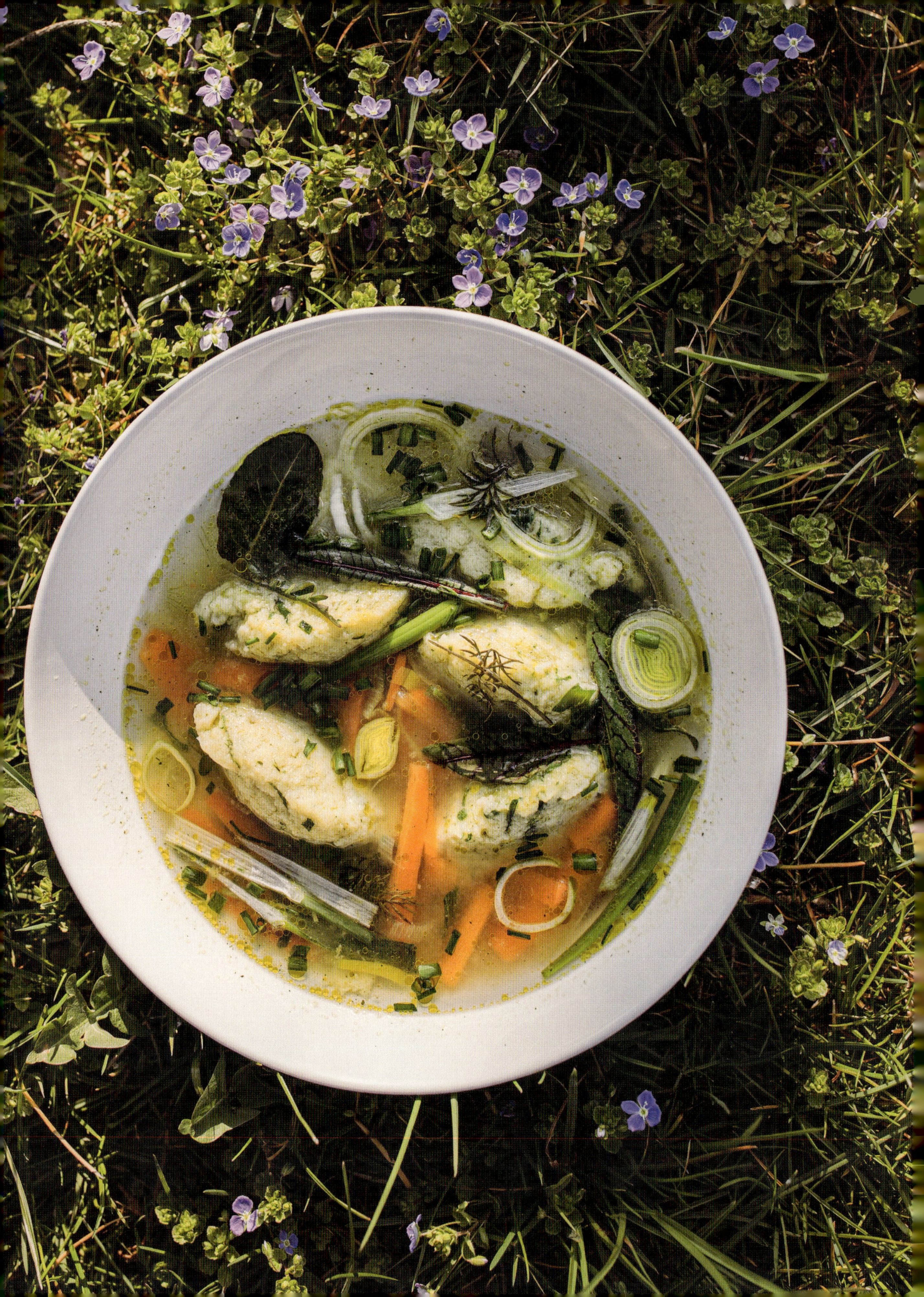

FRÜHLINGSSUPPE
MIT SCHNITTLAUCH-NOCKERLN

Diese einfache Frühlingssuppe gelingt und schmeckt wirklich jedem – ein leckeres Rezept für die ganze Familie mit viel frischem Gemüse. Dazu machen die würzigen Schnittlauch-Nockerln auch noch richtig satt.

FÜR 4 PERSONEN

FÜR DIE SUPPE
1 Zwiebel
1 Knoblauchzehe
1 große Möhre
100 g Lauch
200 g Knollensellerie
1 EL Pflanzenöl
1 EL Salz
2–3 Stängel Liebstöckel
Pfeffer

FÜR DIE NOCKERLN
1 Bund Schnittlauch
40 g weiche Butter
1 Bio-Ei
60 g grober Grieß
1 Prise Meersalz

Für die Suppe Zwiebel und Knoblauch schälen und klein würfeln. Die Zwiebelschale aufbewahren. Möhre schälen, längs achteln und in Stücke schneiden. Den Lauch putzen, gründlich waschen und in Ringe schneiden. Sellerie schälen, waschen und klein würfeln.

Das Öl in einem Topf erhitzen und die vorbereiteten Zutaten samt Zwiebelschale darin kräftig anbraten. Das Gemüse mit 2 l Wasser ablöschen, Salz zugeben, alles aufkochen und bei niedriger Temperatur ca. 20 Minuten köcheln lassen. Den Liebstöckel waschen und klein hacken. Die Zwiebelschale entfernen und den Liebstöckel in die Suppe geben.

Für die Nockerln den Schnittlauch waschen und in feine Röllchen schneiden. Die Butter schaumig rühren. Das Ei verquirlen und untermischen. Dann den Grieß unter Rühren einrieseln lassen. Alles salzen und zwei Drittel vom Schnittlauch unterziehen. Die Gießmasse für ca. 5 Minuten ruhen lassen.

Dann mit einem Teelöffel Nockerln abstechen, diese in die köchelnde Suppe geben und 20–25 Minuten darin ziehen lassen. Die Suppe mit dem restlichen Schnittlauch garniert auf Tellern anrichten und servieren.

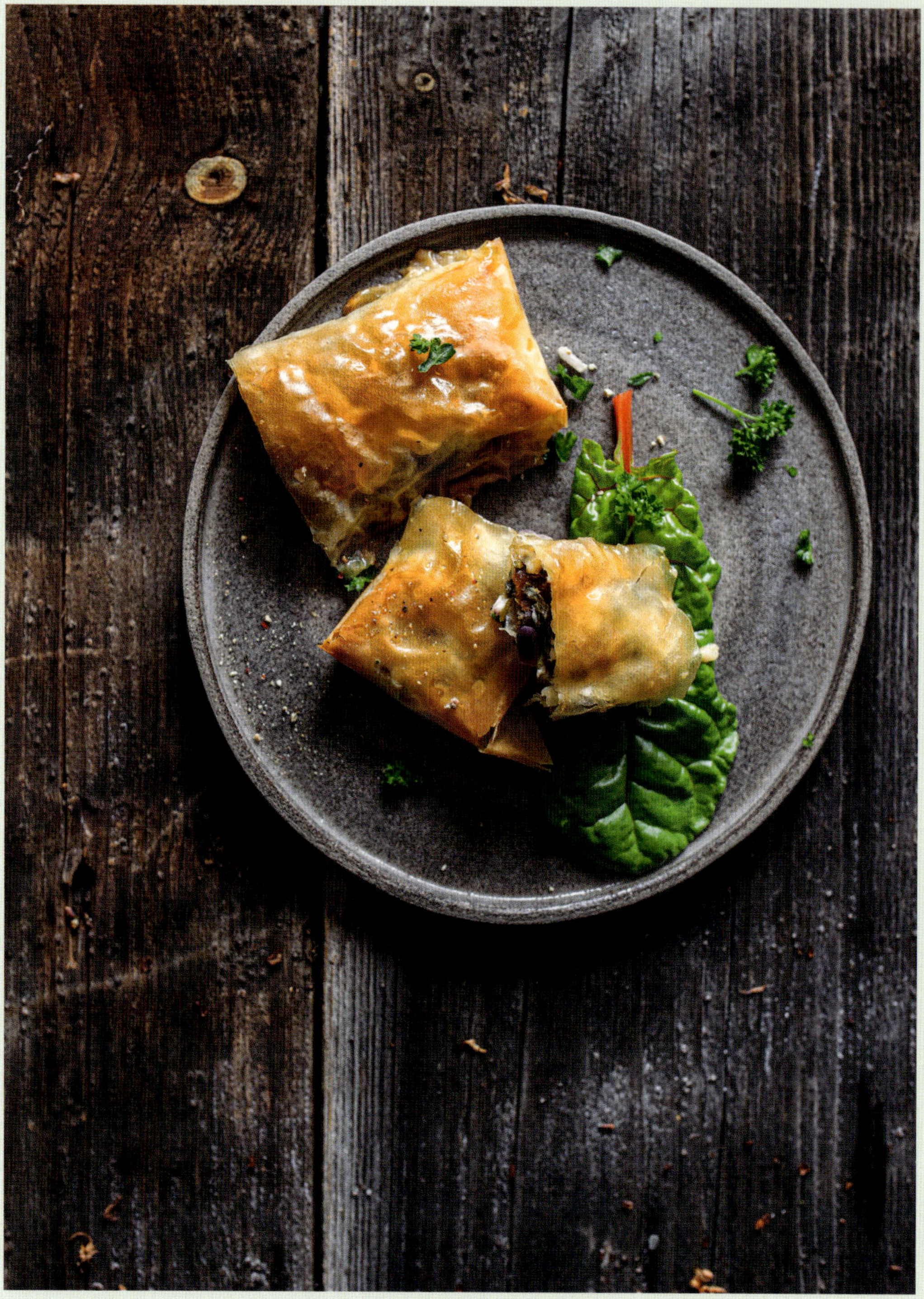

MANGOLDSTRUDEL MIT GETROCKNETEN TOMATEN

Mangold wächst bei uns in den unterschiedlichsten Farben als eines der ersten erntereifen Gemüse im Gewächshaus. Man kann sowohl die Blätter als auch die Stängel komplett verwerten – entweder roh im Salat oder gekocht wie Spinat, nur schmeckt Mangold würziger. Auch als Strudelfüllung kann das bunte Gemüse überzeugen.

FÜR 4–6 PERSONEN

FÜR DEN TEIG
250 g Mehl
1 Prise Salz
60 ml Pflanzenöl

FÜR DIE FÜLLUNG
300 g Mangoldblätter
1 Bund Petersilie
1 Zwiebel
2 Knoblauchzehen
50 g getrocknete Tomaten
2 EL Pflanzenöl
250 g Ricotta (ersatzweise körniger Frischkäse)
Abrieb von ½ Bio-Zitrone
1 Prise geriebene Muskatnuss
Salz, Pfeffer

AUSSERDEM
Öl zum Bepinseln
Mehl zum Arbeiten

Für den Teig Mehl mit 125 ml Wasser, Salz und Öl kräftig verkneten. Bei Bedarf mehr Mehl oder Wasser zufügen. Den Teig zu einer Kugel formen, mit Öl bepinseln und auf einem mit Mehl bestäubten Brett abgedeckt an einem warmen Ort 30 Minuten ruhen lassen. Danach den Teig auf einem feuchten Tuch ganz dünn ausziehen.

Für die Füllung Mangold und Petersilie waschen, trocken schleudern und in dünne Streifen schneiden. Zwiebel und Knoblauch schälen und fein hacken. Tomaten ebenfalls hacken. Öl in einer Pfanne erhitzen und Zwiebel, Knoblauch und Tomaten darin anschwitzen. Mangold zugeben und weich dünsten. Alles abkühlen lassen und mit Ricotta, Zitronenabrieb und Petersilie mischen. Mit Muskat, Salz und Pfeffer abschmecken.

Den Backofen auf 180 °C Umluft vorheizen, ein Backblech mit Backpapier auslegen. Die Mangoldmasse längs auf das untere Drittel des Teigs geben, dabei links und rechts etwas Platz lassen. Die Seitenränder über die Masse schlagen und den Strudel von unten nach oben mithilfe des Tuches aufrollen. Mit der Nahtseite nach unten auf das Blech legen. Die Oberfläche mit etwas Öl bepinseln und den Strudel in 25–30 Minuten goldgelb backen.

SPINATKNÖDEL

Ergänzt durch ein paar frische Zutaten wird den alten Semmeln vom Vortag kurzerhand neues Leben eingehaucht. Ein Klassiker also in der nachhaltigen Küche. Spinatknödel lassen uns aber nicht nur das Wasser im Mund zusammenlaufen, sie sind auch recht praktisch. In größeren Portionen eingefroren zaubert man ruckzuck ein sättigendes Mittagessen, sollte gerade mal wenig Zeit zum Kochen sein.

FÜR 4 PERSONEN

250 g altbackene Semmeln (ersatzweise Knödelbrot)
125 ml zimmerwarme Milch (ggf. etwas mehr)
Salz
2 Bio-Eier
250 g Blattspinat
50 g Bergkäse
1 Zwiebel
1 Knoblauchzehe
1 EL Butter

AUSSERDEM
Semmelbrösel (bei Bedarf)
80 g Butter
4–5 Salbeiblättchen
1 EL geriebener Parmesan
Schnittlauchblüten zum Dekorieren

Semmeln klein schneiden und in eine große Schüssel geben. Dann mit Milch übergießen und mit etwas Salz würzen. Die Eier untermischen und die Masse kurz ruhen lassen. Spinat waschen, trocken schleudern und fein hacken. Den Käse reiben und mit dem Spinat zur Knödelmasse geben. Alles erneut gut durchkneten.

Zwiebel und Knoblauch schälen und fein hacken. 1 EL Butter in einer Pfanne erhitzen und Zwiebel und Knoblauch darin goldbraun anschwitzen. Etwas abkühlen lassen, dann mit dem Knödelteig verkneten und die Mischung ca. 30 Minuten ziehen lassen.

Sollte der Teig anschließend zu weich zum Formen sein, etwas Semmelbrösel zugeben. Ist er zu trocken, noch etwas Milch einarbeiten. Die Knödel formen und ca. 25 Minuten über Dampf garen oder in einem Topf mit kochendem Salzwasser in ca. 15 Minuten gar ziehen lassen. Inzwischen die Butter schmelzen und mit dem Salbei leicht bräunen lassen. Die fertigen Knödel mit zerlassener Salbeibutter, Parmesan und Schnittlauchblüten anrichten und servieren.

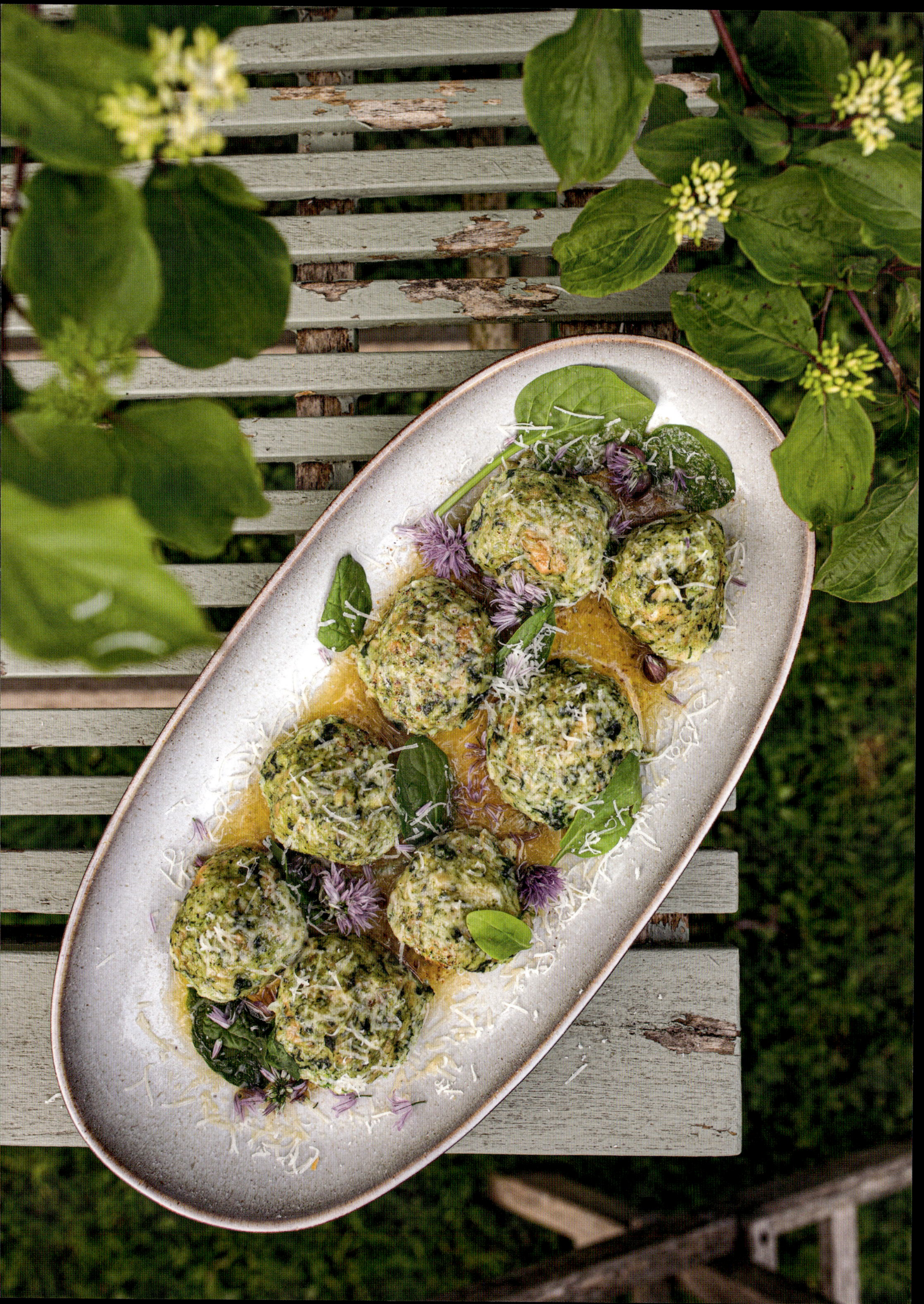

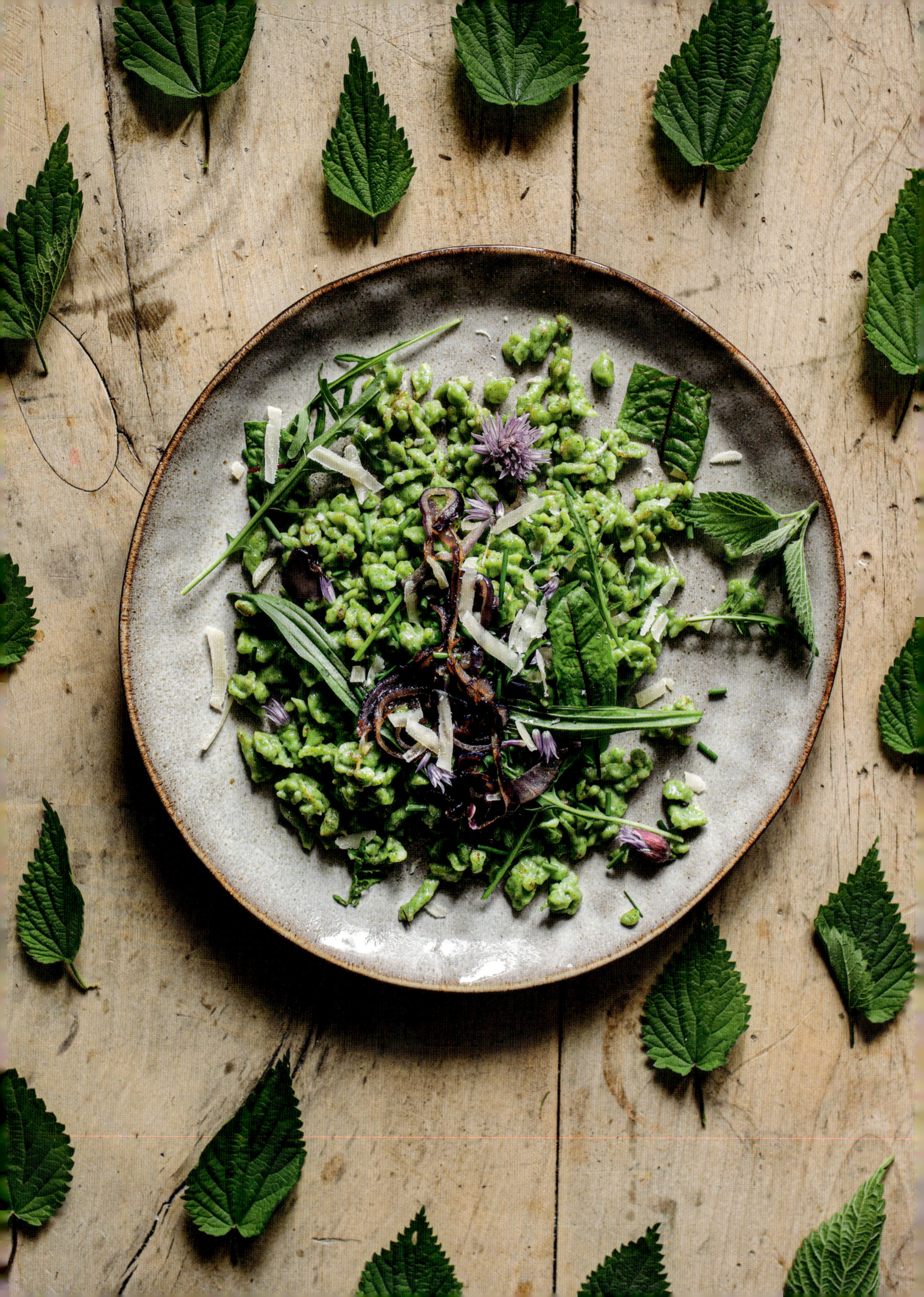

BRENNNESSEL-SPÄTZLE
MIT RÖSTZWIEBELN

Entgegen ihrem schlechten Ruf als Unkraut ist die Brennnessel ein wahres Superfood. Sie ist nicht nur in unserem naturnahen Garten ein wichtiger Bestandteil als Rückzugsort für Schmetterlinge und andere Insekten. Auch in der Küche möchten wir ihre wohlschmeckenden und wertvollen Inhaltsstoffe nicht mehr missen. Um sich kulinarisch heranzutasten, eignen sich diese Spätzle besonders gut.

FÜR 4 PERSONEN

500 g junge, zarte Brennnesselblätter
Salz
400 g Weizenmehl
250 ml Milch
3 Bio-Eier
2 EL Pflanzenöl
Pfeffer
1 Prise geriebene Muskatnuss
150 g Zwiebeln
75 g Butter
1–2 EL geriebener Parmesan (nach Belieben)

AUSSERDEM
Spätzlereibe

Brennnesseln am besten mit Handschuhen sammeln und verarbeiten. Die Blätter waschen, dann kurz in kochendem Salzwasser blanchieren. Die Blätter abgießen und fein pürieren. Mehl, Milch, Brennnesselpüree, Eier und Öl zu einem glatten Teig verrühren. Mit Salz, Pfeffer und Muskat würzen.

In einem Topf reichlich Salzwasser zum Kochen bringen. Den Teig durch eine Spätzlereibe hineinstreichen. Sobald die Spätzle oben schwimmen, sind sie fertig. Das Kochwasser abgießen und die Spätzle kurz mit kaltem Wasser abschrecken. So bleiben sie in Form und garen nicht weiter.

Zwiebeln schälen und in feine Ringe schneiden. Die Butter in einer großen Pfanne erhitzen und die Zwiebelringe darin goldbraun anrösten. Dann die Spätzle zugeben, einmal durchschwenken und heiß mit den Röstzwiebeln anrichten. Nach Belieben mit Parmesan bestreut servieren.

Wer mag, dekoriert die Spätzle noch mit verschiedenen Wildkräutern und Blüten nach Wahl, z. B. mit Rucola, Schnittlauch oder Spitzwegerich.

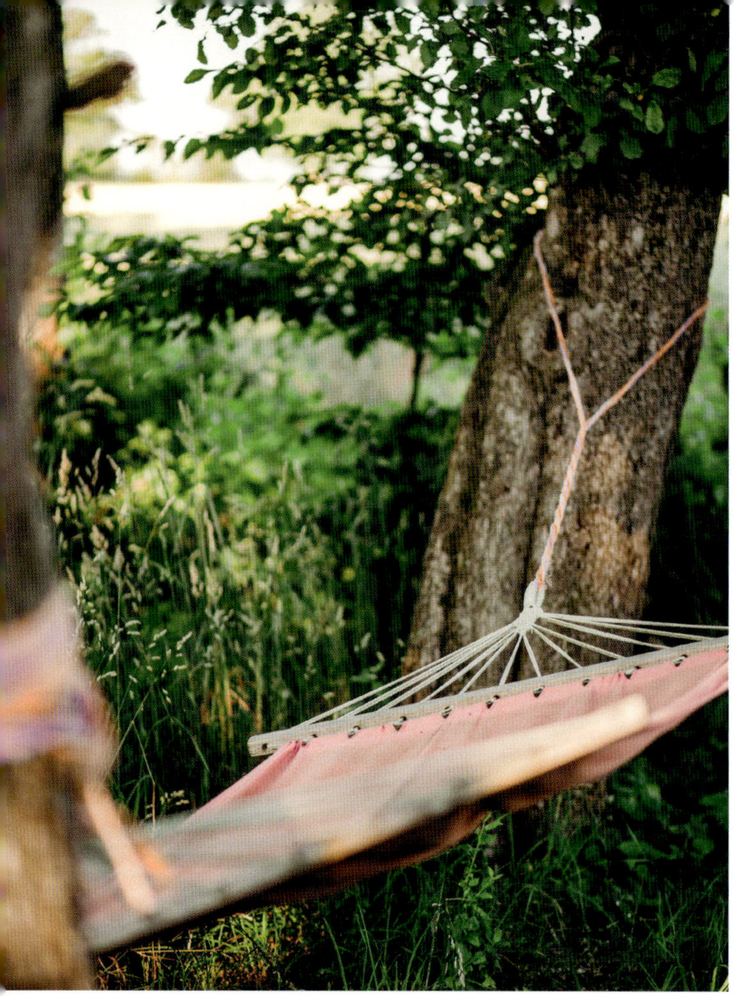
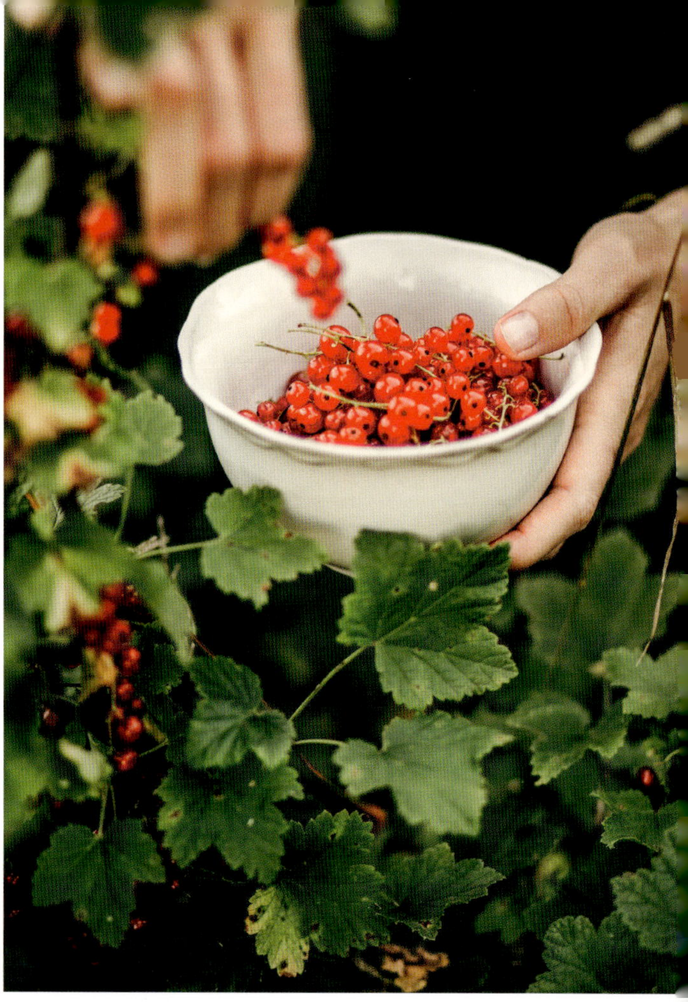
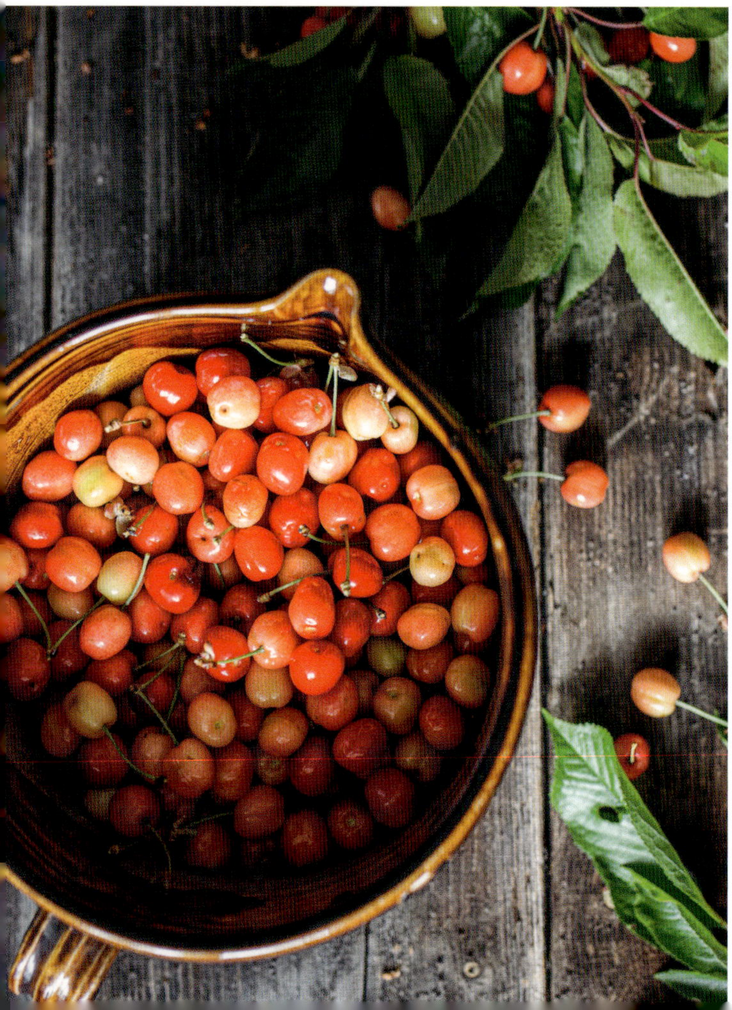
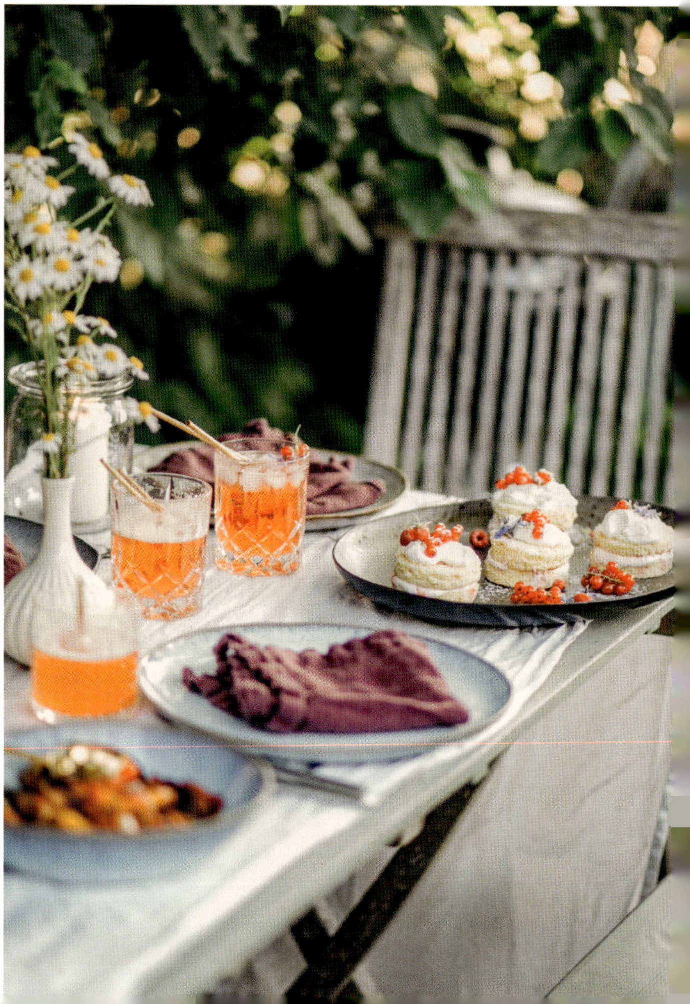

SOMMER

Der Garten ist jetzt unser Lieblingsplatz. Wann immer es möglich ist, nehmen wir uns dort unter dem großen alten Apfelbaum Zeit für die Familie, zum Essen, Plaudern oder einfach nur zum Entspannen.

SOMMERGEFÜHLE

Sobald die Intensität der Sonnenstrahlen zunimmt, beginnt unser absoluter Lieblingsmonat. Es ist Juni und die ersten Erdbeeren im Garten werden rot. Endlich öffnen auch die Pfingstrosen ihre wunderschönen Köpfchen. Die Luft ist erfüllt mit dem Duft von frisch gemähtem Gras und Lindenblüten. Wir ernten jetzt fast täglich und füllen mit dem verarbeiteten Obst und Gemüse unsere Speisekammer.

Das Allerschönste ist, dass sich nun unser gesamtes Leben draußen abspielt, barfuß und im T-Shirt. Frühstück und Abendessen finden – wann immer es geht – unter freiem Himmel statt. Es gibt selbst gebackenes Brot mit Spiegelei und frisch geernteten Kirschtomaten. Wir genießen unseren Garten in vollen Zügen. In der größten Hitze machen wir es uns erst einmal im Schatten gemütlich – am liebsten unter den Obstbäumen, lesend, mit einem Fuß im Planschbecken. Auf den Feldern um den Hof herum werden emsig erste Strohballen eingesammelt. Sobald die Temperaturen etwas abgekühlt sind, widmen wir uns wieder dem Garten, der jetzt auch eine Abkühlung verdient hat. Oder wir werfen den Rasenmäher an, um hinterher die Beete mit dem Grasschnitt zu mulchen.

Die Tage scheinen einfach kein Ende zu nehmen. Wenn die Temperatur auf über 30 °C steigt, beginnt auch die Zeit der lauen Sommernächte. Das Haus wird nur noch zum Schlafen genutzt. Bei einem gemütlichen Abend am Lagerfeuer könnten wir glatt auf die Idee kommen, einfach die Nacht in der Hängematte im Obstgarten zu verbringen … um dann beim Sternegucken langsam in den Schlaf zu schaukeln.

IN DER GRÖSSTEN HITZE MACHEN WIR ES UNS ERST EINMAL IM SCHATTEN GEMÜTLICH – AM LIEBSTEN UNTER DEN OBSTBÄUMEN, LESEND, MIT EINEM FUSS IM PLANSCHBECKEN.

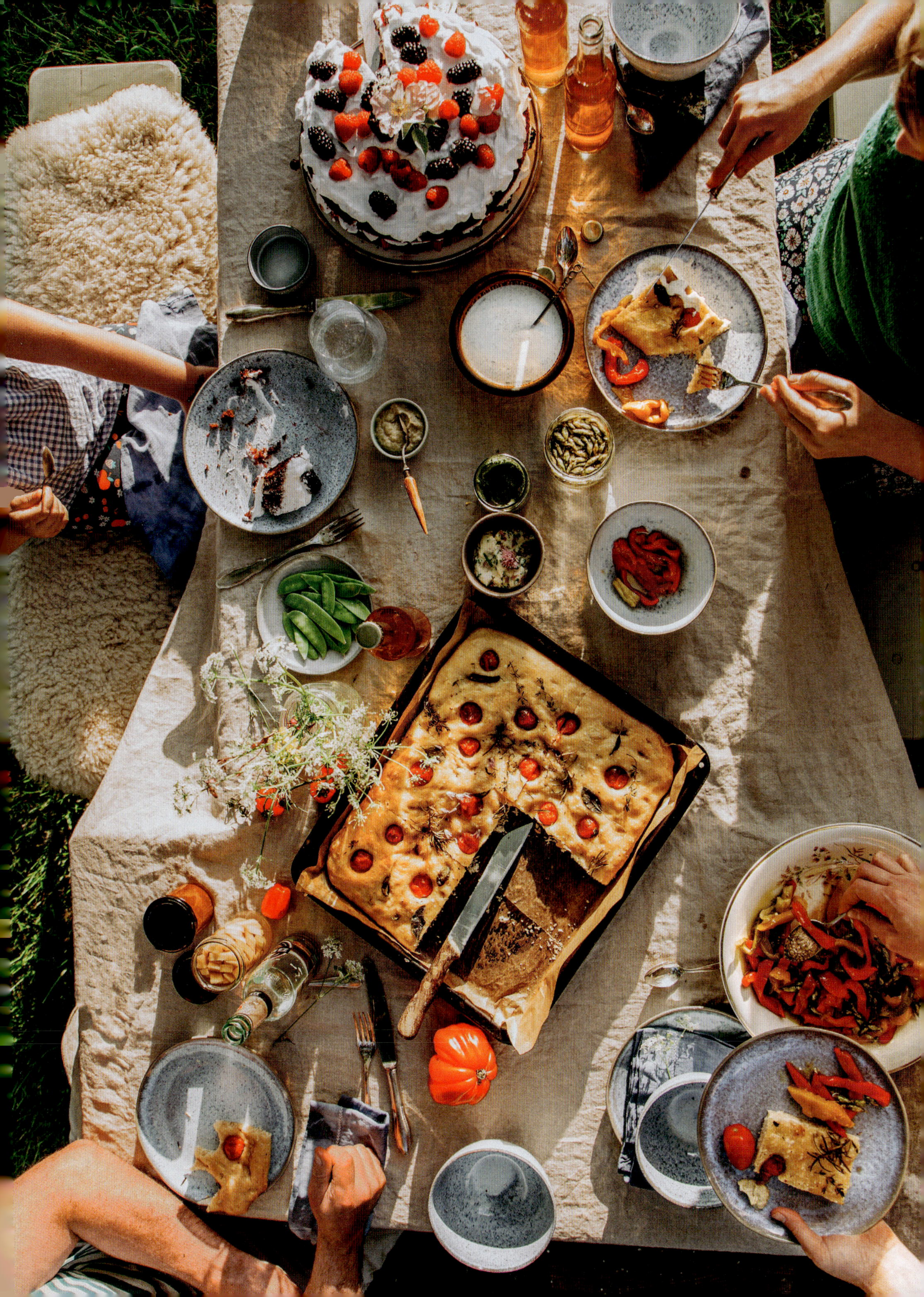

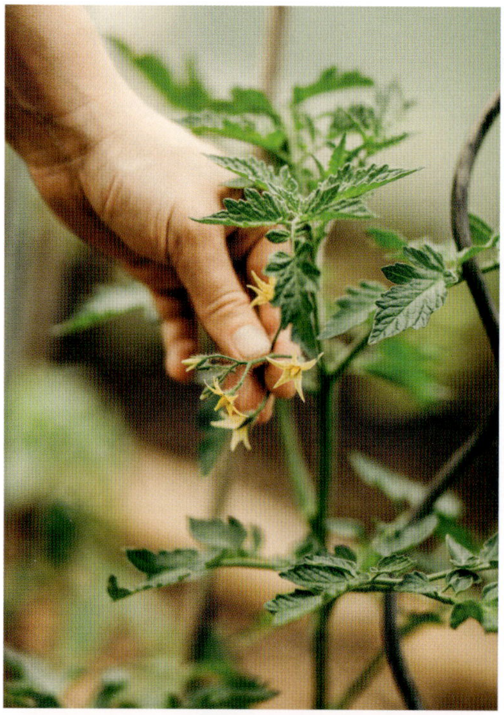
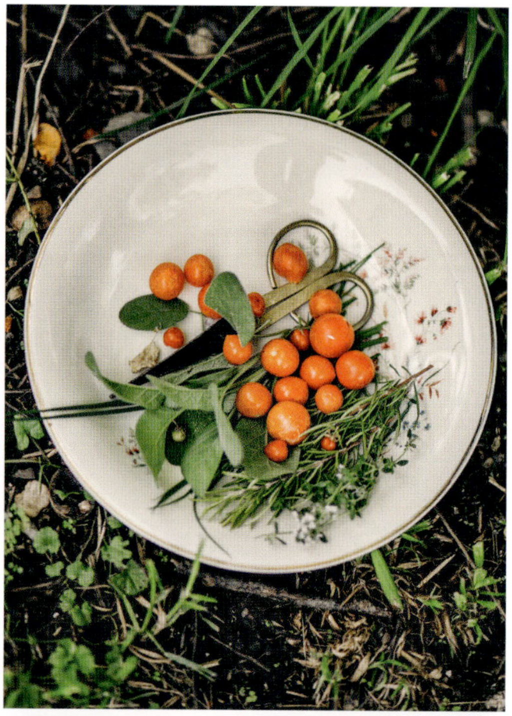
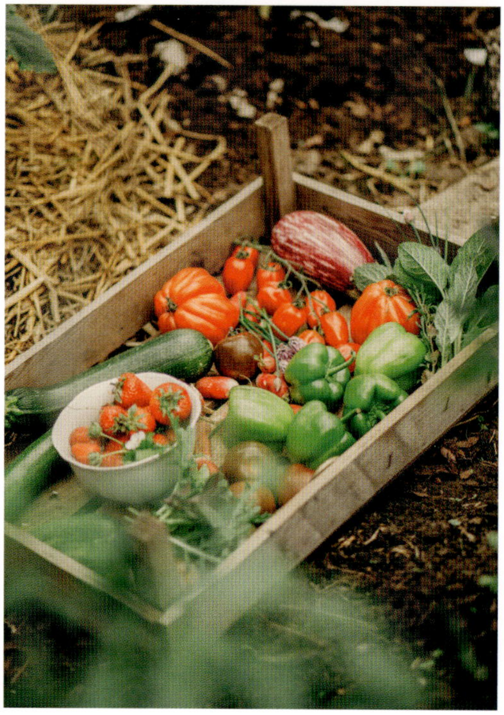
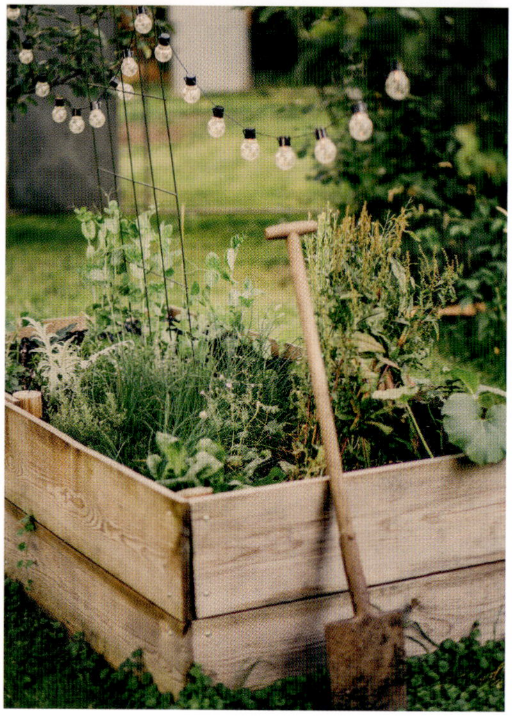

UNSER GARTEN IM SOMMER

GARTENARBEITEN

Gießen; erste Ernte; Hecken und Abgeblühtes zurückschneiden; Unkraut jäten; Tomaten ausgeizen; Starkzehrer düngen (z. B. mit Brennnesseljauche); Aussaat (z. B. Zuckerhut); Gewürzkräuter ernten; Stauden vermehren; Nachfrüchte pflanzen und säen; Bodenpflege (Mulchen); Gründüngung

TOMATENPFLEGE

Tomaten sind sogenannte Starkzehrer und sollten jedes Jahr in ein neues Beet gesetzt werden. Die Pflanzen entwickeln ein verzweigtes Wurzelsystem. Sie werden zur Stabilisierung mit einer Rankhilfe aufgebunden und sind gute Nachbarn für Gemüse wie Möhren, Radieschen, Spinat oder Kohl. Meiden sollte man hingegen die Nähe von Kartoffeln, Erbsen und Fenchel. Sind die Wurzeln gut angewachsen, können die Tomaten sparsamer gegossen werden – am besten gießt man morgens. Dabei sollte man nie abwarten, bis der Boden völlig ausgetrocknet ist. Die Blätter sollten beim Gießen trocken bleiben, um Fäulnis und Pilzen keine Chance zu geben. Tomaten brauchen viele Nährstoffe. Wir geben deshalb alle 14 Tage etwas selbst hergestellte Brennnesseljauche zum Gießwasser. Bis zur Ernte sollte man regelmäßig Ausgeizen, d. h. Triebe in den Blattachseln entfernen, um den Ertrag zu erhöhen. Im Freiland sind die ersten Tomaten Ende Juli erntereif, im Gewächshaus etwa einen Monat früher.

UNSERE SAISONLIEBLINGE

Ananassalbei, Aubergine, Basilikum, Brombeeren, Buschbohne, Dill, Erdbeeren, essbare Blüten, Fenchel, Frühkartoffeln, Gurke, Himbeeren, Holunderblüten, Johannisbeeren, Kapuzinerkresse, Kirschen, Knoblauch, Koriander, Lindenblüte, Mais, Mangold, Minze, Mirabellen, Paprika, Rhabarber, Rosmarin, Rucola, Salbei, Thymian, Tomaten, Verbene, Wild- und Blattsalate, Zitronenmelisse, Zucchini, Zwetschgen

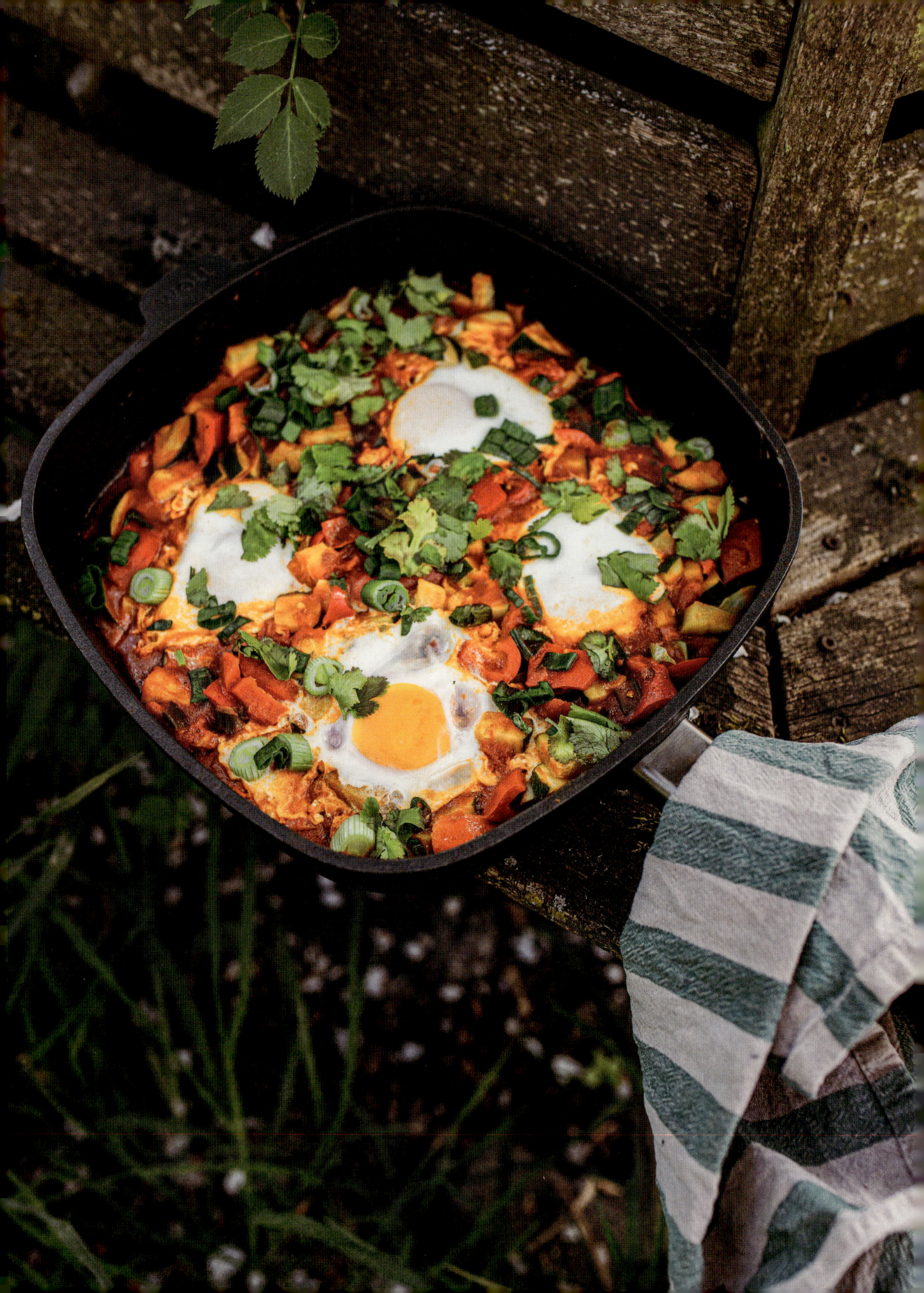

GARTEN-SHAKSHUKA

Shakshuka ist ein leichtes und schnell zubereitetes Essen für die ganze Familie. Am liebsten kochen wir es in einer gusseisernen Pfanne auf dem Grill oder über dem Lagerfeuer im Garten. Das verwendete Gemüse kann je nach Saison und Geschmack nach Lust und Laune variiert werden.

FÜR 4 PERSONEN

1 Zucchino
1 Aubergine
1 Zwiebel
2 Knoblauchzehen
1 rote Paprika
4 große saftige Fleischtomaten
1 Frühlingszwiebel
½ Bund Koriandergrün
1 EL Olivenöl
1 EL Tomatenmark
½ TL gemahlener Kreuzkümmel
½ TL edelsüßes Paprikapulver
Salz, Pfeffer
4 Bio-Eier

Zucchino und Aubergine waschen, putzen und klein würfeln. Zwiebel und Knoblauch schälen und fein hacken. Paprika waschen, halbieren, von Samen und Scheidewänden befreien und fein würfeln. Tomaten waschen, putzen und ebenfalls fein würfeln. Frühlingszwiebel putzen, waschen und in Ringe schneiden. Koriander waschen, trocken schütteln und die Blättchen hacken.

Olivenöl in einer Pfanne erhitzen. Zwiebel, Knoblauch und Paprika darin unter Rühren ca. 5 Minuten anbraten. Zucchino, Tomaten und Aubergine zugeben und ein paar Minuten mitbraten. Dann das Tomatenmark und die Gewürze einrühren und alles 10 Minuten offen köcheln lassen. Mit Salz und Pfeffer abschmecken.

Mit einem Esslöffel vier Mulden für die Eier in die Masse drücken und jeweils 1 Ei hineinschlagen. Einen Deckel auflegen und die Shakshuka ca. 5 Minuten weiterköcheln lassen, bis die Eier gestockt sind. Mit gehacktem Koriander und Frühlingszwiebel bestreuen und mit einem grünen Salat oder frischem Brot servieren.

JOHANNISBEER-SHRUB

Shrub hat eine lange Tradition: Bereits zu Zeiten der Prohibition erfreute sich das alkoholfreie fermentierte Getränk großer Beliebtheit. Um einen leckeren Drink herzustellen, benötigt man genau drei Zutaten: Essig, Zucker und Obst. Dem haben wir – bis auf ein paar Gewürze – nichts hinzuzufügen. Mit etwas Soda wird daraus im Nu ein erfrischender Gartendrink.

FÜR CA. 1 L

500 g frische unbehandelte Johannisbeeren
500 ml naturtrüber Bio-Apfelessig
1 Zimtstange
10 Gewürznelken
200 g Rohrzucker (ersatzweise 160 g Honig)

AUSSERDEM
Mineralwasser
Gin oder Rum (nach Belieben)
Eiswürfel
1 Flasche oder 1 Schraubglas (ca. 1 l)

Methode 1 - schnell:
Johannisbeeren waschen und mit Apfelessig, Zimtstange, Gewürznelken und Zucker in einem Topf kurz aufkochen. Anschließend den Sud durch ein Sieb abseihen und noch heiß in sterilisierte Flaschen abfüllen. Nach dem Abkühlen kann der Shrub sofort eingesetzt werden.

Methode 2 - langsam:
Deutlich intensiver schmeckt der Shrub, wenn man ihn kalt über mehrere Wochen ansetzt. Hierzu die Johannisbeeren waschen und mit Apfelessig, Zimtstange und Gewürznelken in ein sterilisiertes Glas mit Deckel geben. Alles bis zu 3 Wochen im Vorratsschrank ziehen lassen. In dieser Zeit nimmt der Essig vollständig den Geschmack und die Farbe der Früchte an. Nach der Reifephase den Ansatz durch ein Sieb in einen Topf gießen und mit dem Zucker aufkochen. Den Sirup noch heiß in sterilisierte Flaschen abfüllen.

Für 1 Drink 4 cl Johannisbeer-Shrub und 20 cl Mineralwasser nach Belieben mit 4 cl Gin oder Rum in ein Glas mit Eiswürfeln füllen und genießen.

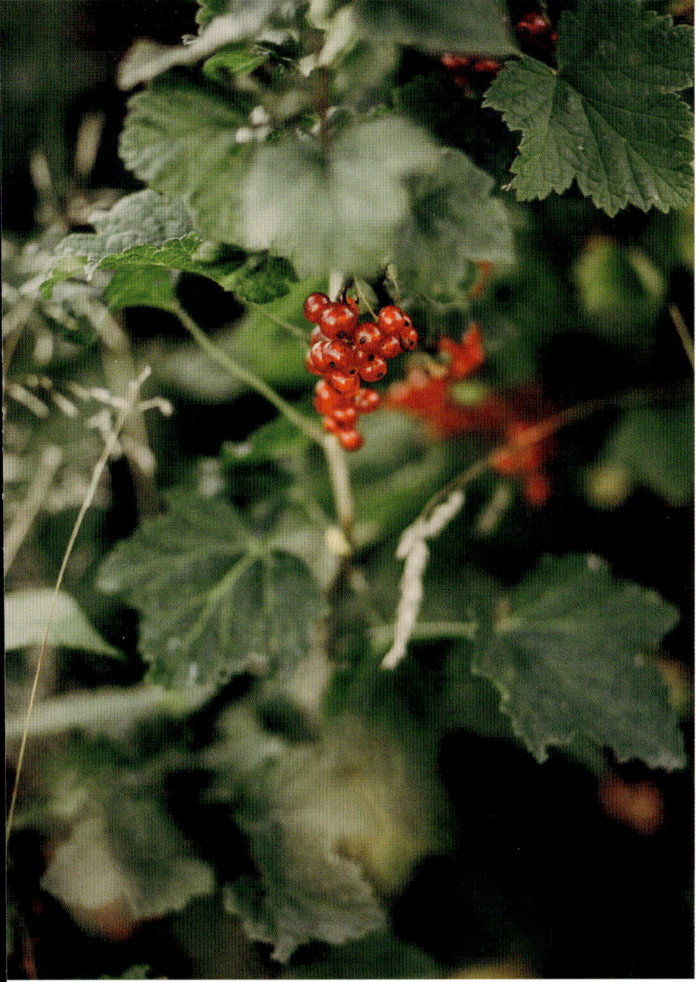
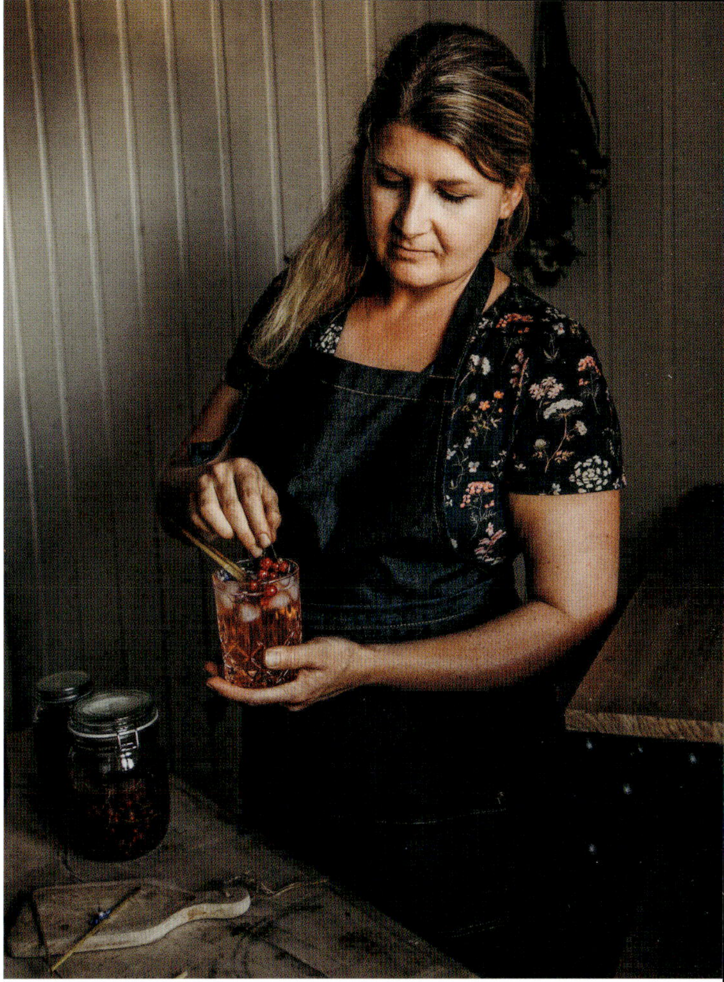
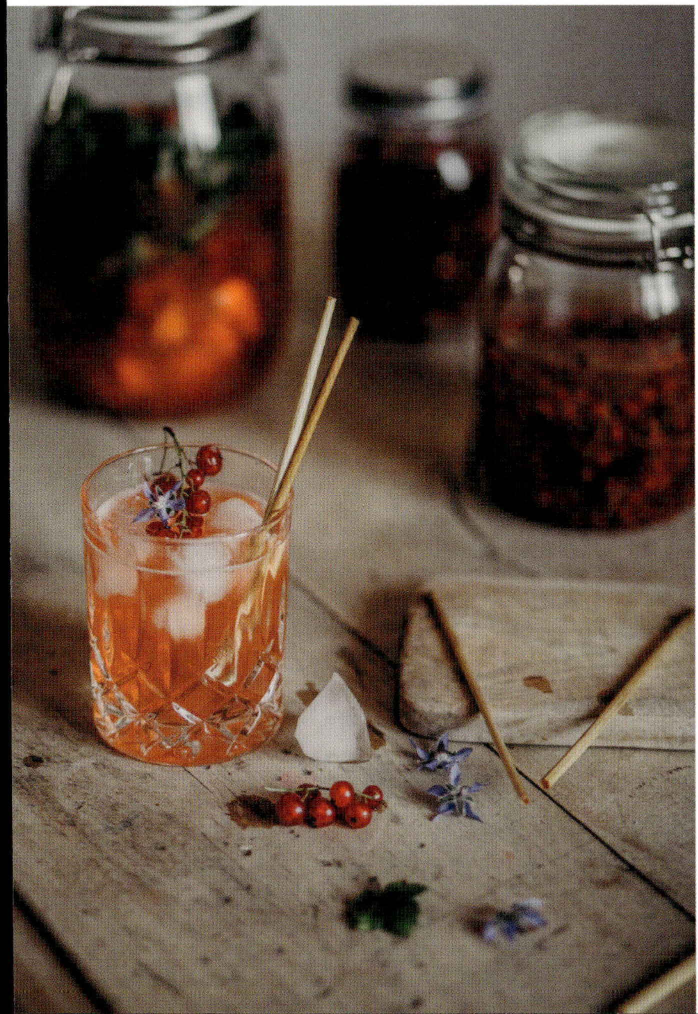
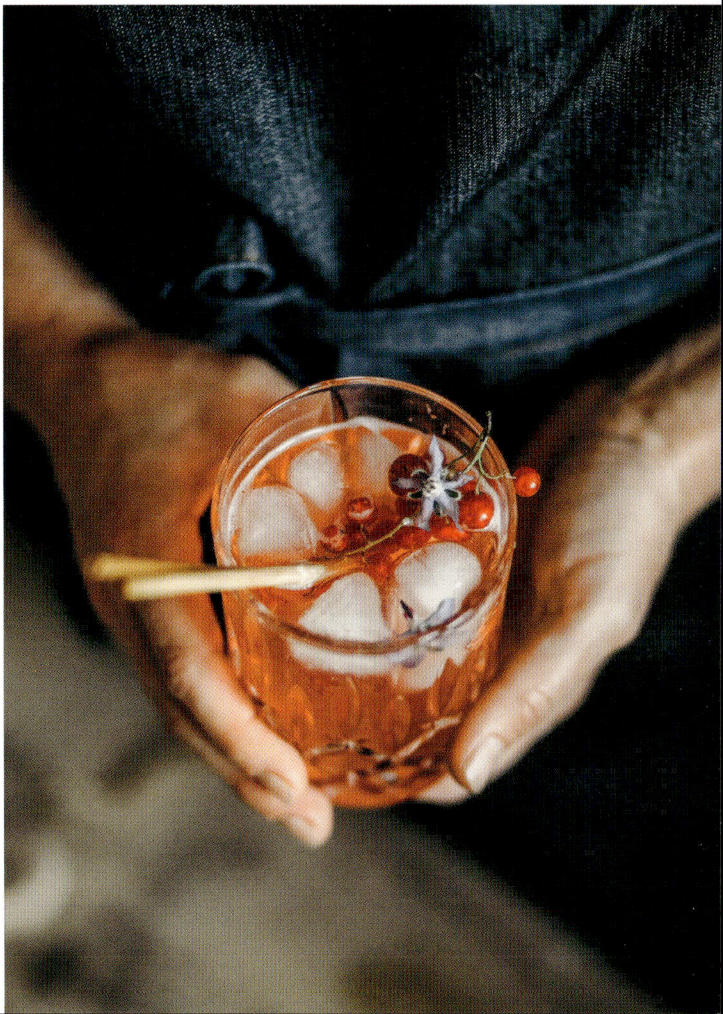

SOMMERLICHE TOMATENTARTE

Im Sommer bekommen wir oft Besuch von Freunden, die spontan zum Abendessen unter unserem alten Apfelbaum bleiben. Da es in dieser Zeit Tomaten in allen Farben, Formen und vor allem in Hülle und Fülle gibt, verarbeiten wir diese gerne in einer saftigen Tarte. Dann passiert es nicht selten, dass wir nach dem Essen mit einem guten Glas Rotwein bis spät in die Nacht sitzen bleiben.

FÜR 5 PERSONEN

500 g Kirschtomaten (nach Belieben in verschiedenen Farben und Sorten)
1–2 Knoblauchzehen
1 Zweig Rosmarin
1 Rolle Blätterteig (275 g)
200 g saure Sahne
Salz, Pfeffer

AUSSERDEM
Butter für die Form
2–3 Stängel Basilikum
2–3 Zweige Thymian

Die Tomaten waschen und trocken tupfen. Knoblauch schälen und durch die Presse drücken. Rosmarin waschen, trocken schütteln und die Nadeln fein hacken.

Den Backofen auf 180 °C vorheizen, eine Tarteform (alternativ ein Blech) fetten oder mit Backpapier auslegen. Den Blätterteig in die Form (oder auf das Blech) legen und in der Mitte mehrfach mit einer Gabel einstechen. Saure Sahne mit Knoblauch, Rosmarin, Salz und Pfeffer verrühren und auf dem Blätterteig verstreichen. Die Kirschtomaten darauf verteilen.

Die Tarte im heißen Ofen in 35–40 Minuten goldbraun backen. Inzwischen Basilikum und Thymian waschen, trocken schütteln und die Blättchen abzupfen. Die fertige Tarte in Stücke schneiden, auf Teller verteilen und mit den Kräutern bestreut servieren.

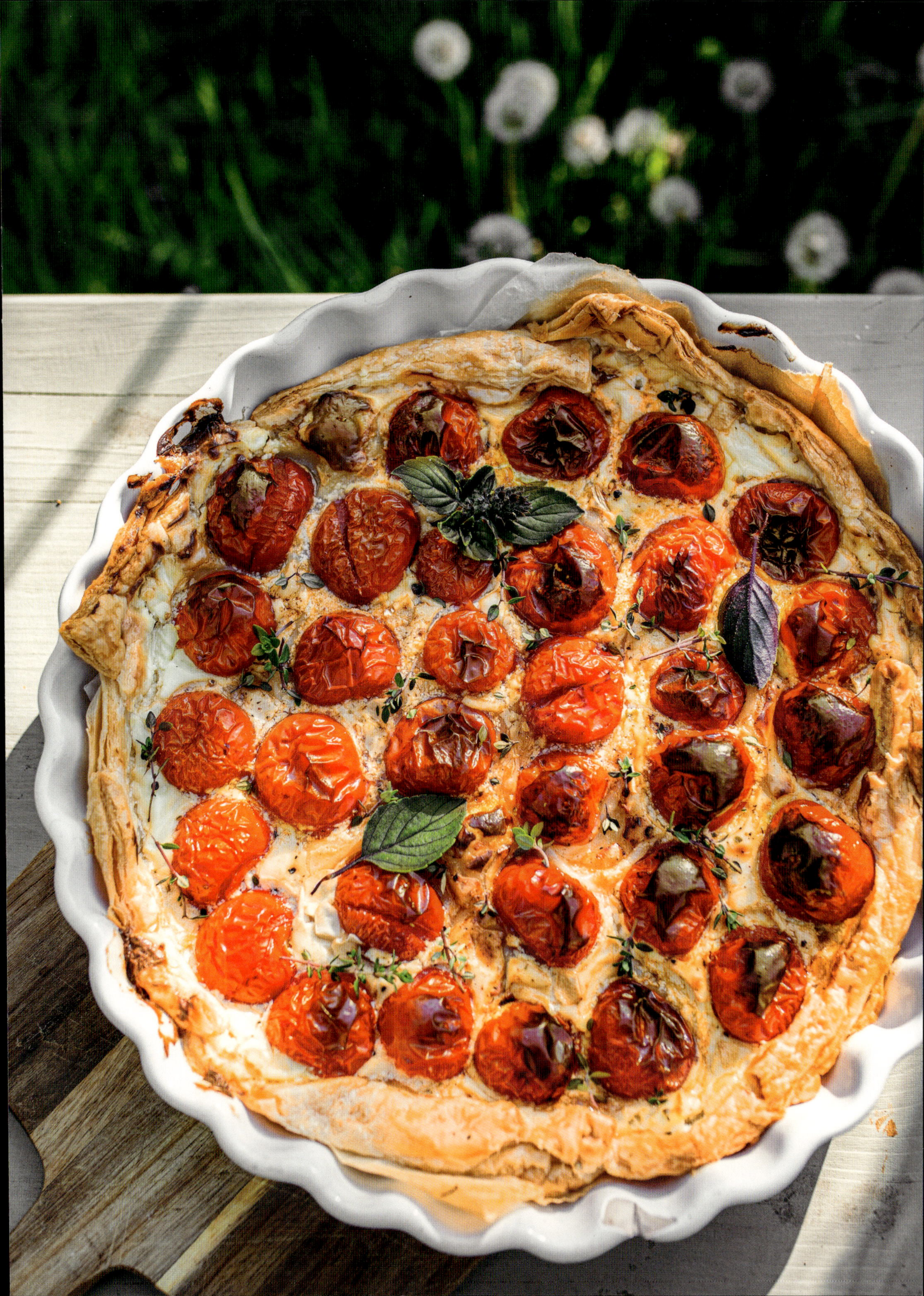

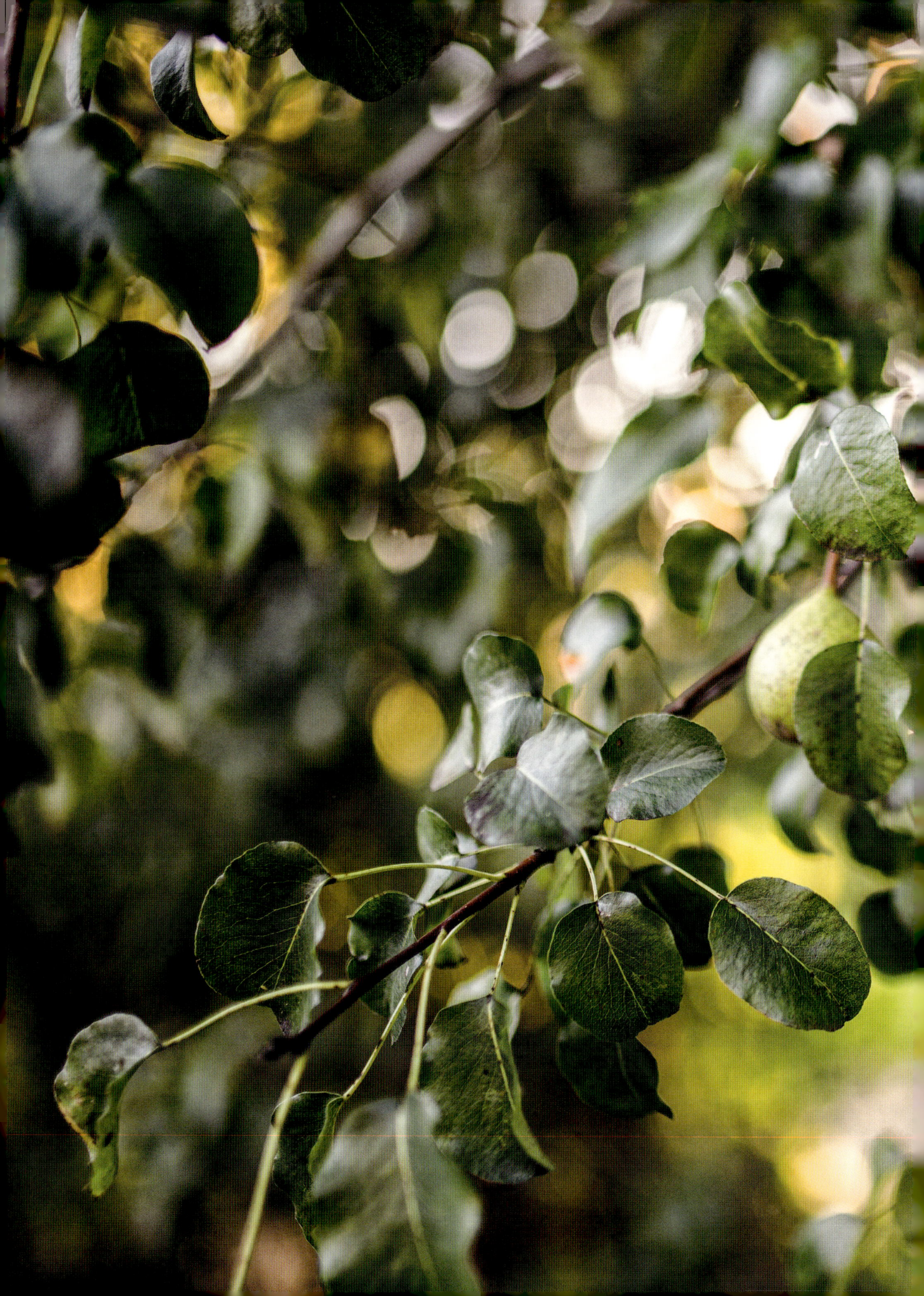

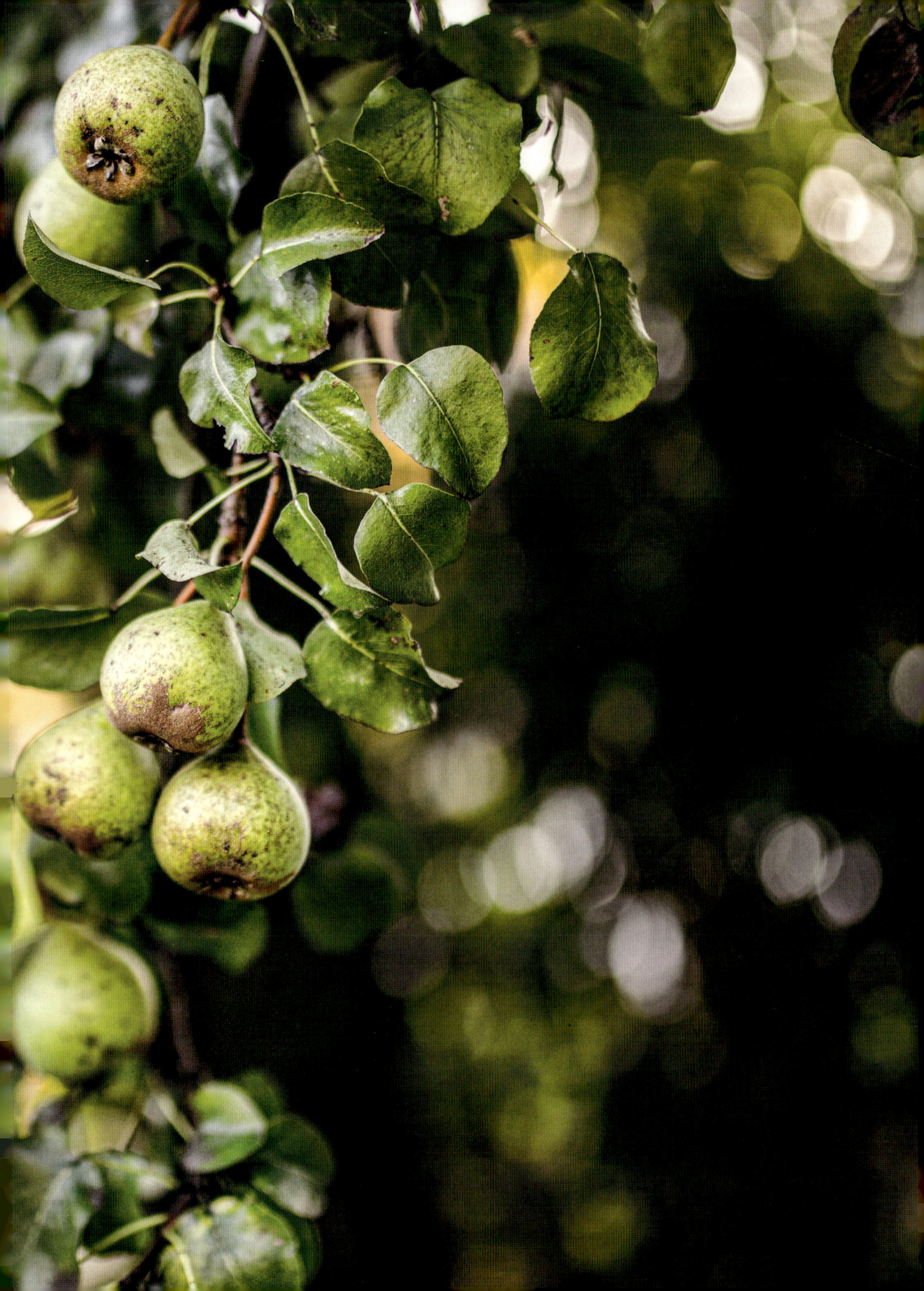

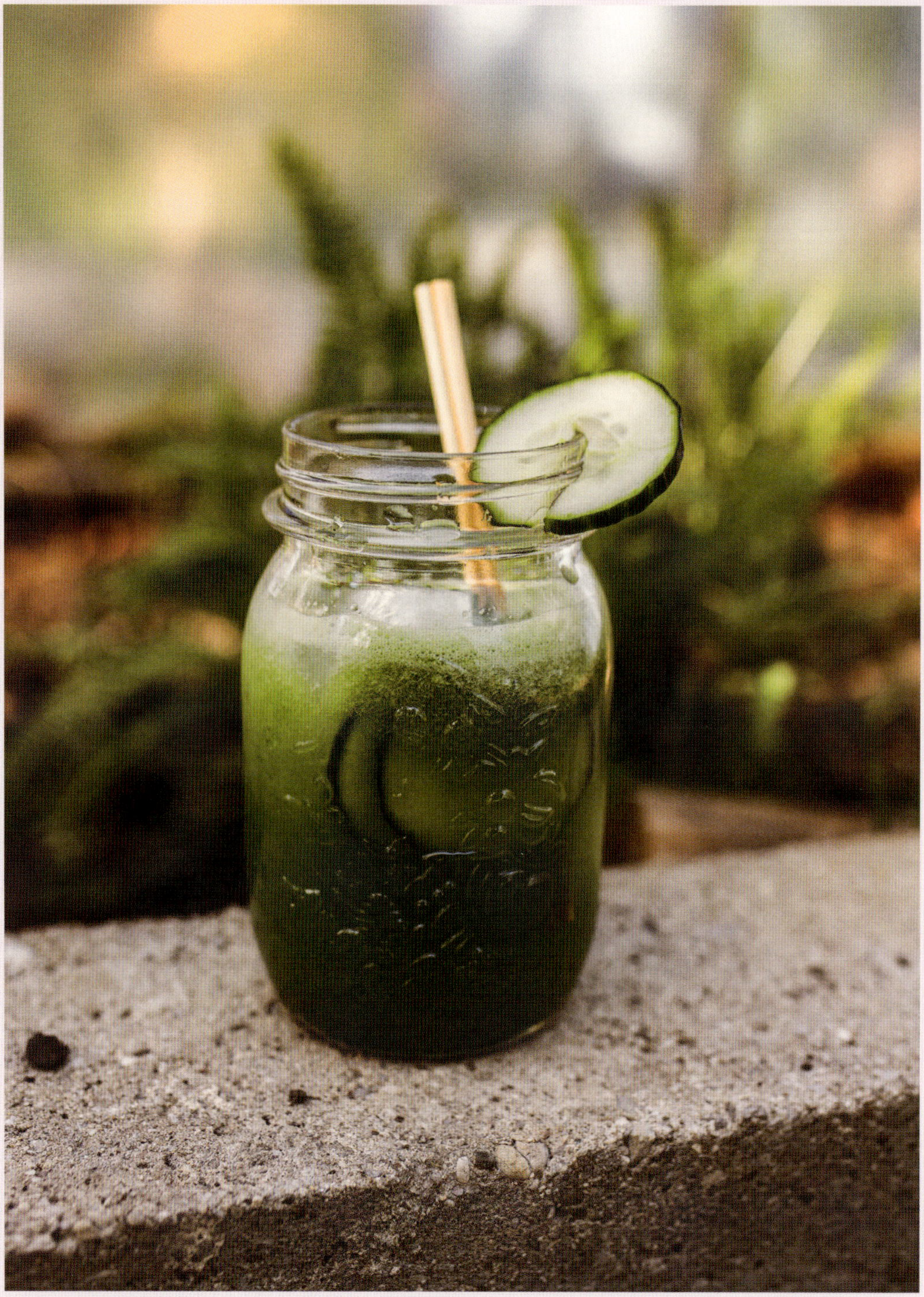

SMELLS LIKE SUMMER – GURKENDRINK MIT HOLUNDER

Wer auf der Suche nach einem außergewöhnlichen alkoholfreien Drink ist, der durch und durch nach Sommer schmeckt, dem empfehlen wir diese erfrischende Kombination aus Gurke und Holunder. Für den Gurkensaft haben wir einen Entsafter verwendet, man kann sich aber auch mit Mixer und Sieb behelfen.

FÜR 1 DRINK BZW. 1,5 L SIRUP

FÜR DEN HOLUNDER-BLÜTENSIRUP
20 Holunderblütendolden
2 Bio-Zitronen
1 kg Rohrzucker

FÜR DEN GURKENDRINK
½ Bio-Zitrone
3–4 cl Holunderblütensirup (nach Geschmack)
6 cl Gurkensaft
1 Handvoll Crushed Ice
etwas Mineralwasser
3 Scheiben Bio-Gurke

AUSSERDEM
2 Flaschen (à 750 ml)

Für den Sirup die Dolden am besten im Laufe des Vormittags sammeln, wenn sie schon trocken sind, aber noch frisch von der Nachtruhe. Dann haben sie ein besonders volles Aroma. Die Dolden gut ausschütteln, um etwaige kleine Insekten zu entfernen. Zitronen waschen und in Scheiben schneiden. Zitronenscheiben und Holunderblüten in einen großen Topf geben, mit 1 l Wasser übergießen und einmal aufkochen. Wer mag, kann den Sirup auch kalt ansetzen. Hierfür das Holdunderblütenwasser zugedeckt an einem dunklen, kühlen Ort 3–4 Tage ziehen lassen.

Den Ansatz durch ein feines Sieb oder ein Mulltuch abseihen und anschließend mit dem Zucker unter Rühren erneut aufkochen, bis sich der Zucker aufgelöst hat. Den Holunderblütensirup heiß in sterilisierte Flaschen abfüllen und fest verschließen. Abkühlen lassen und kühl lagern. Der Sirup hält sich mindestens 1 Jahr bis zur nächsten Ernte.

Für den Gurkendrink den Saft der Zitronenhälfte auspressen. Sirup, Zitronen- und Gurkensaft verrühren und in ein mit Crushed Ice gefülltes Glas geben. Mit etwas Mineralwasser aufgießen und mit Gurkenscheiben garniert servieren.

Für eine alkoholische Variante den Drink mit 6 cl Gin mischen.

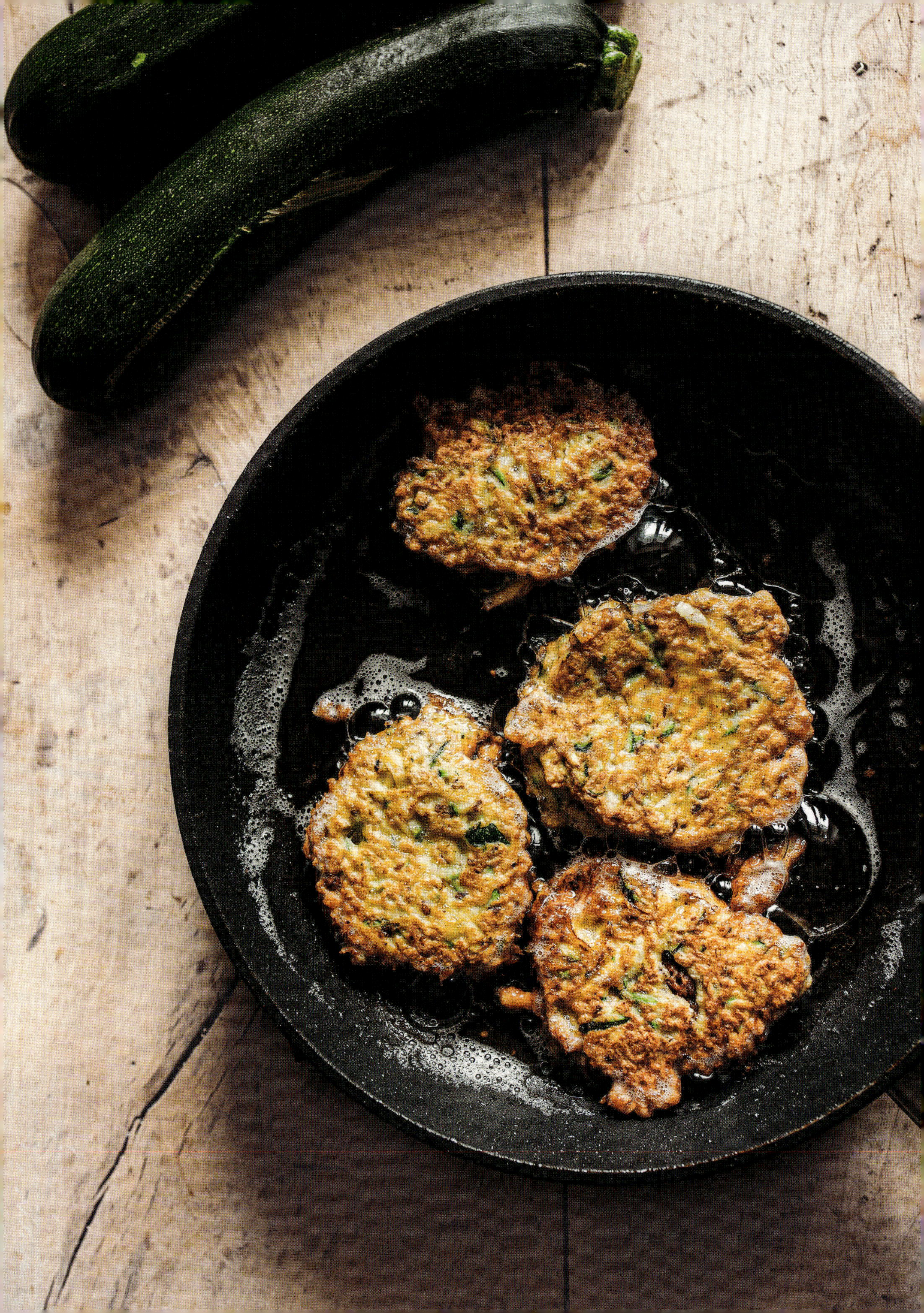

ZUCCHINI-FRITTERS MIT APFEL-CHUTNEY

Manchmal werden wir gefragt, wie unsere Rezepte entstehen. Unsere Antwort: größtenteils spontan nach der Ernte von dem, was gerade bei uns im Garten wächst. Deswegen kommen bei uns im Sommer fast täglich Zucchini frisch auf den Tisch oder sie werden für das restliche Jahr eingeweckt. Übrigens lässt sich beides auch hervorragend kombinieren wie in diesem Rezept.

FÜR 4 PERSONEN

FÜR DAS CHUTNEY
1 mittelgroßer Zucchino
1 Apfel
30 g Ingwer
1 Zwiebel
3 Knoblauchzehen
1 EL Olivenöl
100 g Rohrzucker
200 ml Weißweinessig
200 ml naturtrüber Apfelsaft
1 EL natürliches Apfelpektin (aus dem Bioladen oder Reformhaus)

FÜR DIE FRITTERS
1 mittelgroßer Zucchino
6 EL Haferflocken
6 EL Dinkelmehl
2 EL geschrotete Leinsamen
4 Bio-Eier
1 Bund Basilikum
1 TL gemahlener Kreuzkümmel
1 TL gemahlener Koriander
1 Prise geriebene Muskatnuss
Salz, Pfeffer
3–4 EL Olivenöl

Für das Chutney den Zucchino schälen und putzen. Apfel schälen und vom Kerngehäuse befreien. Beides fein würfeln. Ingwer, Zwiebel und Knoblauch schälen und klein hacken. Das Öl in einem Topf erhitzen und alles 2–3 Minuten anbraten. Dann den Zucker zugeben und kurz karamellisieren lassen. Mit Essig und Apfelsaft ablöschen und das Chutney bei kleiner Hitze ohne Deckel ca. 20 Minuten köcheln lassen. Mit Apfelpektin eindicken lassen, bis das Chutney eine marmeladenartige Konsistenz erreicht hat. Heiß in sterilisierte Gläser abgefüllt ist das Chutney kühl und dunkel gelagert ca. 1 Jahr haltbar.

Für die Fritters den Zucchino waschen, putzen und grob raspeln. Zucchiniraspel mit Haferflocken, Mehl, Leinsamen und Eiern in einer Schüssel verrühren. Basilikum waschen, trocken schütteln, die Blättchen grob hacken und bis auf einen kleinen Rest zum Dekorieren zugeben. Alles mit Kreuzkümmel, Koriander, Muskat, Salz und Pfeffer würzen.

Etwas Olivenöl in einer Pfanne erhitzen. Je 2–3 EL Teig in die Pfanne geben und zu Pancakes formen. Die Pancakes portionsweise von jeder Seite in 3–4 Minuten goldbraun braten. Die fertigen Fritters mit Basilikum bestreuen und mit dem Chutney servieren.

TOMATEN-FOCACCIA MIT GARTENKRÄUTERN

Dieses Gericht ist ohne viel Aufwand gemacht – nur ein bisschen Zeit für die Gehphasen sollte man einplanen. Gerade haben wir viele Tomaten und frische Kräuter im Garten, die nur darauf warten, von uns verarbeitet zu werden. Bei der Auswahl der Kräuter gibt es keine Grenzen. Die Focaccia schmeckt am besten warm, kann aber auch kalt gegessen werden.

FÜR 6–8 PERSONEN

FÜR DEN TEIG
600 g Dinkelmehl
2 kräftige Prisen Salz
50 ml Olivenöl
1 Würfel frische Hefe (42 g)
350 ml lauwarmes Wasser

FÜR DEN BELAG
300 g Kirschtomaten
2 Handvoll Kräuter (nach Belieben; z. B. Rosmarin, Salbei und Thymian)
2 Knoblauchzehen
1–2 EL grünes Pesto

AUSSERDEM
Mehl zum Arbeiten
50 ml Olivenöl zum Beträufeln

Für den Teig Mehl und Salz in einer Schüssel mischen. Das Olivenöl zugeben. Die Hefe im lauwarmen Wasser auflösen und das Hefewasser ebenfalls in die Schüssel geben. Alles zu einem geschmeidigen Teig verkneten und an einem warmen Ort zugedeckt 30 Minuten gehen lassen.

Ein Blech mit Backpapier auslegen. Den Teig 2–3 cm dick auf der leicht bemehlten Arbeitsfläche in der Größe des Blechs ausrollen und darauflegen. Abgedeckt für 1 weitere Stunde gehen lassen.

Den Backofen auf 180 °C Umluft vorheizen. Inzwischen für den Belag die Tomaten waschen und trocken tupfen. Die Kräuter waschen und trocken schütteln. Knoblauch schälen und in dünne Scheiben schneiden. Die vorbereiteten Zutaten auf dem Teig verteilen und leicht eindrücken. Das Pesto in kleinen Klecksen daraufgeben und das Olivenöl darüberträufeln. Die Focaccia im heißen Ofen in ca. 20 Minuten goldbraun backen.

Das grüne Pesto lässt sich ganz leicht selbst herstellen: Einfach je 1 Handvoll Dill, Minze, Rucola, Schnittlauch, Petersilie, Senfblätter, Thymian und Blutampfer mit 6–7 EL Olivenöl, etwas gehacktem Knoblauch, 1 Schuss Zitronensaft, 1 Schuss Balsamico bianco sowie Salz und Pfeffer im Mixer zerkleinern. Das Pesto schmeckt nicht nur zu Focaccia gut, sondern auch zu Pasta, Tomate-Mozzarella oder im Salat.

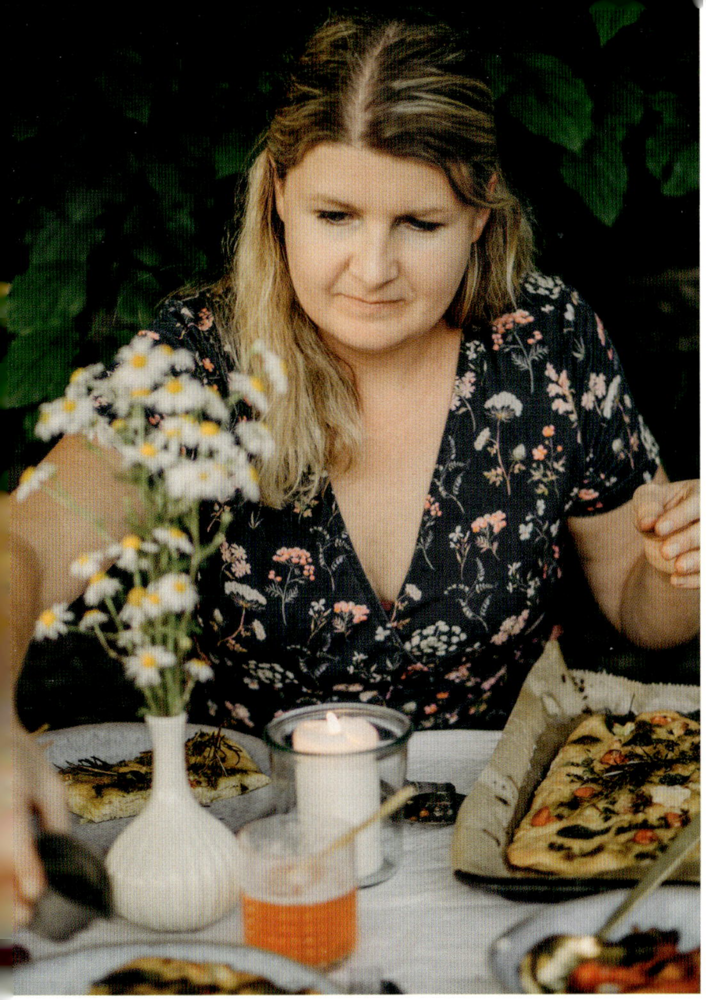
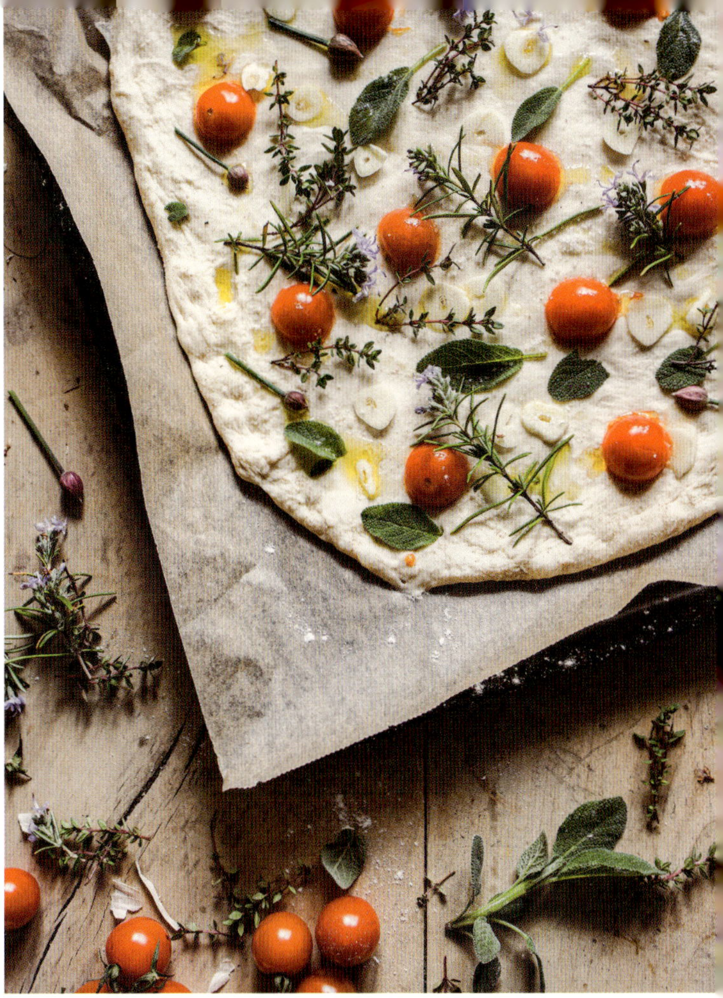
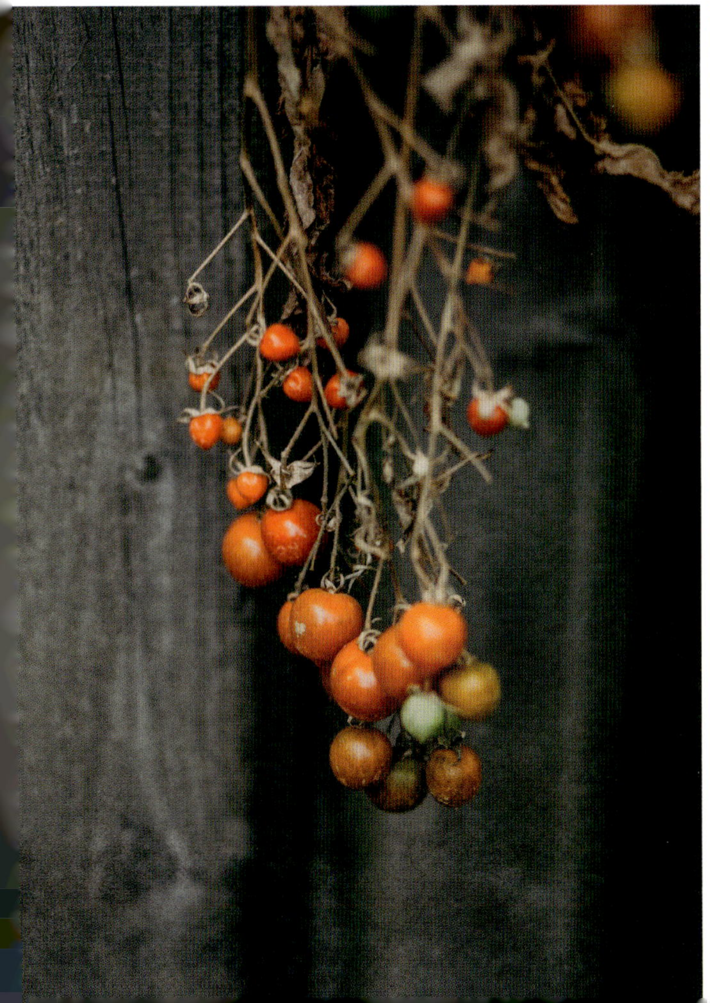
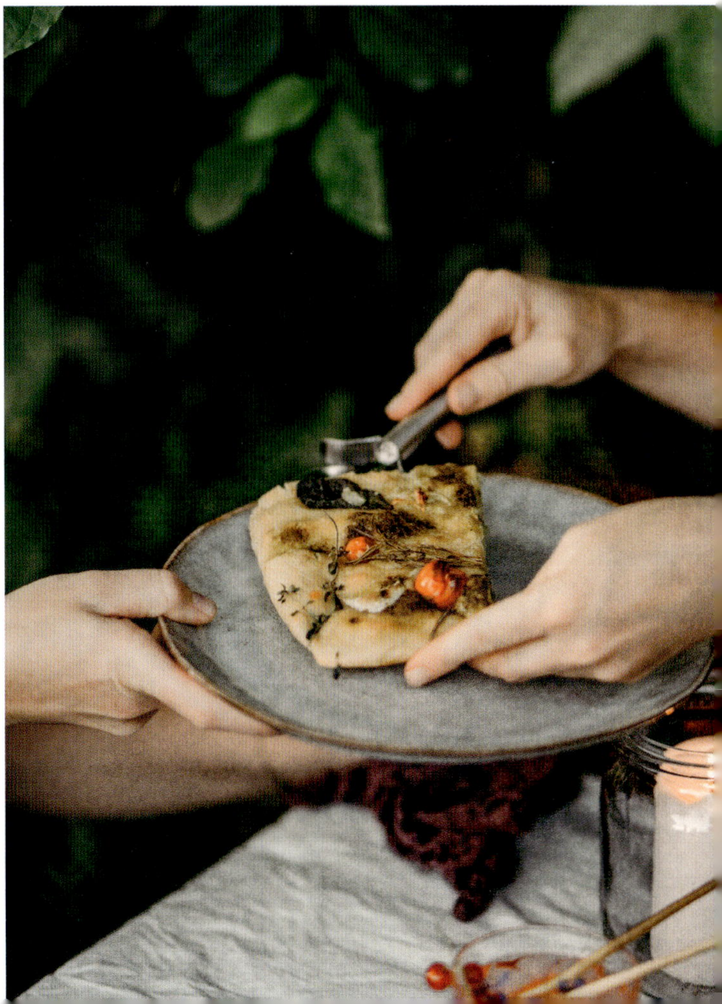

BÄRLAUCHKAPERN
MIT GEGRILLTER PAPRIKA

Im Frühling haben wir schon eine Menge Bärlauch gesammelt und in unserer Küche verarbeitet. Bärlauchknospen legen wir gerne ein, weil sie mit ihrem knoblauchartigen intensiven Geschmack hervorragend zu Garten-Antipasti und Gegrilltem aller Art passen. So haben wir für das restliche Jahr einen schönen Vorrat in der Speisekammer.

FÜR 4–6 PERSONEN

FÜR DIE BÄRLAUCHKAPERN
230 g Bärlauchknospen (kurz vor der Blüte)
180 g Rohrzucker
90 ml Weißweinessig
1 Lorbeerblatt
2 TL Salz
½ TL schwarze Pfefferkörner

FÜR DIE GEGRILLTEN PAPRIKA
4–5 Paprika (rote, grüne und gelbe)
1 Zweig Rosmarin
1 Zweig Thymian
1 Knoblauchzehe
6 EL Olivenöl
Salz, Pfeffer

Für die Bärlauchkapern die Knospen gründlich mit kaltem Wasser waschen und abtropfen lassen. Inzwischen 280 ml Wasser mit Zucker, Essig, Lorbeer, Salz und Pfeffer in einem kleinen Topf kurz unter Rühren aufkochen lassen, bis sich der Zucker gelöst hat. Sobald der Sud etwas abgekühlt ist, die Bärlauchknospen auf 2–3 sterilisierte Einmachgläser verteilen. Den Essigsud darübergießen, sodass die Knospen komplett bedeckt sind. Die Gläser fest verschließen und die Bärlauchkapern 3 Tage an einem kühlen Ort ziehen lassen. Die eingelegten Knospen sind mindestens 6 Monate haltbar – sofern sie nicht vorher aufgegessen wurden.

Den Backofen auf 240 °C mit zugeschalteter Grillfunktion vorheizen. Die Paprika waschen, halbieren und von Samen und Scheidewänden befreien. Rosmarin und Thymian waschen, trocken schütteln und die Nadeln bzw. Blättchen abzupfen. Den Knoblauch schälen und durch die Presse drücken. Die Paprika auf einem Blech mit 2 EL Olivenöl, Knoblauch, Rosmarin und Thymian vermengen. Dann mit der Hautseite nach oben im heißen Ofen (oder auf dem Grill) rösten, bis sie sich dunkel verfärben. Abkühlen lassen und häuten. Dann die Paprika in Streifen schneiden und mit dem restlichen Olivenöl marinieren.

Die gegrillten Paprika auf Teller verteilen und jeweils einige eingelegte Bärlauchkapern darauf anrichten. Alles mit etwas Sud aus dem Kapernglas beträufeln und mit Salz und Pfeffer abschmecken.

Wer mag, mischt noch etwas frischen Rucola unter die Paprika.

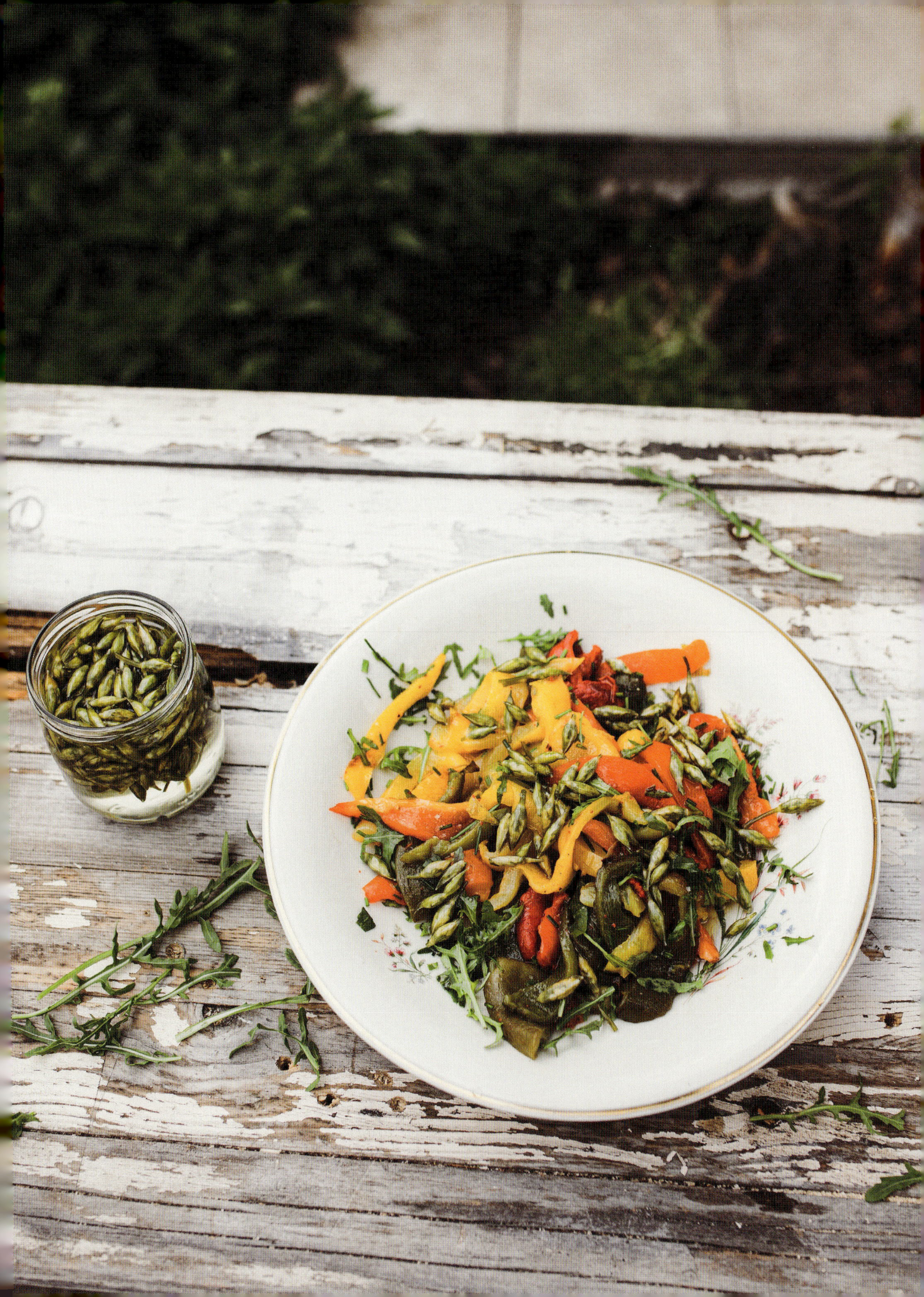

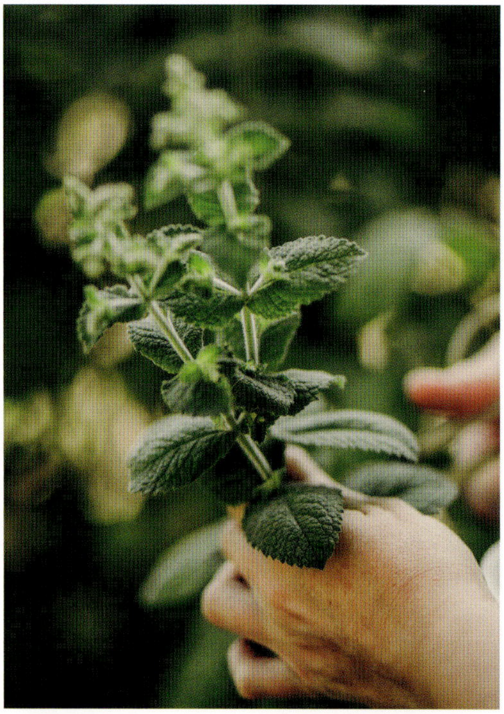
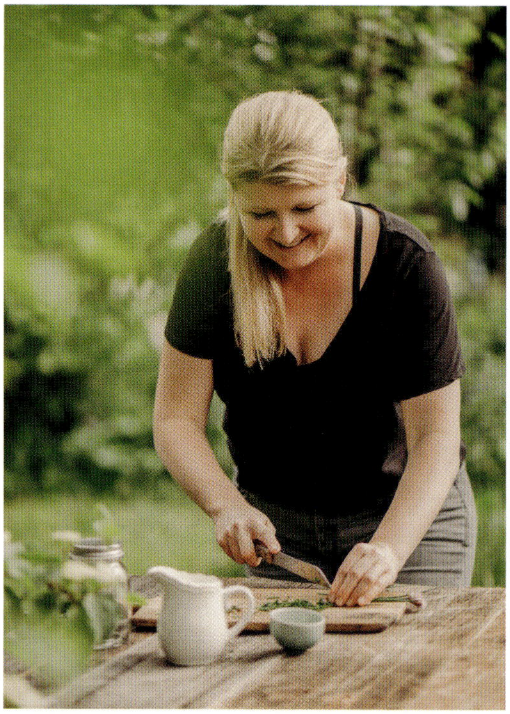
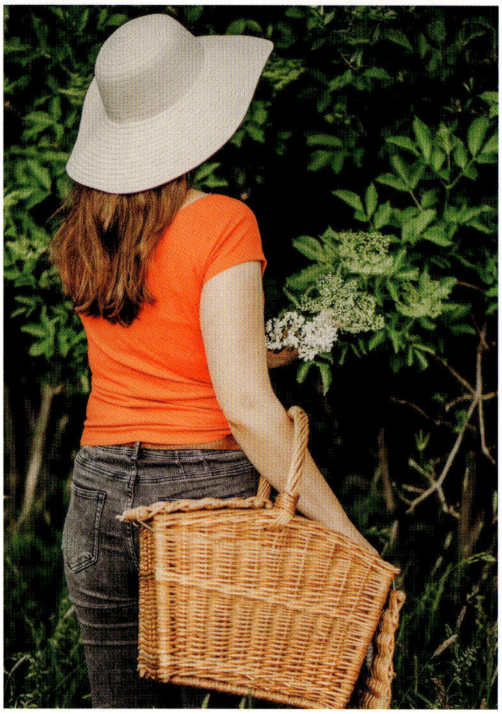
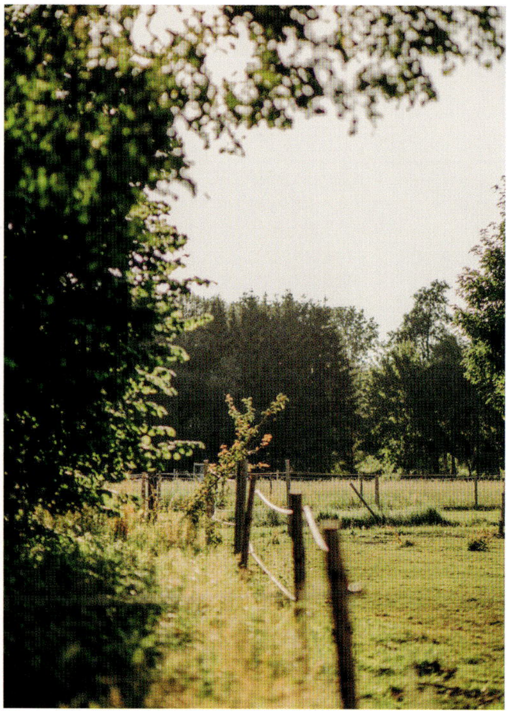

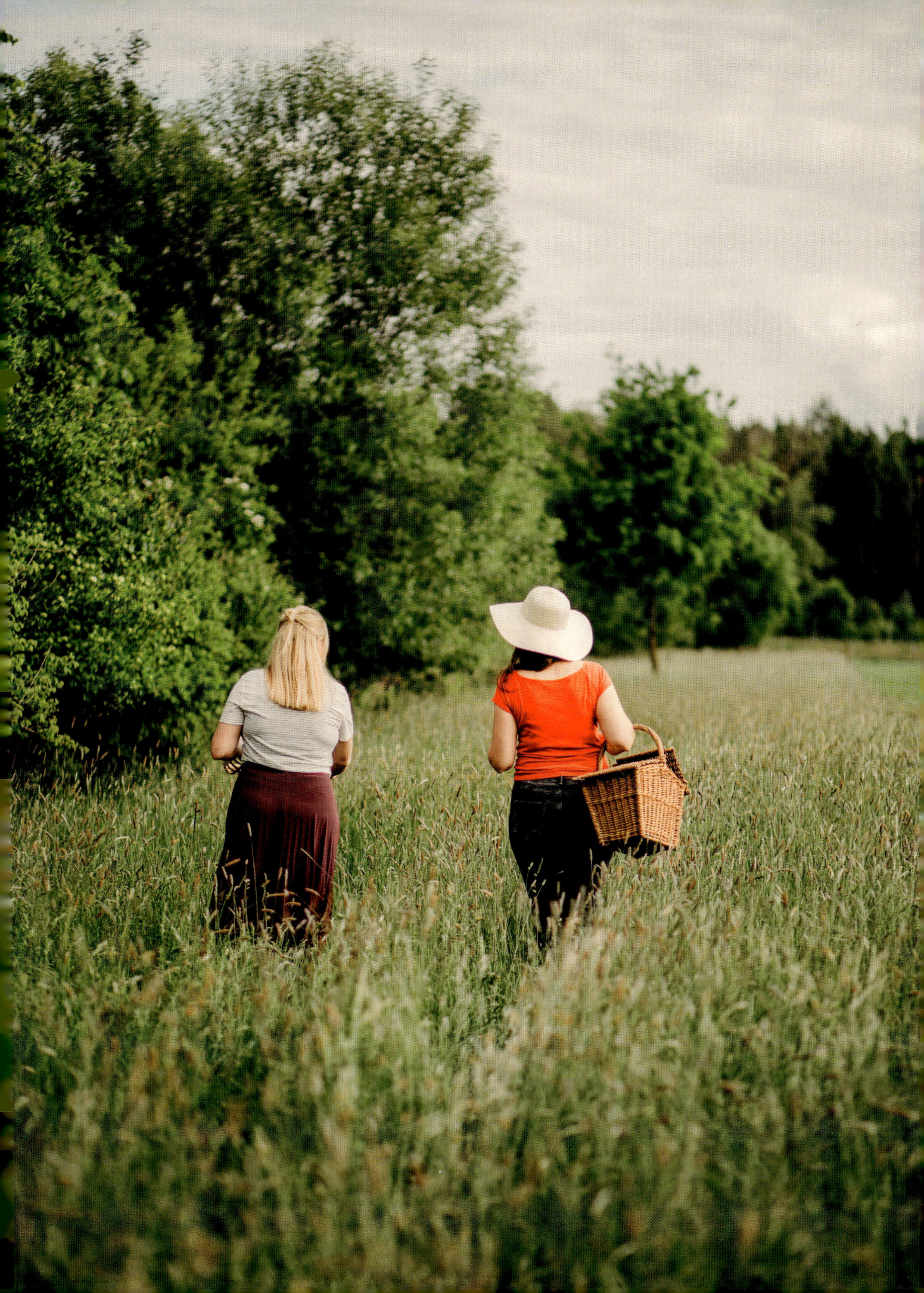

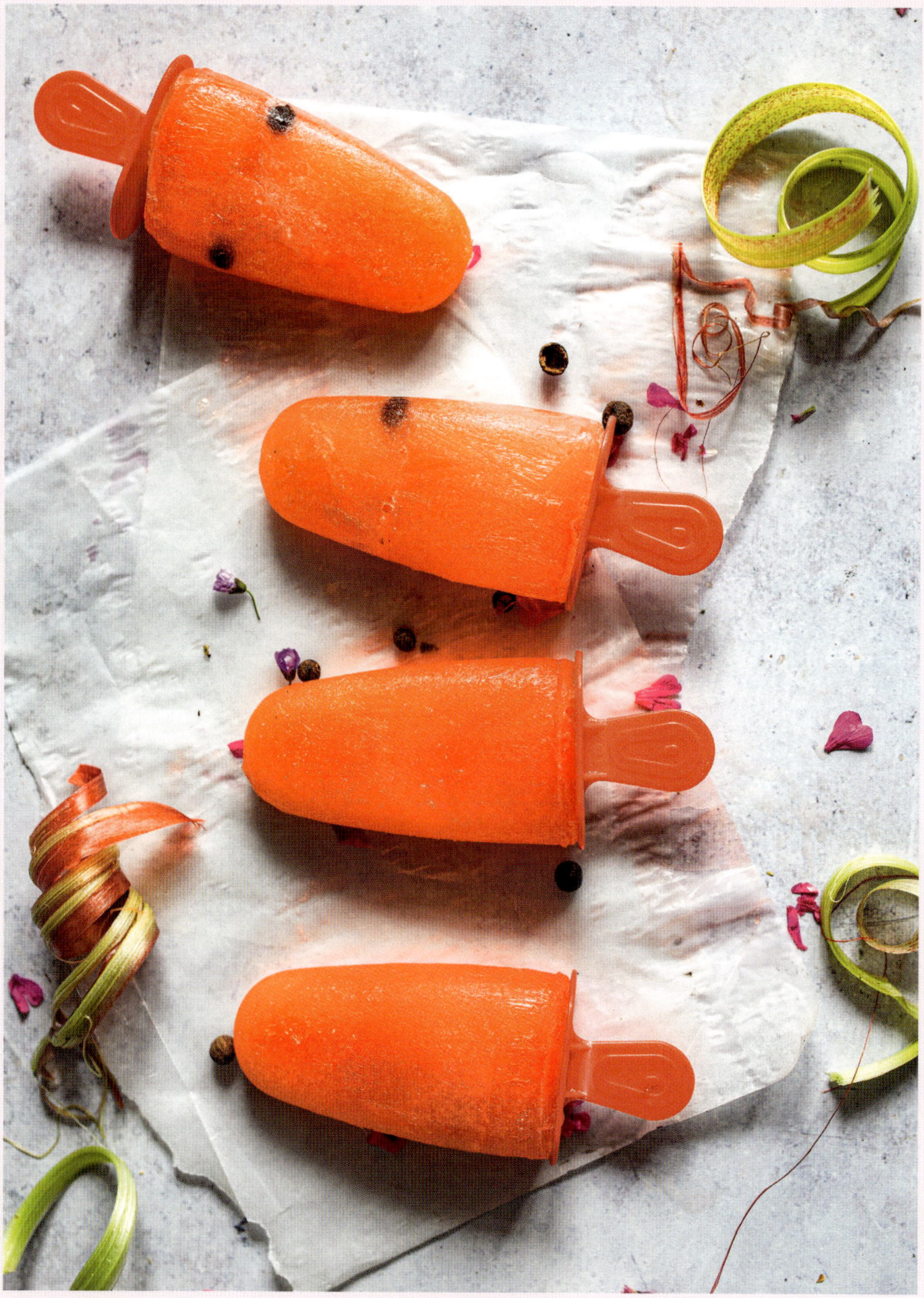

RHABARBER-WACHOLDER-GIN AM STIEL

An heißen Tagen gibt es bei uns gerne das ein oder andere selbst gemachte Eis. Im Garten warten schon Rhabarber und die ersten Erdbeeren darauf, geerntet zu werden. In Kombination mit Gin wird aus den frischen Zutaten im Handumdrehen ein leckerer Cocktail am Stiel.

FÜR 4–6 PERSONEN

5–6 Stangen Rhabarber
150 g Erdbeeren
1 Prise Salz
125 g Zucker
6 Wacholderbeeren
10 cl Gin

AUSSERDEM
4–6 Eis-am-Stiel-Förmchen
12 Wacholderbeeren

Den Rhabarber putzen, schälen und in ca. 3 cm lange Stücke schneiden. Die Erdbeeren vorsichtig abbrausen und putzen. Beides mit Salz, Zucker und Wacholderbeeren in einen großen Topf geben, aufkochen und 5 Minuten bei niedriger Hitze köcheln lassen. Abkühlen lassen und die Wacholderbeeren entfernen.

Die Rhabarber-Erdbeer-Mischung fein pürieren und die Flüssigkeit durch ein sauberes Küchentuch oder ein feines Sieb abseihen. Den Gin unterrühren und die Eismischung in die Förmchen füllen. Die Förmchen ins Gefrierfach geben. Sobald das Eis leicht angefroren ist, 2–3 Wacholderbeeren in jede Form geben.

PAVLOVA MIT ERDBEER-RHABARBER-KOMPOTT

Seit unserem Aufenthalt in Neuseeland sind wir Pavlova-Fans. Das süße Baiser ist das Lieblingsdessert der Kiwis, wobei auch Australier Pavlova als ihr Nationalgericht reklamieren. Im Garten gibt es gerade jede Menge Rhabarber und Erdbeeren. So haben wir kurzerhand ein Kompott eingekocht, das der süßen Pavlova einen fruchtigen Rahmen verleiht.

FÜR 6 PERSONEN

FÜR DIE PAVLOVAS
4 Eiweiß
1 Prise Salz
250 g Zucker
1 EL Weißweinessig
1 EL Speisestärke

FÜR DAS KOMPOTT
5 Stangen Rhabarber
250 g Erdbeeren
1 Zitrone
80 ml Holunderblütensirup
(Rezept s. S. 69)

AUSSERDEM
400 g Sahne

Für die Pavlovas den Backofen auf 180 °C vorheizen und ein Blech mit Backpapier auslegen. Die Eiweiße mit dem Salz steif schlagen, dabei den Zucker langsam einrieseln lassen. Essig und Speisestärke zugeben und so lange weiterschlagen, bis die Masse fest ist und glänzt. Die Baisermasse mit einem Esslöffel in 6 faustgroßen Portionen auf dem Blech verstreichen. Jeweils in der Mitte eine kleine Mulde formen.

Die Ofentemperatur auf 100 °C reduzieren. Das Blech in den Ofen geben und die Tür während des Backens die ganze Zeit geschlossen halten. Die Pavlovas ca. 1 Stunde backen, dann bei geöffneter Tür abkühlen lassen.

Inzwischen die Sahne steif schlagen und kühl stellen.
Für das Kompott den Rhabarber putzen und schälen. Die Erdbeeren vorsichtig waschen und putzen. Die Hälfte der Beeren und den Rhabarber in kleine Stücke schneiden. Die Zitrone auspressen. Rhabarber- und Erdbeerstücke, Zitronensaft und Holunderblütensirup in einen Topf geben und bei kleiner Hitze köcheln lassen, bis die Früchte zerfallen.

Sobald die Pavlovas komplett abgekühlt sind, die Mulden mit der Sahne füllen und jeweils einen großzügigen Klecks Kompott daraufgeben. Mit den restlichen frischen Erdbeeren servieren.

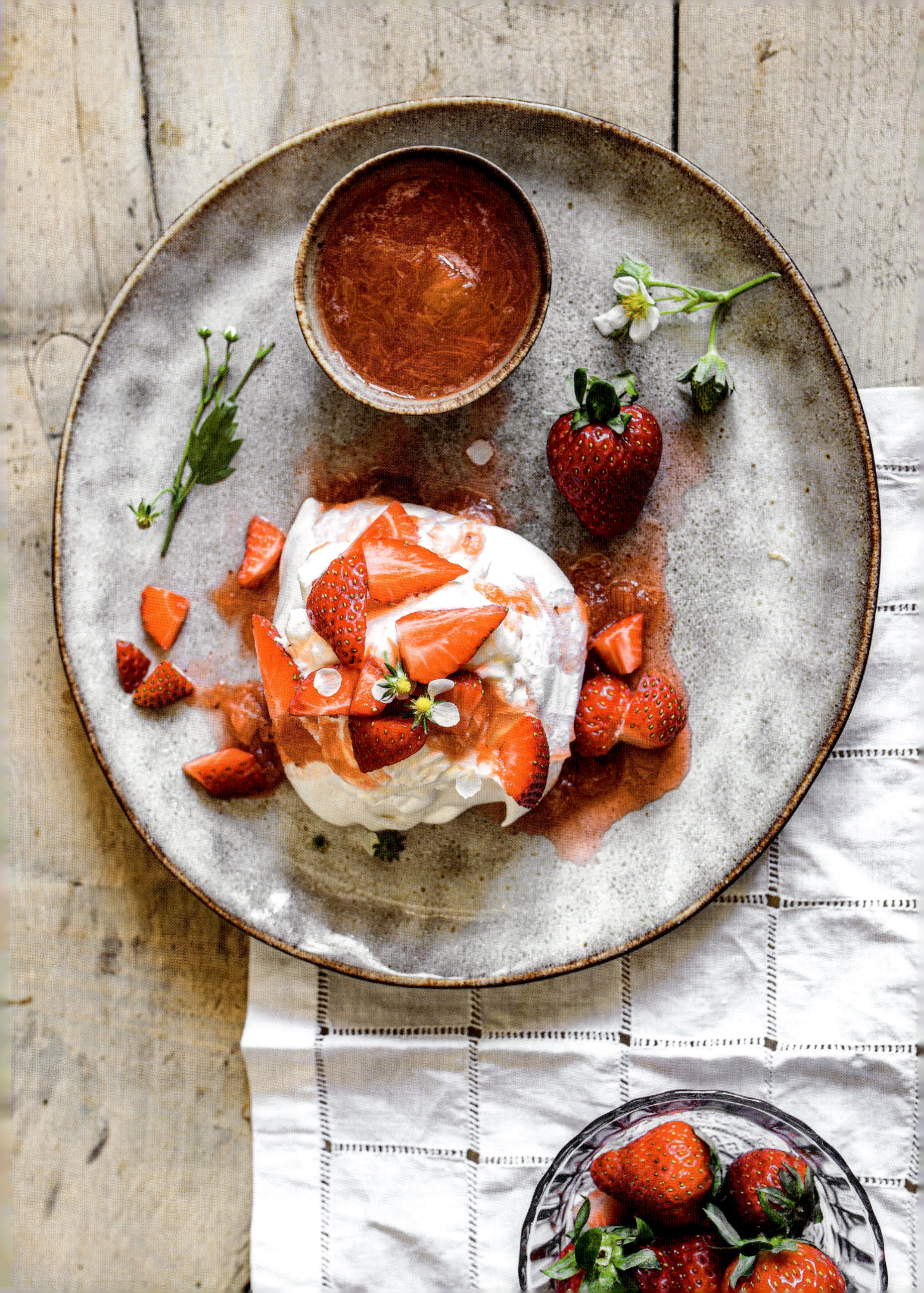

BUNTER KARTOFFELSALAT MIT RADIESCHENGRÜN-PESTO

Die erdige Knolle hat es uns mit ihren unterschiedlichen Texturen und Geschmacksnuancen besonders angetan. Gerade die alten Kartoffelsorten verleihen so manchem bekannten Gericht einen neuen Anstrich. Etwas frisches Gemüse und Radieschengrün-Pesto machen aus den gerösteten Kartoffeln ein vollwertiges Hauptgericht.

FÜR 4 PERSONEN

FÜR DEN SALAT
1 kg kleine festkochende Bio-Kartoffeln (Drillinge)
100 g Zuckererbsen (ersatzweise Palerbsen)
1 Bund Radieschen
1 Frühlingszwiebel
1 Handvoll Wildkräuter

FÜR DAS PESTO
1 Bund Petersilie
Radieschengrün von 1 Bund Radieschen (s. o.)
5 EL Olivenöl
2 EL Weißweinessig
Salz, Pfeffer

AUSSERDEM
Öl zum Braten

Für den Salat die Kartoffeln gründlich waschen und im Ganzen mit der Schale ca. 20 Minuten in einem Topf mit Dämpfeinsatz dämpfen. Die Zuckererbsen waschen und nach Belieben in den letzten 5 Minuten Garzeit zu den Kartoffeln geben und mitdämpfen.

Inzwischen die Radieschen gründlich waschen und putzen. Das Grün für das Pesto beiseitelegen. Die Radieschen in Scheiben schneiden. Die Frühlingszwiebel putzen, waschen und in Ringe schneiden. Die Kräuter waschen und trocken schütteln. Radieschen, Frühlingszwiebel und Kräuter auf Teller verteilen.

Für das Pesto die Petersilie waschen und trocken schleudern. Dann mit dem beiseitegelegten Radieschengrün, Olivenöl, Essig, Salz und Pfeffer in einem Mixer zu einem feinen Pesto pürieren.

Eine Pfanne mit etwas Öl erhitzen. Die Kartoffeln und Zuckererbsen abgießen, die Kartoffeln gegebenenfalls halbieren und beides mit den Radieschenscheiben in ein paar Minuten goldbraun braten. Die Kartoffelmischung auf die Teller verteilen und alles gut vermengen. Den Salat mit Pesto beträufelt servieren.

Das übrige Pesto hält sich mehrere Tage in einem sauberen Glas im Kühlschrank. Übrigens schmeckt es auch hervorragend als Würze in Saucen oder zu Pasta.

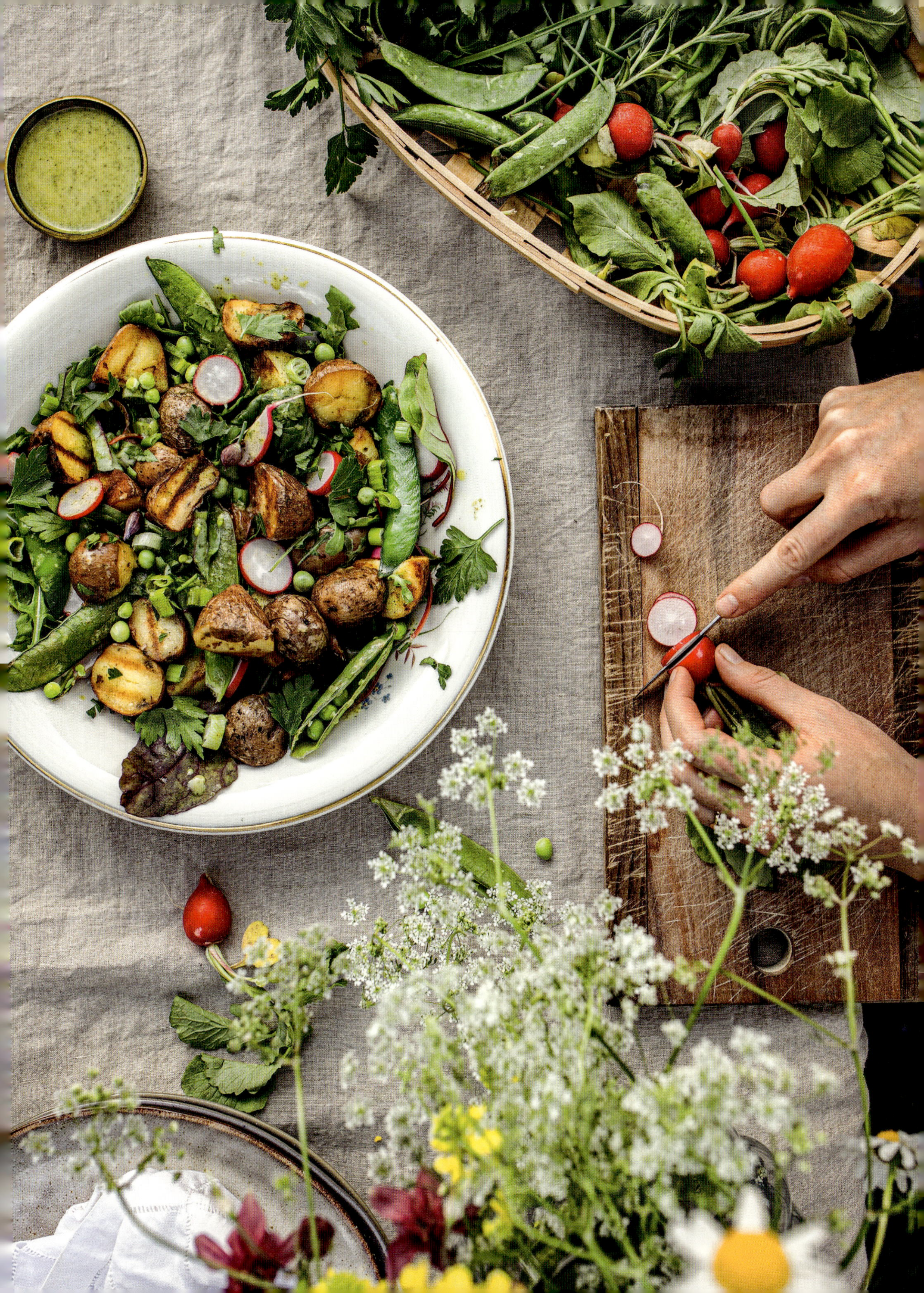

STOCKBROT
MIT AUBERGINEN-DIP

Nach getaner Arbeit sitzen wir an heißen Tagen oft noch bis tief in die Nacht vor dem Haus. Dort genießen wir den einen oder anderen eiskalten Cider auf der von der Sonne aufgewärmten Terrasse oder wir philosophieren über unsere Zukunftspläne an der Feuerschale zwischen den Hochbeeten. Aber was wäre ein Lagerfeuer ohne Stockbrot? Genau, nur halb so schön.

FÜR 6-8 PERSONEN

<u>FÜR DAS STOCKBROT</u>
400 g Dinkelmehl
2 TL Salz
1 Pck. Trockenhefe (ersatzweise ½ Würfel frische Hefe)
½ TL Zucker
220 ml lauwarmes Wasser
3 EL Olivenöl

<u>FÜR DEN DIP</u>
1 Aubergine
1 Zwiebel
2 Knoblauchzehen
5-6 EL Olivenöl
1-2 TL Apfelessig
Salz, Pfeffer

<u>AUSSERDEM</u>
Mehl zum Arbeiten
Holzstöcke

Für das Stockbrot Mehl und Salz in einer Schüssel vermengen. Hefe und Zucker mit dem lauwarmen Wasser verrühren und mit dem Olivenöl in die Schüssel zum Mehl geben. Alles zu einem glatten Teig verkneten und zugedeckt ca. 30 Minuten gehen lassen.

Inzwischen für den Dip den Backofen auf 180 °C vorheizen, ein Blech mit Backpapier auslegen. Die Aubergine waschen und längs halbieren. Die Zwiebel schälen und in Ringe schneiden. Den Knoblauch schälen. Die Auberginenhälften mit 1 EL Olivenöl beträufeln und mit den Zwiebelringen auf dem Blech verteilen. Beides ca. 30 Minuten im heißen Ofen rösten. Anschließend das weiche Auberginenfleisch mit einem Löffel aus den Schalen lösen und mit Röstzwiebeln, restlichem Olivenöl, Knoblauch, Apfelessig und je 1 Prise Salz und Pfeffer pürieren.

Den Teig auf der leicht bemehlten Arbeitsfläche erneut durchkneten und dünn ausrollen. Mit einem Messer oder Pizzaroller in lange Stränge schneiden und diese um die Enden der Holzstöcke wickeln. Das Stockbrot über der heißen Glut (nicht mit den Flammen in Berührung kommen) eines Lagerfeuers vorsichtig von allen Seiten goldbraun backen. Alternativ den Teig auf Kochlöffelstiele wickeln und im vorgeheizten Backofen bei 180 °C Umluft ca. 15 Minuten backen. Lauwarm abkühlen lassen und mit dem Auberginendip genießen.

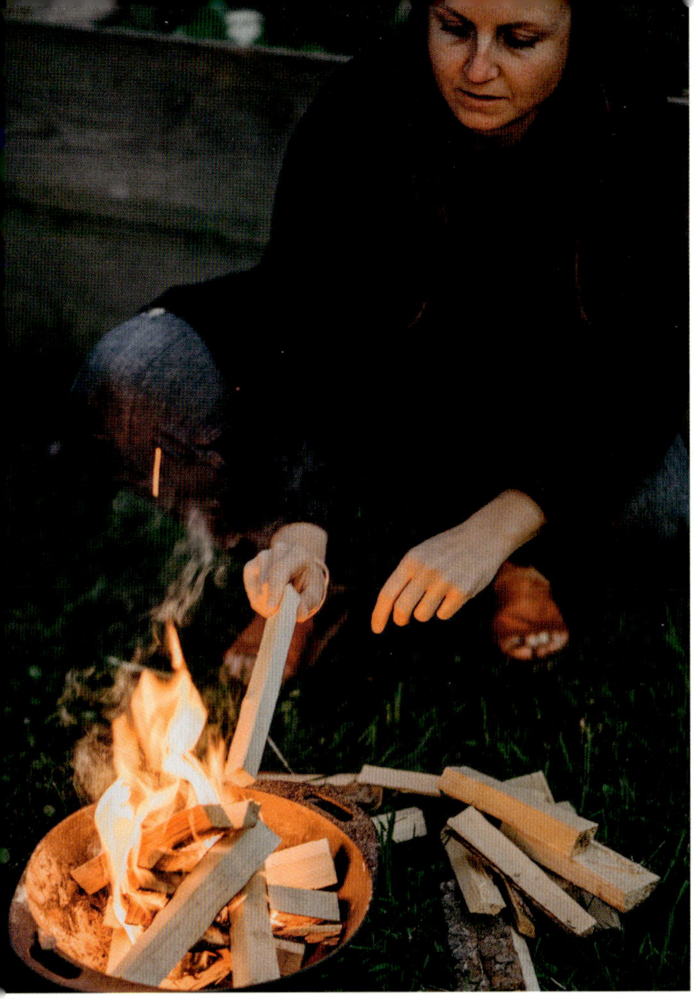
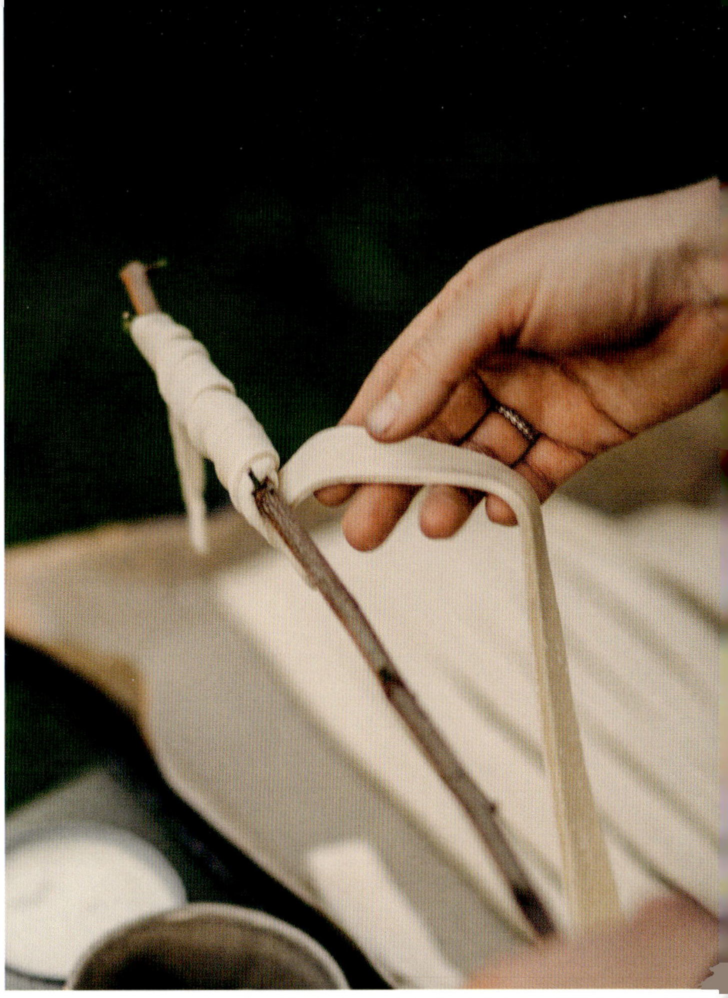
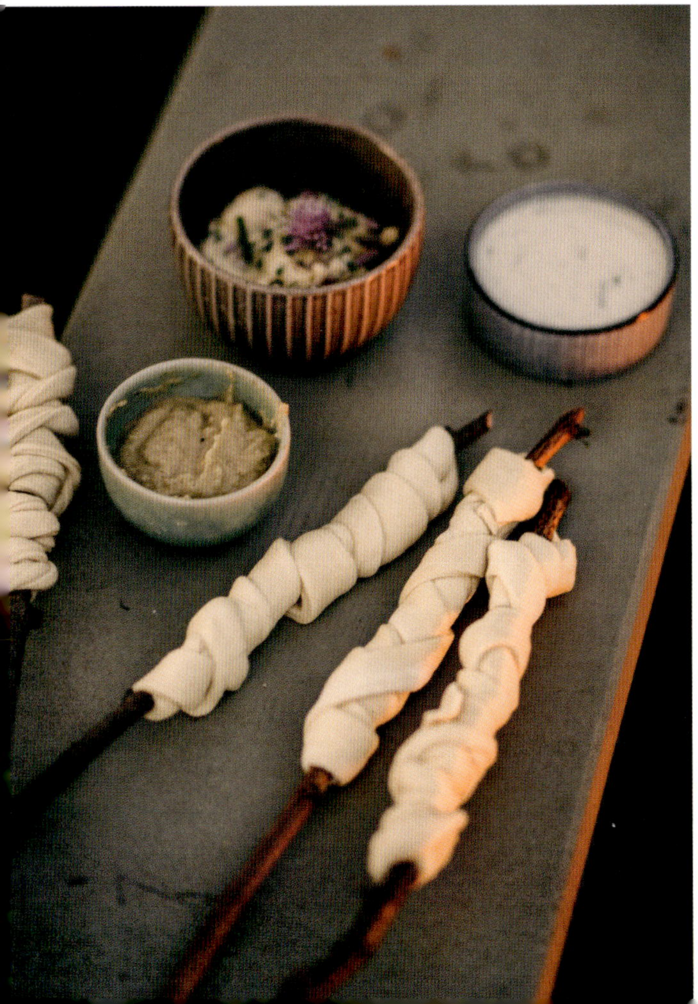
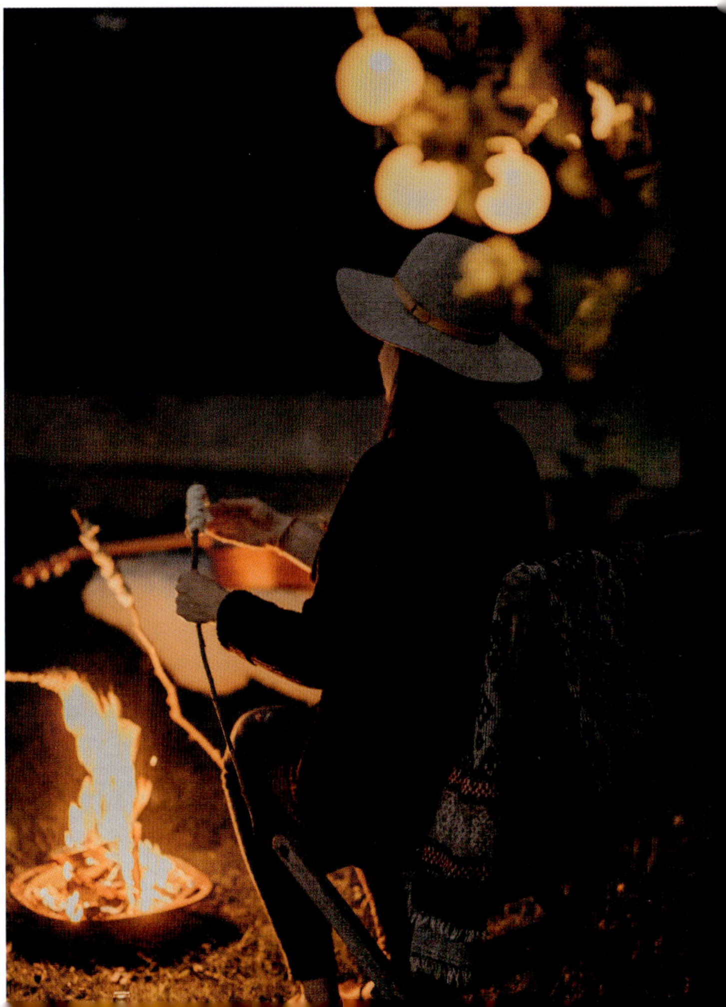

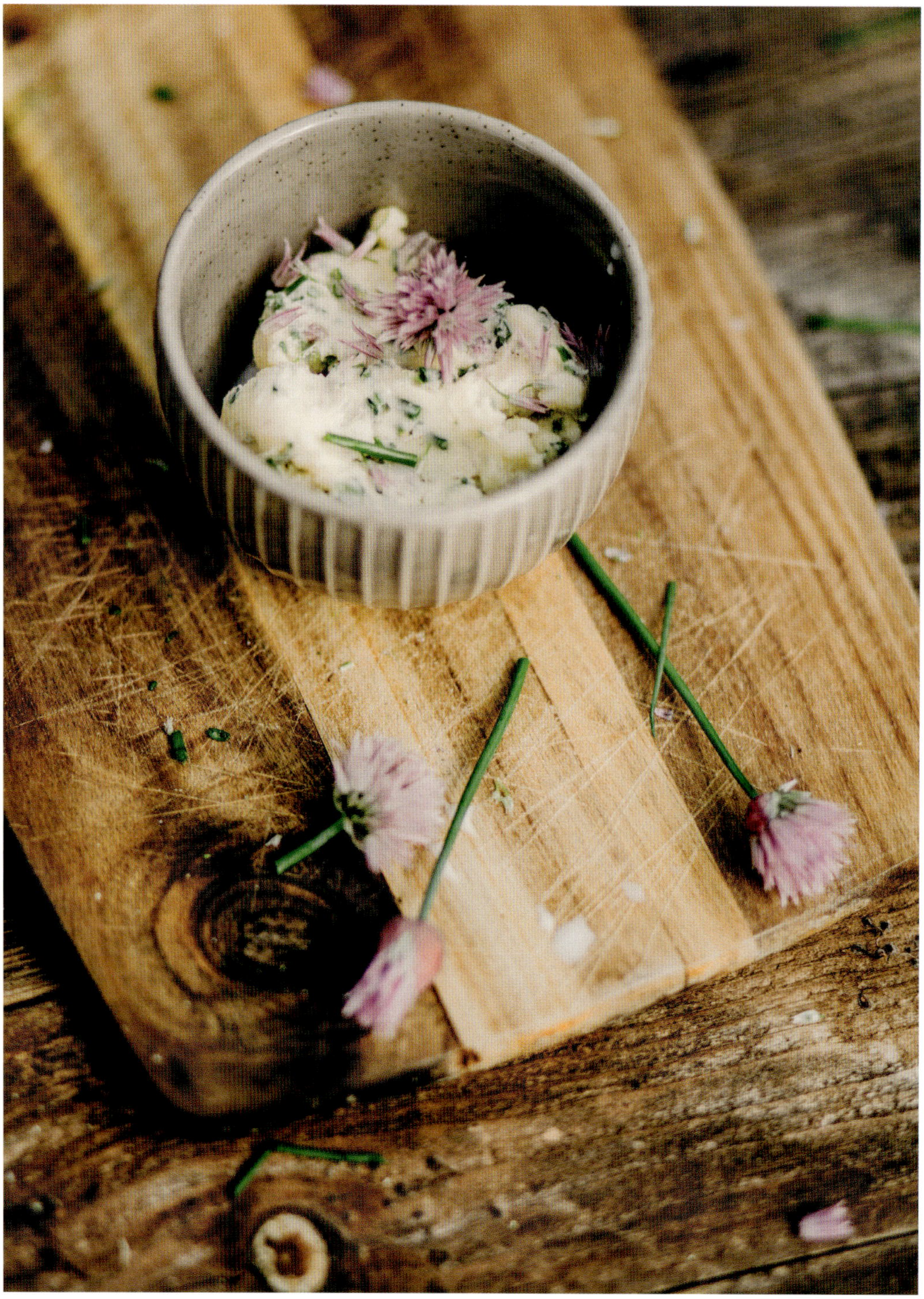

KRÄUTERBUTTER AUS DEM GLAS

Der Duft von warmem Brot, das beim Anschneiden knusprig kracht, und dazu eine frische Kräuterbutter – beim Gedanken daran läuft einem glatt das Wasser im Mund zusammen. Kräuterbutter herzustellen ist gar nicht schwer. Alles, was man dazu braucht, ist Sahne, ein paar frische Kräuter aus dem Garten und etwas Ausdauer in den Armen.

ERGIBT 100 G KRÄUTERBUTTER

4 Stängel Schnittlauch
4 Stängel Petersilie
2 Blättchen Salbei
Salz
200 g Sahne

AUSSERDEM
1 Schraubglas (ca. 500 ml)

Die Kräuter waschen, trocken schütteln, klein schneiden und mit 1 kräftigen Prise Salz und der Sahne in ein Schraubglas geben. Wichtig: Das Glas maximal zu zwei Dritteln befüllen, sonst bleibt nicht genug Platz zum Schütteln.

Das Glas fest verschließen und für ein paar Minuten ordentlich schütteln, bis sich erste Klumpen und Buttermilch bilden. Die Buttermilch abgießen und weiter schütteln, bis keine Buttermilch mehr austritt. Diese kann man übrigens auch noch hervorragend zum Backen weiterverwenden. Die fertige Kräuterbutter im Kühlschrank aufbewahren.

Wer die Haltbarkeit der Butter verlängern möchte, kann sie in eiskaltem Wasser noch ein wenig weiterkneten. So werden auch die letzten Buttermilchreste aus der Butter ausgeschwemmt.
Dazu passt ein frisch gebackenes Brot (s. S. 32 oder S. 183 ff.).

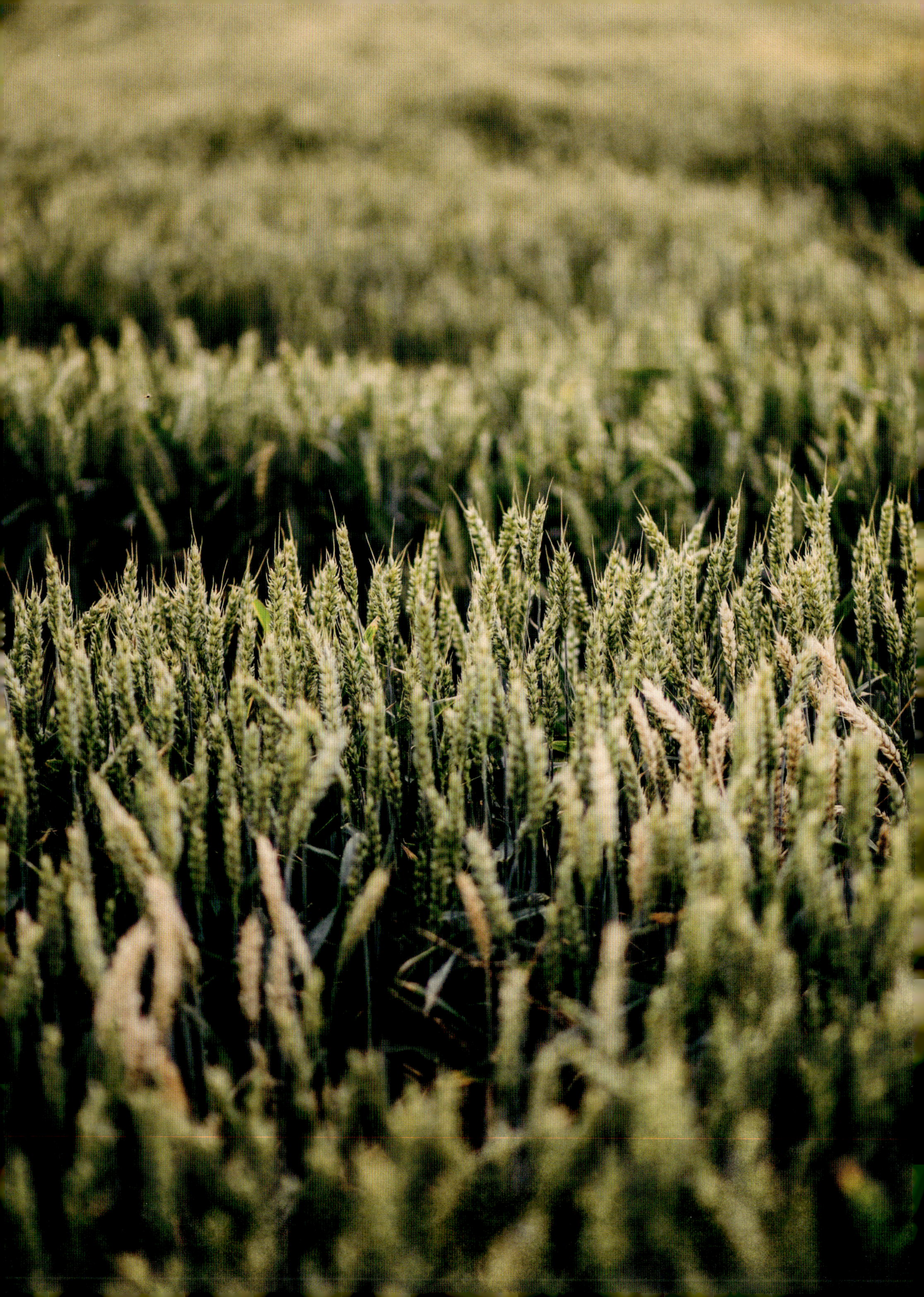

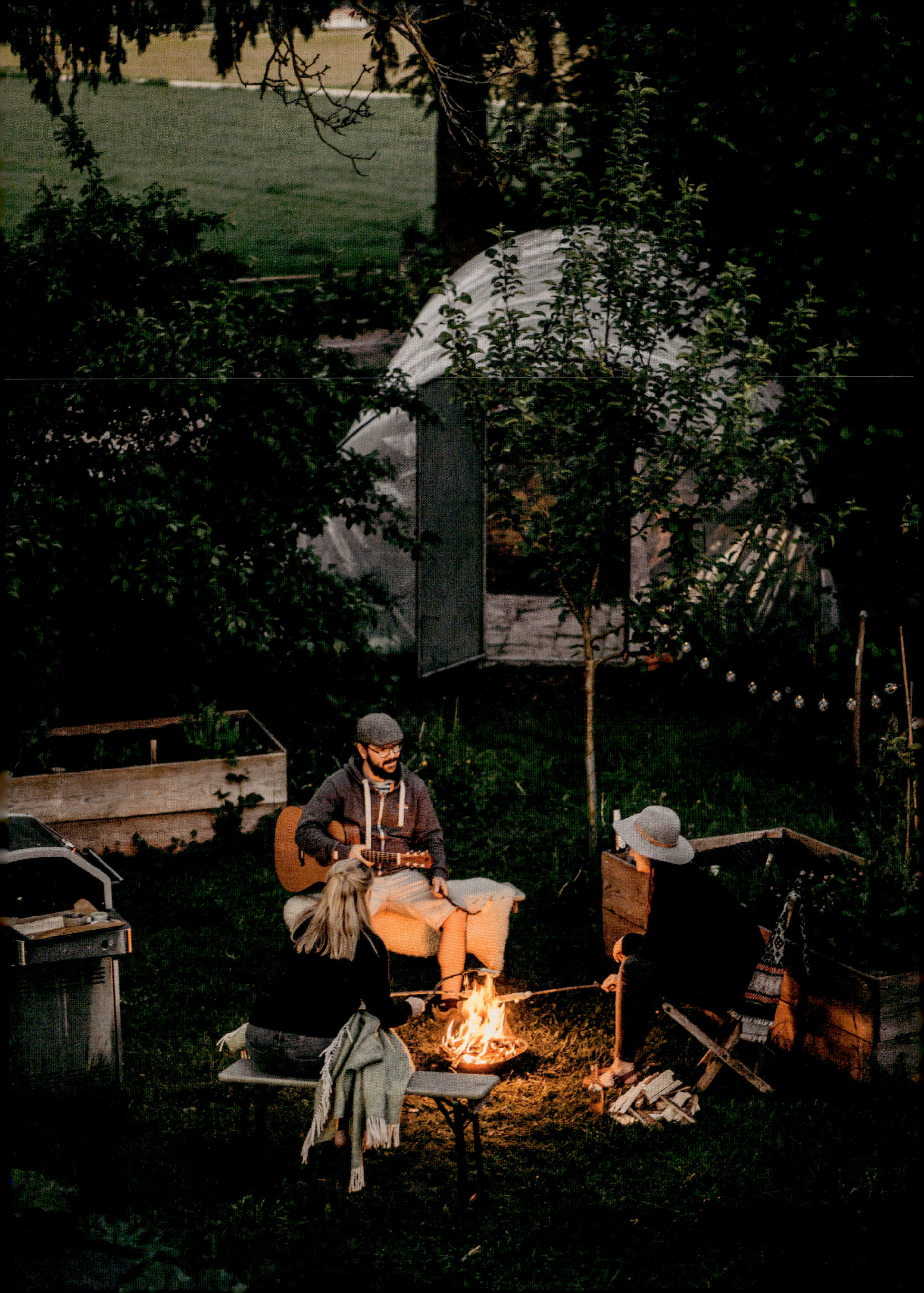

STEFFIS GEBURTSTAGSTORTE

Jedes Jahr gibt es eine ganz besondere Torte zu Steffis Geburtstag. Ein Traum aus Schokolade, Obst und Sahne. Wer mag, kann die Torte vegan herstellen, damit jeder ein Stück davon naschen kann. Egal ob man letztlich auf Sahne oder die vegane Alternative zurückgreift – diese saftige Torte ist definitiv ein Party-Highlight.

FÜR 2 SPRINGFORMEN
(À 26 CM Ø) BZW. 12 STÜCKE

FÜR DEN TEIG
250 g Weizenmehl
3 TL Backkakao
2 TL Weinsteinbackpulver
2 EL Natron
120 g Zucker
120 ml Sonnenblumenöl
250 ml Mineralwasser mit Kohlensäure
2 EL Weißweinessig (ersatzweise Zitronensaft)

FÜR FÜLLUNG UND BELAG
400 g Himbeeren
400 g Brombeeren
400 g Sahne (ersatzweise vegane Schlagcreme)
1–2 TL Zucker
4–5 EL Himbeermarmelade

AUSSERDEM
Butter für die Formen

Für den Teig den Backofen auf 180 °C vorheizen, zwei Springformen fetten und die Böden mit Backpapier auslegen. Mehl, Kakao, Weinsteinbackpulver, Natron und Zucker in einer Schüssel vermengen. Öl, Mineralwasser und Essig zugeben und alles kurz miteinander verrühren, bis ein glatter Teig entstanden ist. Den Teig gleichmäßig auf beide Formen verteilen. Die Böden nacheinander in den heißen Ofen geben und ca. 30 Minuten backen, anschließend vollständig auskühlen lassen und aus den Formen nehmen.

Für Füllung und Belag die Beeren verlesen, bei Bedarf kurz in kaltes Wasser tauchen und vorsichtig trocken tupfen. Die Sahne steif schlagen, dabei den Zucker einrieseln lassen. Den ersten Boden auf eine Tortenplatte legen, großzügig mit Himbeermarmelade bestreichen und mit der Hälfte der Beeren belegen. Die Hälfte der Sahne darauf verstreichen. Den zweiten Tortenboden daraufsetzen und die restliche Sahne mit einem Löffel in Klecksen darauf verteilen. Dann die restlichen Beeren obenauf setzen.

Beim Belag kann man ganz nach Gusto mit saisonalem Obst variieren. Wer mag, dekoriert die Torte noch zusätzlich mit essbaren Blüten.

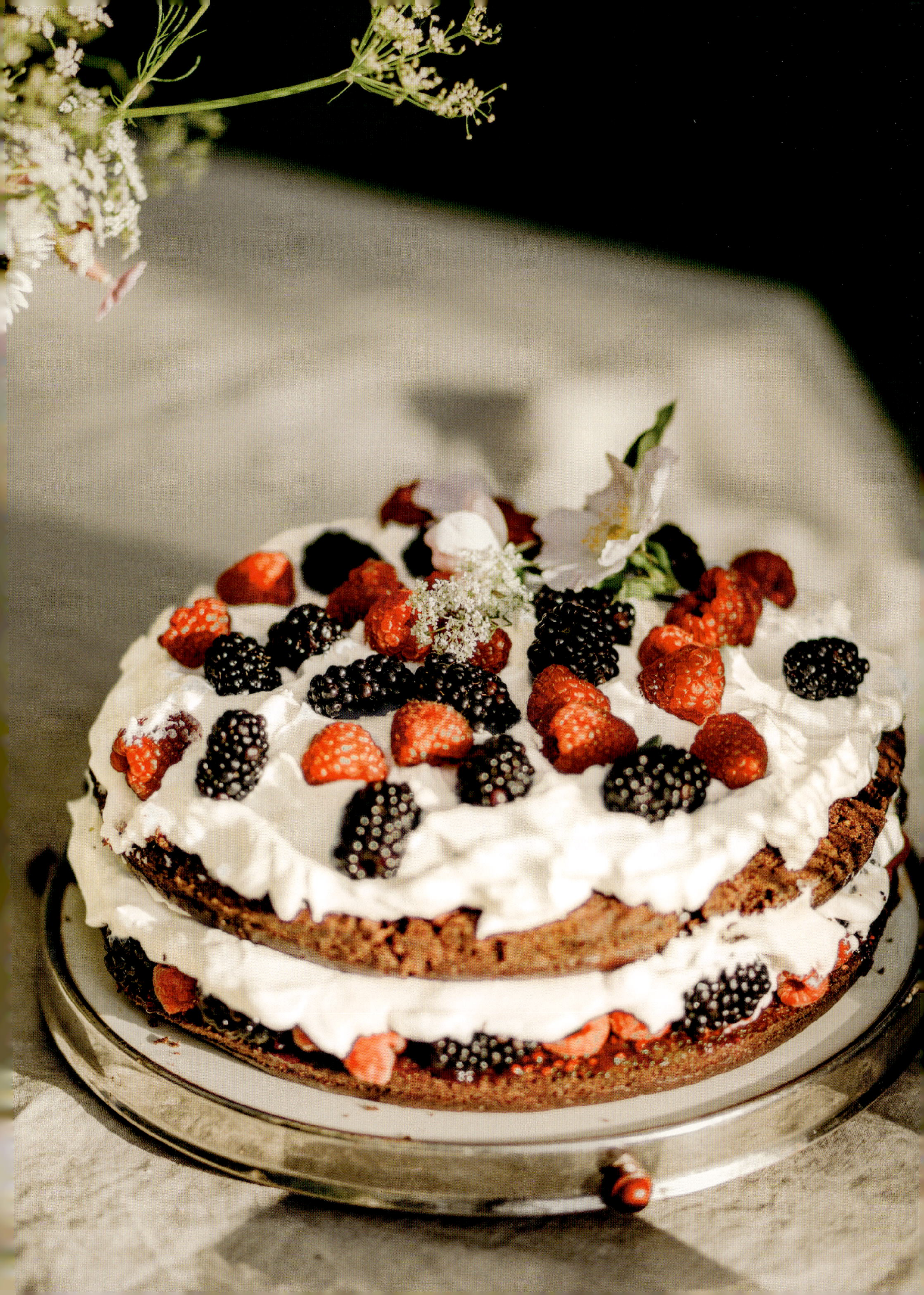

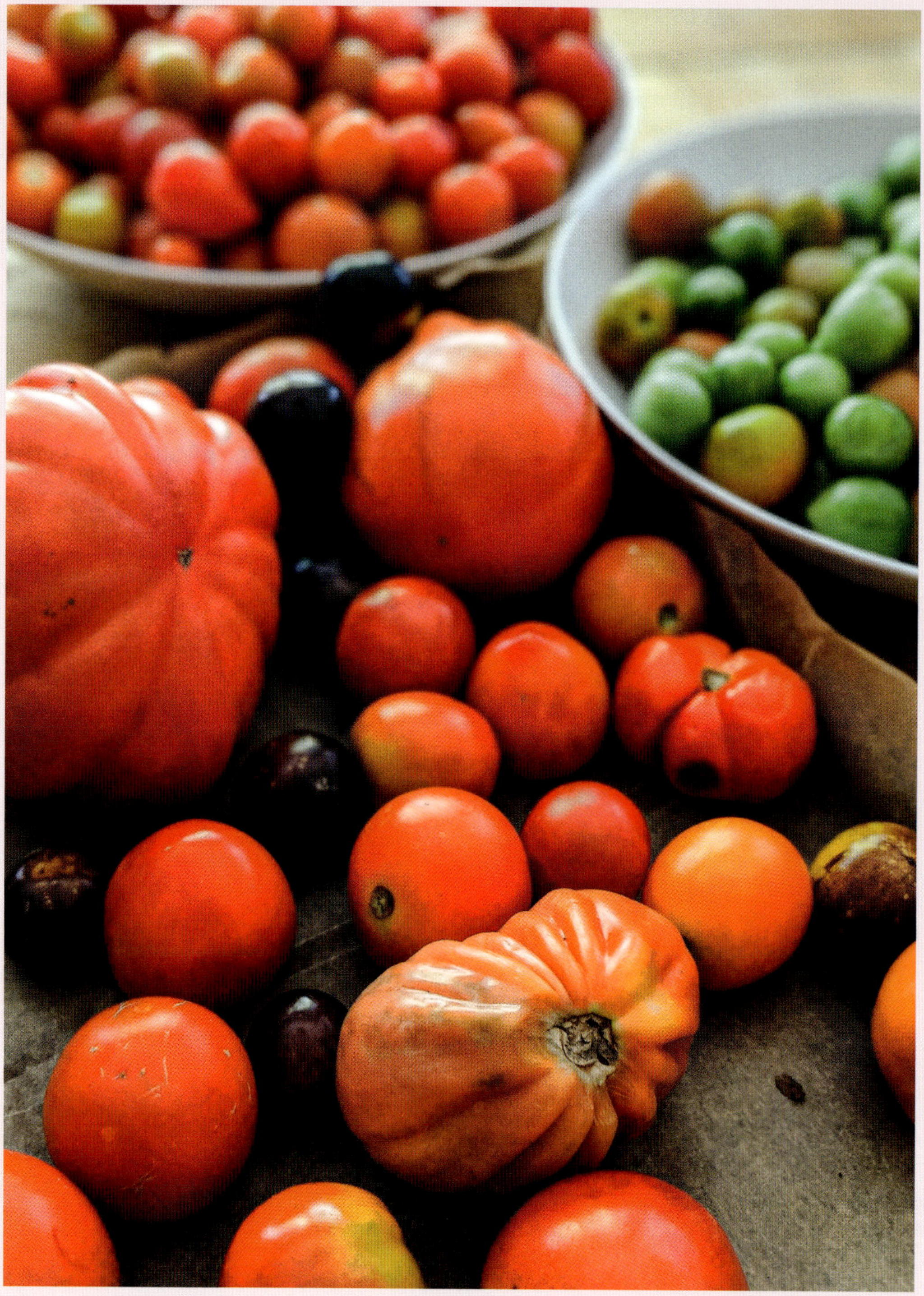

GRÜNES TOMATEN-RELISH

Was tun mit Tomaten, die nicht mehr reif werden? Grünes Tomaten-Relish! Es schmeckt hervorragend zu Käse, als Dip, zu Reisgerichten oder gegrilltem Fleisch. Aber Vorsicht: Unreife Tomaten enthalten das giftige Alkaloid Solanin und sollten nicht in größeren Mengen verzehrt werden. Pro Tag sollte man als Erwachsener daher nicht mehr als 70 g grüne Tomaten zu sich nehmen.

FÜR 3–4 EINMACHGLÄSER (À CA. 150 ML)

500 g unreife Tomaten (ersatzweise grüne Tomatensorte)
500 g Zwiebeln
1 EL Salz
125 g entsteinte Datteln (ersatzweise Rosinen)
125 g Vollrohrzucker
375 ml Weißweinessig
1 EL Mehl
1 EL Cayennepfeffer
1 EL Ingwerpulver
½ EL Currypulver
3 EL scharfer Senf

Tomaten waschen, putzen und klein schneiden. Zwiebeln schälen und klein hacken. Beides in einer Schüssel mit dem Salz vermengen und über Nacht ziehen lassen.

Am nächsten Morgen die Flüssigkeit ausdrücken. Die Datteln klein hacken. Tomaten-Zwiebel-Mischung mit Datteln, Zucker und Weißweinessig in einen Topf geben und ca. 35 Minuten bei mittlerer Hitze köcheln lassen.

Anschließend Mehl, Cayennepfeffer, Ingwer- und Currypulver sowie scharfen Senf unterrühren und alles für weitere 10 Minuten köcheln lassen, bis die Masse langsam eindickt. Das Relish heiß in sterilisierte Gläser füllen. Das Relish ist sofort genießbar und hält sich ungeöffnet mehrere Monate im Kühlschrank.

Statt unreifer Tomaten kann man auch mit gutem Gewissen auf grüne Tomatensorten vom Wochenmarkt oder aus dem Handel zurückgreifen. Diese können bedenkenlos verzehrt werden und sind somit auch für Kinder geeignet.

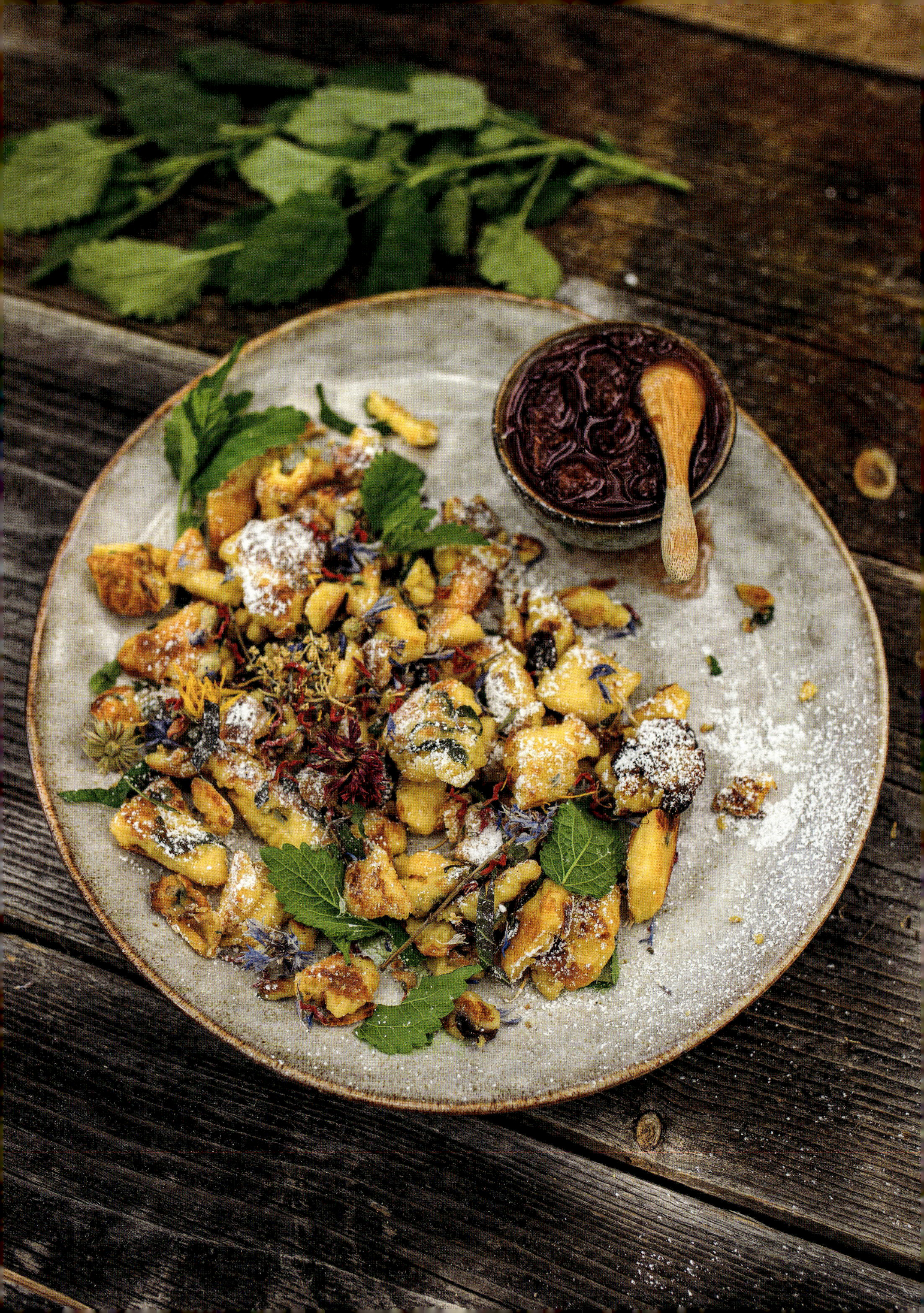

DINKEL-KAISERSCHMARRN MIT ZWETSCHGENRÖSTER

Dieser Kaiserschmarrn eignet sich als krönende Nachspeise oder würdiger Kuchenersatz am Sonntagnachmittag. Er schmeckt einfach zum Niederknien, vor allem wenn es dazu Zwetschgenröster gibt. Dieser ist so herrlich lecker und schnell gemacht, dass er es meistens nicht mal mehr in unsere Speisekammer schafft.

FÜR 4 PERSONEN

FÜR DEN ZWETSCHGENRÖSTER
500 g Zwetschgen
1 Zitrone
100 g Rohrzucker
100 ml Rotwein
2 cl Rum
1 TL Zimtpulver

FÜR DEN KAISERSCHMARRN
100 g Rosinen
5 EL Rum (ersatzweise Wasser)
4–5 Blättchen Zitronenmelisse
6 Bio-Eier
1 Pck. Vanillezucker
2 EL Rohrzucker
1 Prise Salz
250 g Dinkelmehl
500 ml Milch
50 g Butter

AUSSERDEM
Butter zum Braten
4 TL Puderzucker zum Bestäuben

Für den Zwetschgenröster die Zwetschgen waschen, halbieren und die Kerne entfernen. Die Zitrone halbieren und den Saft auspressen. Zitronensaft mit Zucker, Wein, Rum und Zimt verrühren und aufkochen. Die Zwetschgen zugeben und bei mittlerer Hitze 15–20 Minuten köcheln lassen.

Für den Kaiserschmarrn die Rosinen 30 Minuten in Rum (oder Wasser) einweichen. Die Zitronenmelisse waschen, trocken schütteln und fein hacken. Die Eier trennen. Eigelbe mit Vanillezucker, 1 EL Rohrzucker und Salz schaumig schlagen. Nach und nach abwechselnd Mehl, Milch und Zitronenmelisse einrühren. Die Butter zerlassen und unterrühren. Den dünnflüssigen Teig 30 Minuten ruhen lassen.

Inzwischen die Eiweiße steif schlagen. Die Rosinen abgießen. Anschließend den Eischnee mit den Rosinen behutsam unter den Teig heben. Etwas Butter in einer Pfanne zerlassen und den Teig ca. 1 cm hoch eingießen. Den Kaiserschmarrn bei niedriger bis mittlerer Hitze goldgelb backen. Die Masse vierteln, umdrehen und auch von der anderen Seite goldgelb backen. Dann in kleine Stücke teilen, mit 1 EL Zucker bestreuen und kurz karamellisieren lassen. Den Schmarrn mit Zwetschgenröster auf Tellern anrichten und mit Puderzucker bestäubt servieren.

Nach Belieben mit Minze und Blüten (z. B. Kornblume, Holunderblüten, Löwenzahn) dekorieren.

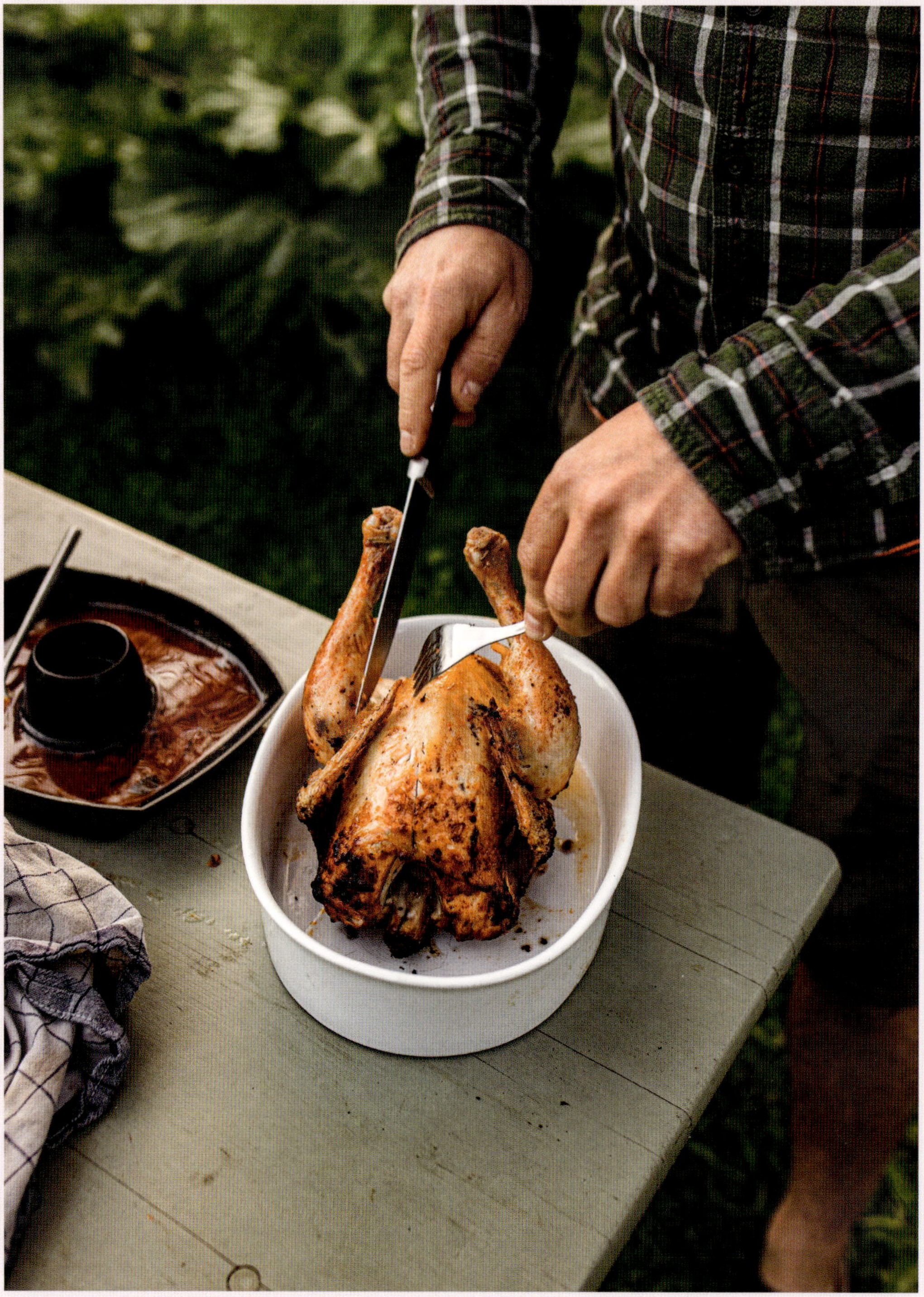

BIER-BRATHENDL

Im Sommer zieht es uns an manchen Tagen auch zum Kochen in den Garten. Eine richtige Outdoor-Küche besitzen wir zwar noch nicht, aber auch ein Lagerfeuer oder unser Grill erweisen uns gute Dienste. Und ist das saftige Bier-Brathendl fertig zubereitet, ist auch der Weg zum gedeckten Gartentisch nicht mehr so weit.

FÜR 4 PERSONEN

1 küchenfertiges Brathähnchen
1 Bio-Zitrone
2 kleine Zweige Rosmarin
20 ml Olivenöl
10 g grobes Salz
7 g geschrotete Pfefferkörner
1 kleine Flasche helles Bier
20 g Butter
½ TL Paprikapulver

AUSSERDEM
1 Geflügelhalter für den Grill bzw. den Backofen

Das Brathähnchen kalt abbrausen und gründlich trocken tupfen. Die Zitrone heiß waschen, trocknen und die Schale fein abreiben. Die Rosmarinzweige waschen und trocken schütteln. Von 1 Zweig die Nadeln abzupfen und fein hacken.

Olivenöl, Salz, Pfeffer, gehackten Rosmarin und Zitronenabrieb vermengen und das Hähnchen damit von innen und außen einreiben. Den Rosmarinzweig in die Bauchhöhle stecken. Den Geflügelhalter mit Bier füllen und das Hähnchen auf den Halter setzen.

Den Grill anheizen oder den Backofen auf 190 °C vorheizen. Das Brathähnchen im geschlossenen Grill oder heißen Ofen 1–1,5 Stunden garen. Währenddessen immer wieder Bier in den Bräter nachgießen, damit das Hendl saftig bleibt.

Inzwischen die Butter in einem kleinen Topf zerlassen, vom Herd nehmen und das Paprikapulver einrühren. 10–15 Minuten vor Garzeitende das Brathendl mit der Würzbutter einpinseln, sodass die Haut schön knusprig wird. Vor dem Servieren ca. 10 Minuten ruhen lassen.

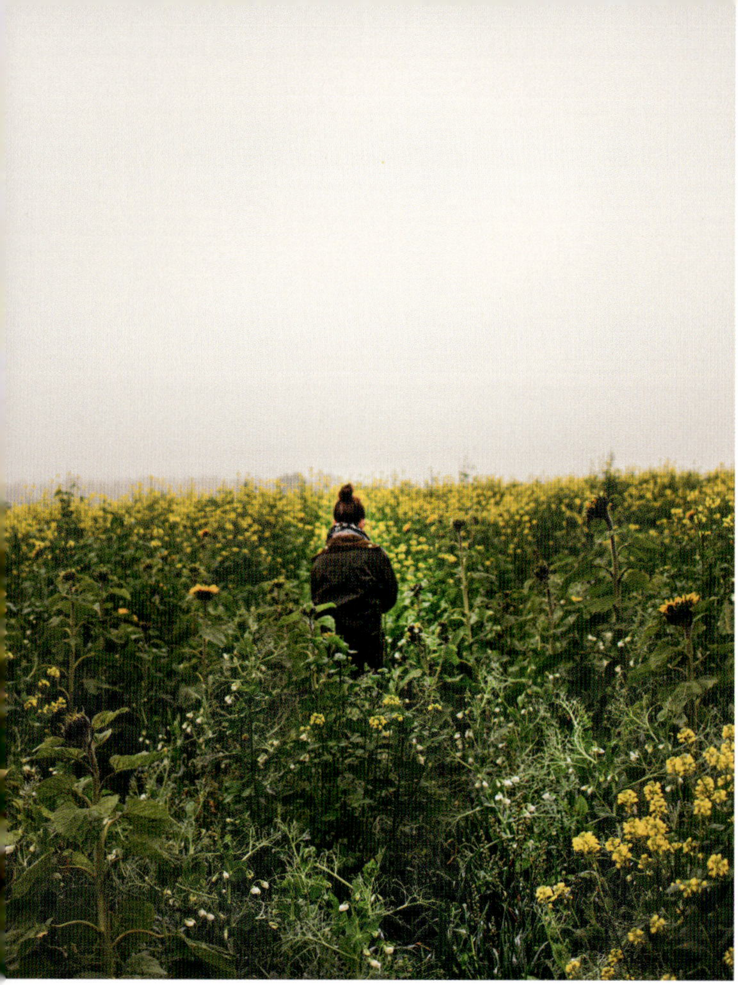
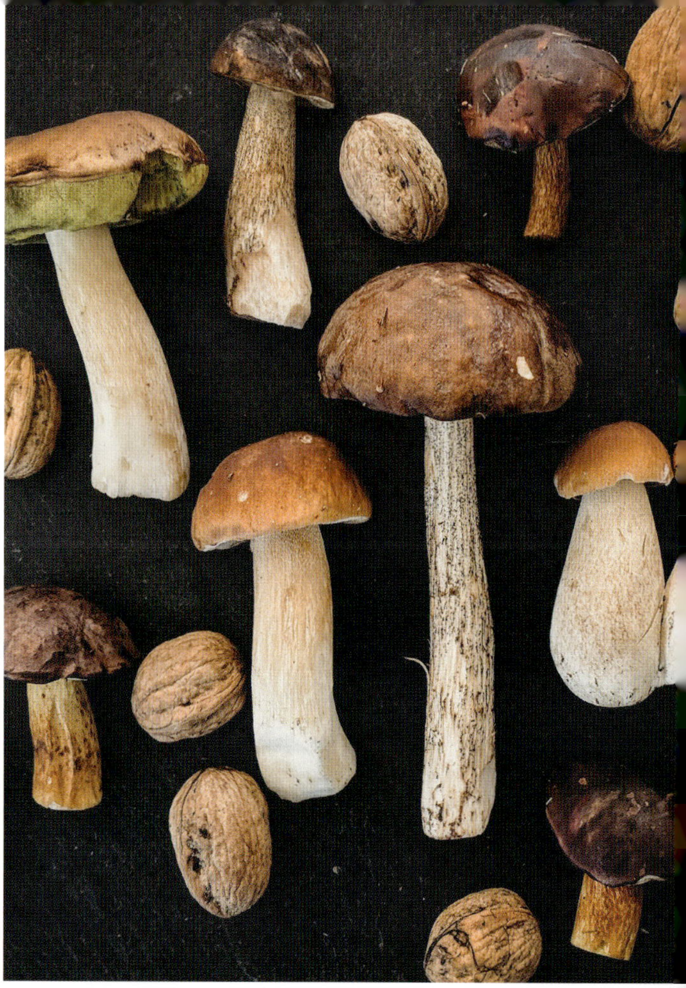
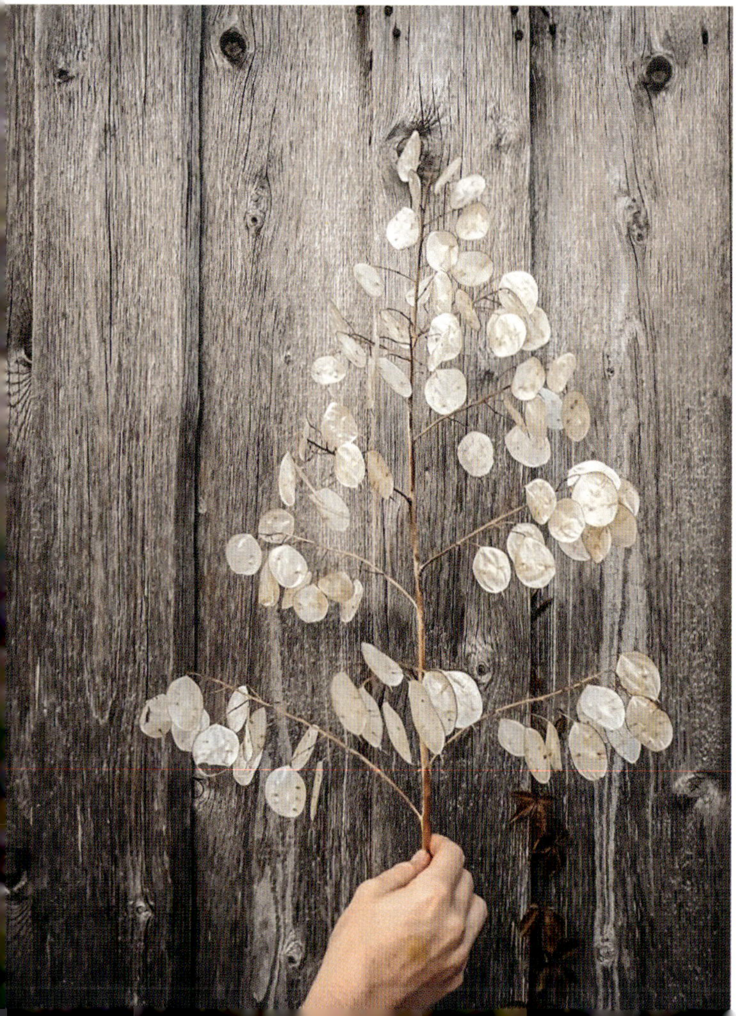
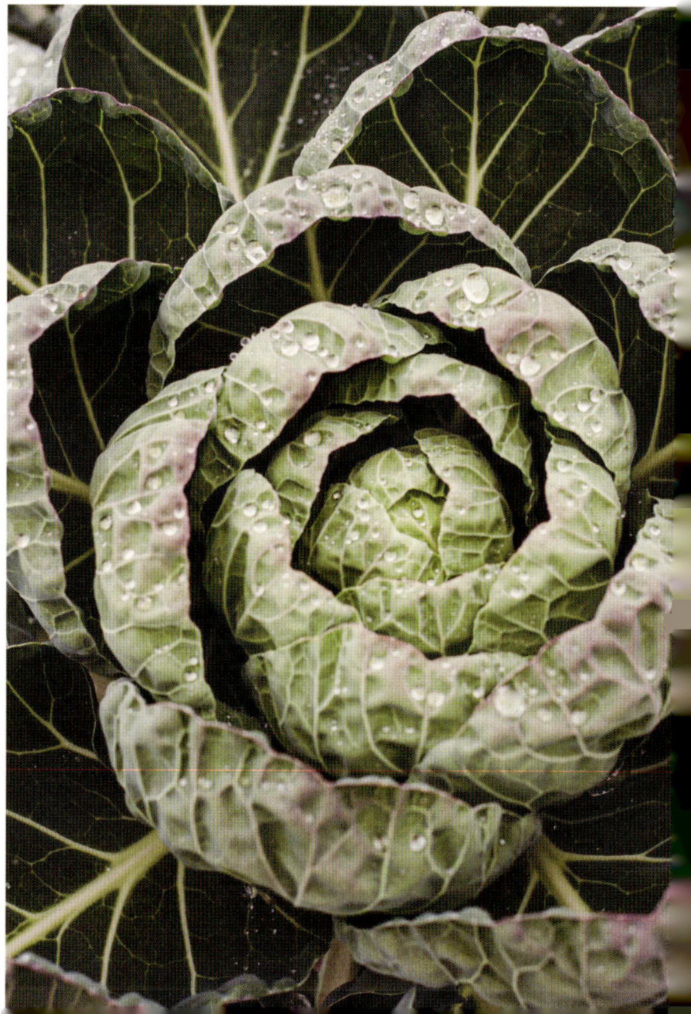

HERBST

Der erste Morgennebel kündigt es an: Lange wird es nicht
mehr dauern, dann liegt unser Garten im Winterschlaf.
Etwas traurig macht uns das schon, aber zugleich freuen wir
uns über die einziehende Ruhe und Gemächlichkeit.

HERBSTGEFÜHLE

Der September lässt uns mit seinen oft noch warmen Tagen den nahen Abschied vom Sommer vergessen. Wir sammeln die üppige Ernte der Obstbäume ein und haben alle Hände voll damit zu tun, alles für die kommenden Monate zu verwerten: Kürbis in den verschiedensten Formen und Farben, Äpfel, Birnen, Esskastanien, Rosenkohl, Rote Bete und Lauch. Auch das Saatgut will für den nächsten Frühling sicher verstaut werden.

Die Natur gibt noch einmal alles. Das Laub zeigt sich in seinen schönsten Farben und allerlei Früchte sprießen aus dem Waldboden. So marschieren wir mit wachem Blick nach unten los, um hinterher mit großen Körben voller Pilze nach Hause zu kommen. Morgens im Garten zieht nun Nebel auf und hinterlässt dicke Tropfen auf Blüten und Blättern. Im Hagebuttenstrauch hat eine Spinne über Nacht ihr Netz gebaut. Fallobst verwittert im hohen Gras. Der Igel wird sich später über ein üppiges Frühstück freuen. Wir trocknen Lampionblumen, um sie als Farbtupfer in den Türkranz oder in die Vase auf dem Tisch zu stecken.

Mit unserer Norwegerstute machen wir lange Spaziergänge auf den Wegen um den Hof und in den Wald. Dort sammeln wir Eindrücke vom satten Grün der Zwischenfrüchte auf den Feldern, von gelben Senfblüten und Sonnenblumen. Auf den Äckern der näheren Umgebung wartet das Kohlgemüse auf den ersten Frost, um geerntet zu werden. Die letzten Reste vom Sommer werden langsam in das feuchte Erdreich gepflügt. Hektik weicht allmählich entspannter Ruhe. Schon bald wird unser Garten in einen tiefen Winterschlaf fallen.

DAS LAUB ZEIGT SICH IN SEINEN SCHÖNSTEN FARBEN UND WIR KEHREN MIT KÖRBEN VOLLER PILZE AUS DEM WALD ZURÜCK.

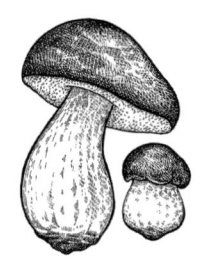

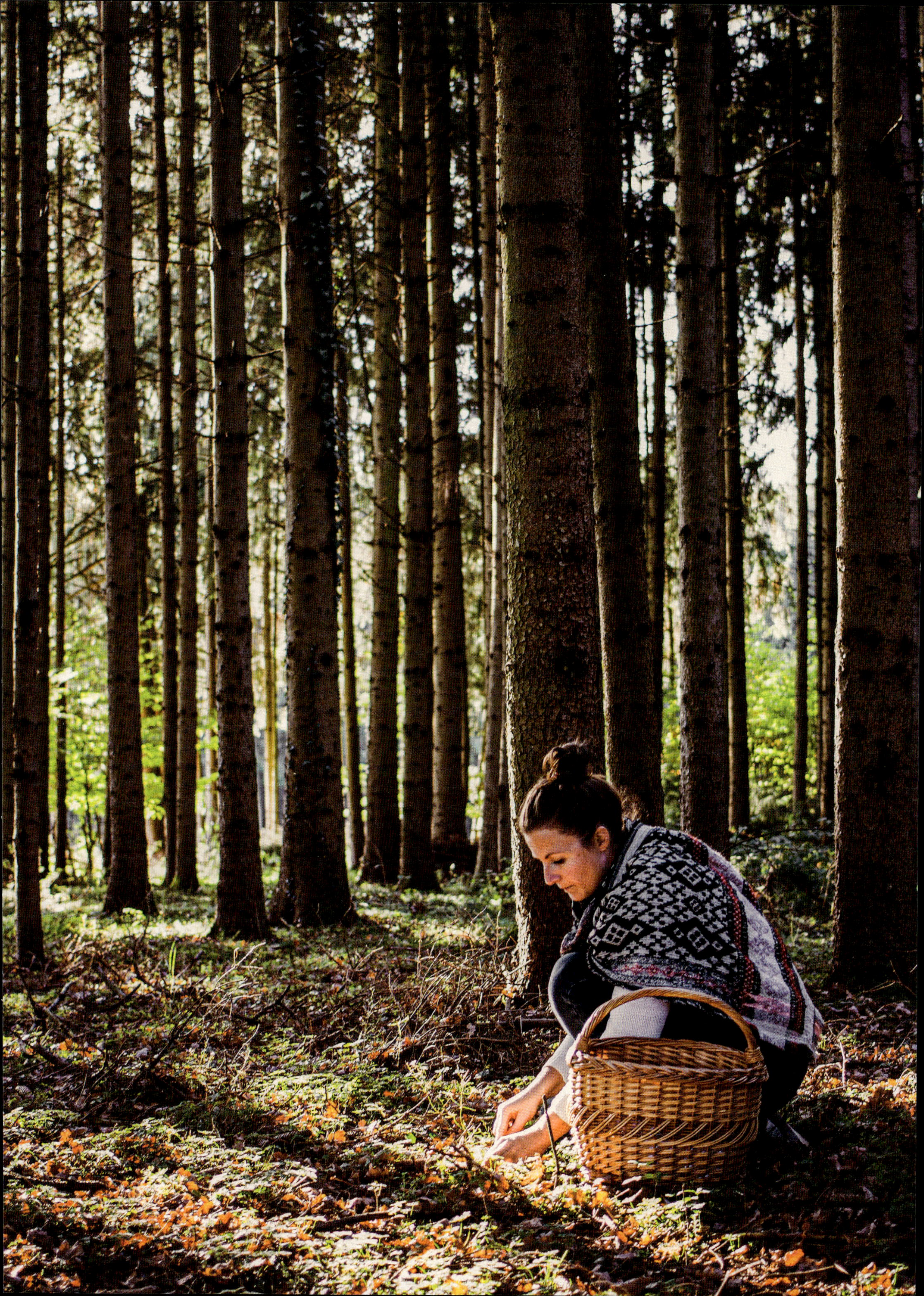

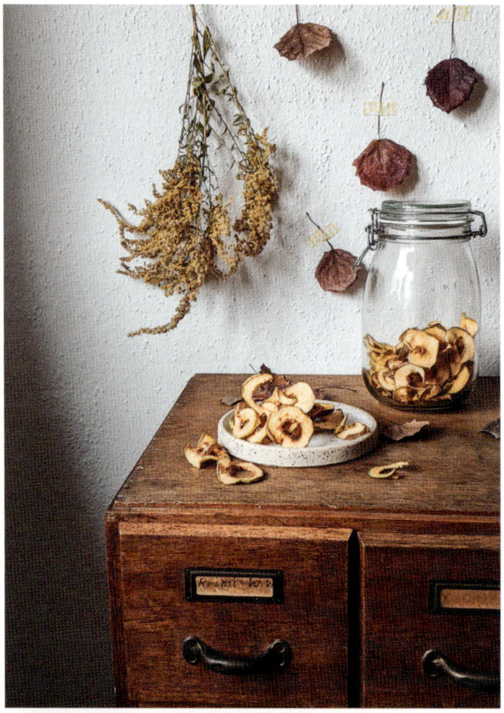
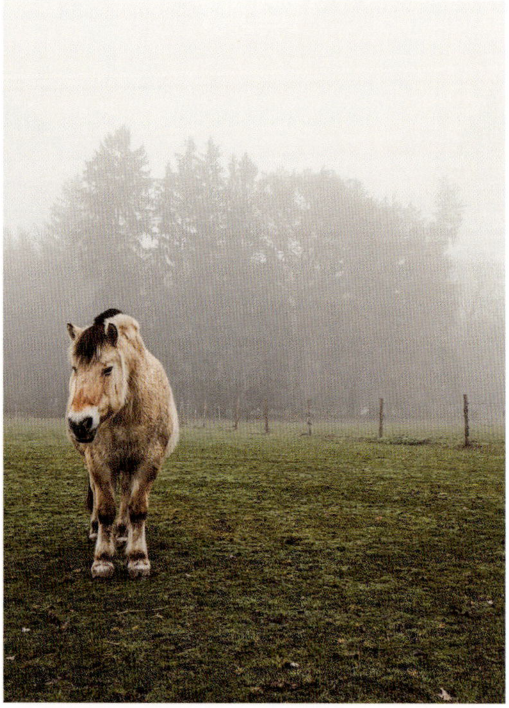
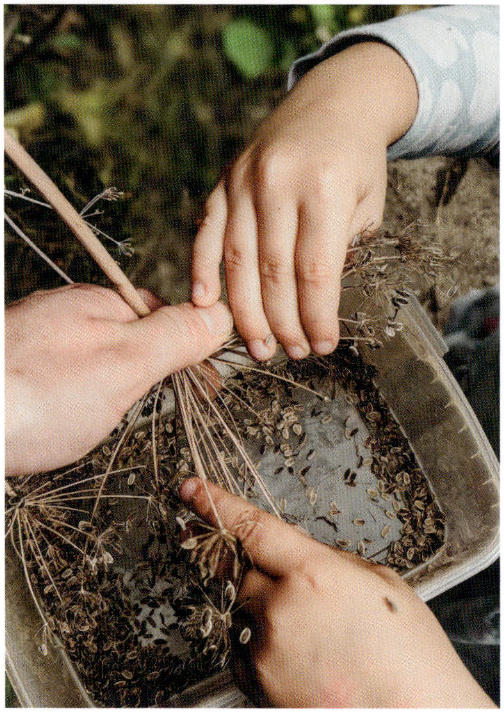
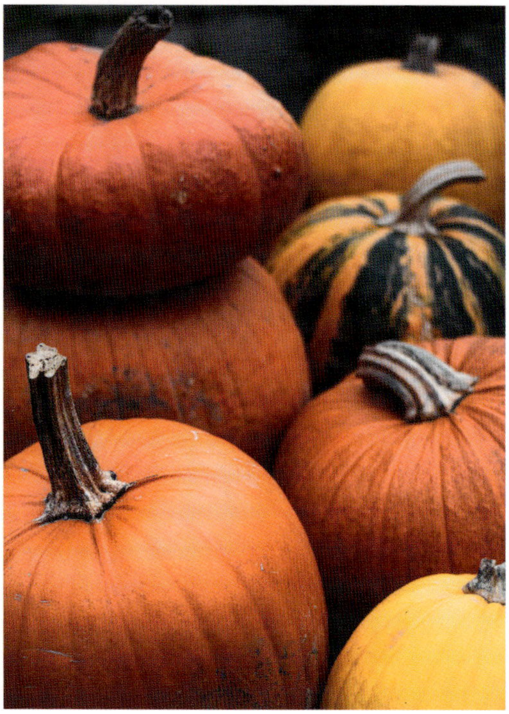

UNSER GARTEN IM HERBST

GARTENARBEITEN

Letzte Ernte von Gemüse, Kräutern und Obst; Kräuter trocknen; Saat von Wintersalat; Stauden teilen und verjüngen; Blumenzwiebeln für den Frühling setzen; Knoblauch-Anzucht; Schnittlauch für den Winter teilen und neu einsetzen; Obstbäume pflanzen; Winterschutz für kälteempfindliche Pflanzen; Laub kehren; Hecken und Beerenobst schneiden; Pflanz- und Gemüsereste aus den Beeten entfernen; Kompost- und Bodenvorbereitung für das Frühjahr

SAMEN SAMMELN UND KONSERVIEREN

Die meisten im Handel erhältlichen Blumen- und Gemüsesamen sind gekreuzte Sorten und nicht samenfest. Sie lassen sich nicht für das nächste Jahr vermehren, deswegen greifen wir gern auf alte Sorten zurück. So leistet man beim Sammeln des eigenen Saatgutes auch noch einen wichtigen Beitrag zum Erhalt der Artenvielfalt. Egal ob Blüte oder Frucht, die Saatgutgewinnung bleibt immer gleich. Hierfür wählt man die beste bzw. ergiebigste Pflanze aus. Blüten verblühen oder Früchte voll ausreifen lassen. Samen vom Fruchtfleisch trennen und Verunreinigungen entfernen. Tomatensamen nach etwas Einweichzeit in einem Sieb abbrausen und so von der gallertartigen Hülle lösen. Damit sich später kein Schimmel bildet, die Samen auf einem sauberen Tuch oder Küchenpapier vollständig trocknen lassen. In beschrifteten Tüten an einem dunklen und trockenen Ort aufbewahren.

UNSERE SAISONLIEBLINGE

Apfel, Birne, Haselnüsse, Holunderbeeren, Kartoffeln, Knollensellerie, Kohlrabi, Kürbis, Maronen (Esskastanien), Pastinake, Pilze, Preiselbeeren, Quitten, Radicchio, Rettich, Romanesco, Rosenkohl, Rote Bete, Rotkohl, Salbei, schwarzer Rettich, Schwarzwurzeln, Spinat, Spitzkohl, Steckrüben, Walnüsse, Wirsing, Zwetschgen

PASTINAKEN-SCHWARZWURZEL-SUPPE MIT GERÖSTETEN MARONEN

Sobald die ersten kalten Tage über uns hereinbrechen, sehnen wir uns nach einer Mahlzeit, die uns von innen aufwärmt. Jetzt, wo sich die Wälder goldgelb verfärben, ist auch die Zeit für das Sammeln von Esskastanien gekommen – eine perfekte Ergänzung zu dieser erdig-aromatischen Herbstsuppe.

FÜR 4 PERSONEN

1 Handvoll Maronen (Esskastanien)
3 große Pastinaken
1 Schwarzwurzel
1 große Zwiebel
1 Knoblauchzehe
2 EL Sonnenblumenöl
1 l Gemüsebrühe
1 TL gemahlene Kurkuma
3 TL Sherry
3 EL Aceto Balsamico bianco
Salz, Pfeffer
100 ml Milch

Den Backofen auf 180 °C vorheizen. Die Maronen kreuzweise einritzen und mit einer mit Wasser gefüllten ofenfesten Schale auf ein Backblech geben (durch den aufsteigenden Dampf trocknen die Maronen nicht so schnell aus). Die Maronen ca. 15 Minuten im heißen Ofen rösten.

Inzwischen Pastinaken und Schwarzwurzel putzen, schälen und würfeln. Zwiebel und Knoblauch schälen und getrennt voneinander hacken. Das Öl in einem Topf erhitzen und die Zwiebel darin in ein paar Minuten glasig dünsten. Dann Pastinaken, Schwarzwurzel und Knoblauch zugeben und 5 Minuten mitbraten. Alles mit Gemüsebrühe ablöschen, aufkochen und 15–20 Minuten bei mittlerer Hitze köcheln lassen.

Die fertigen Maronen schälen und das Fruchtfleisch klein hacken. Die Suppe mit dem Pürierstab fein mixen und mit Kurkuma, Sherry, Essig, Salz und Pfeffer würzen. Die Milch erhitzen und mit einem Milchaufschäumer schaumig rühren. Die Suppe auf Teller verteilen und mit der Milch und den Maronen servieren.

Die Suppe nach Belieben mit frischen Kräutern und frisch gemahlenem Pfeffer verfeinern.

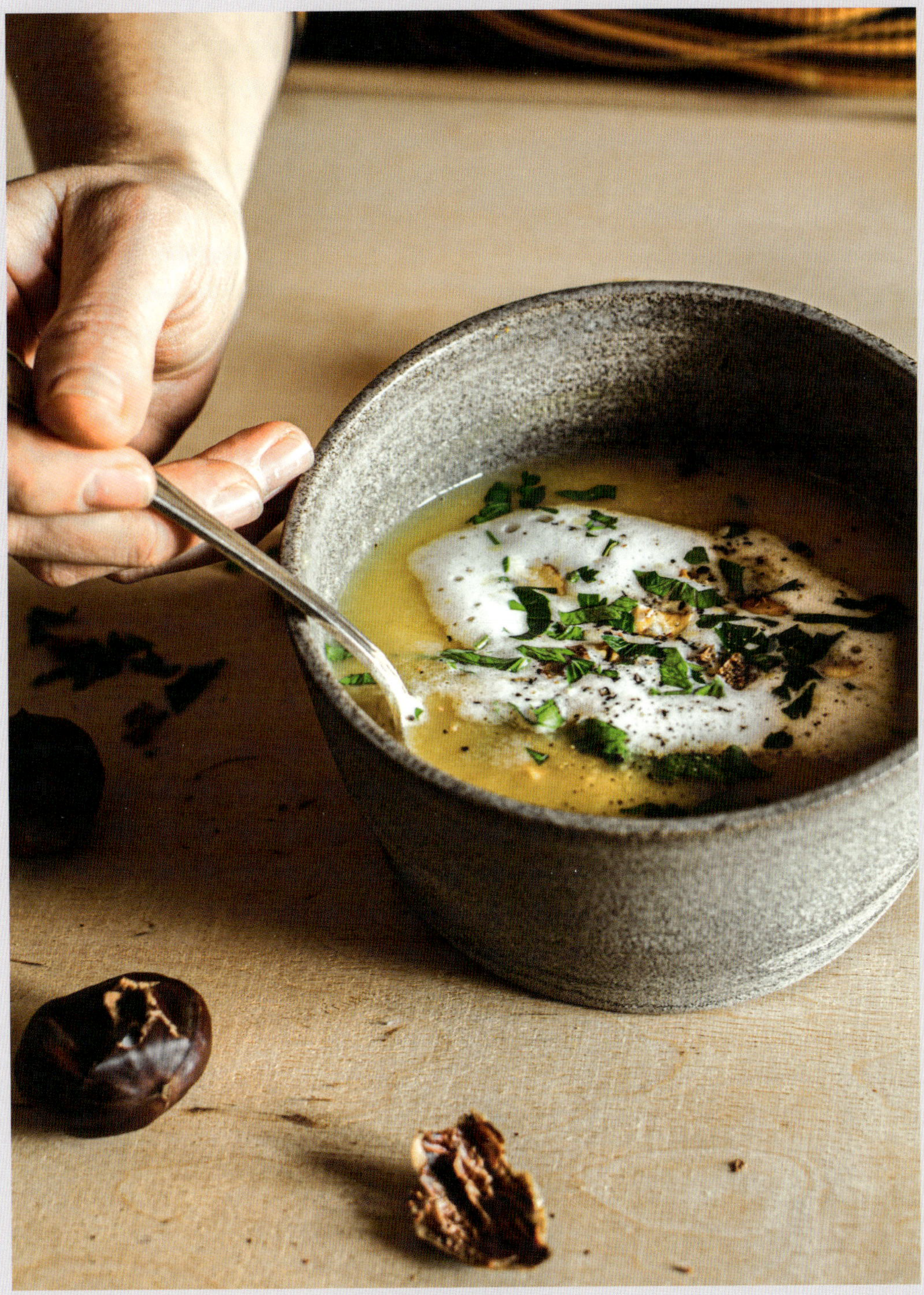

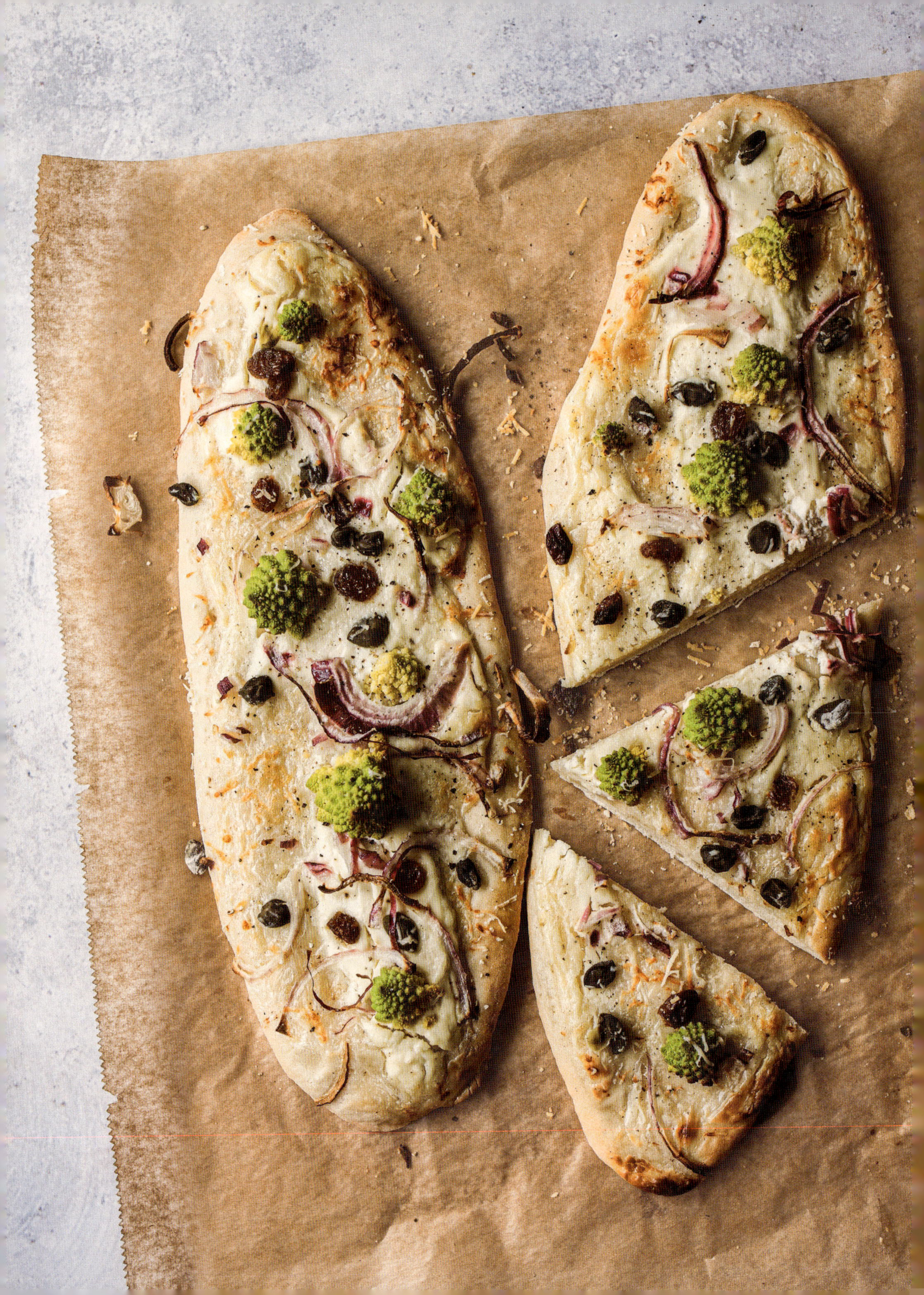

ROMANESCO-SAUERTEIG-FLADENBROT

Dieses Gericht kann sehr gut vorbereitet werden, sodass man innerhalb kürzester Zeit ein wunderbar sättigendes Essen auf den Tisch zaubert. Etwas frischer Salat dazu – fertig. Der Belag kann saisonal bunt variieren. Außerdem schmeckt der Fladen auch kalt und eignet sich deshalb perfekt als Proviant für unterwegs.

FÜR 4 PERSONEN

FÜR DEN TEIG
70 g Roggenmehl
230 g Dinkelmehl
2 TL Salz
1 Msp. gemahlener Kümmel
1 Msp. gemahlener Koriander
1 Msp. gemahlener Schabzigerklee (aus dem Bioladen; optional)
50 g Roggensauerteig (Rezept s. S. 184)
150 ml lauwarmes Wasser

FÜR DEN BELAG
½ rote Zwiebel
1 Romanesco
50 g Bergkäse
4 EL Schmand
Salz, Pfeffer
1 EL Kapern (aus dem Glas)

AUSSERDEM
1 Msp. Trockenhefe (optional)
Mehl zum Arbeiten

Für den Teig beide Mehlsorten mit dem Salz und den Gewürzen mischen. In der Mitte eine Mulde formen und den Sauerteig sowie das lauwarme Wasser hineingeben. Alles mit den Händen zu einem geschmeidigen Teig kneten. Falls der Sauerteig noch recht jung ist oder man auf Sauerteigextrakt zurückgreift, empfehlen wir, zusätzlich etwas Trockenhefe zuzugeben. Den Teig abgedeckt an einem warmen Ort ca. 2 Stunden gehen lassen.

Den Backofen inklusive Backblech auf 250 °C vorheizen. Für den Belag die Zwiebelhälfte schälen und in dünne Ringe schneiden. Den Romanesco putzen, waschen und in einzelne kleine Röschen teilen. Den Käse fein reiben.

Den Teig auf der leicht bemehlten Arbeitsfläche vierteln und jeweils zu länglichen Fladen ausrollen. Jeden Fladen dünn mit Schmand bestreichen, salzen und pfeffern. Mit Zwiebelringen, Romanesco und Kapern belegen und mit dem Käse bestreuen. Die Ofentemperatur auf 220 °C reduzieren. Die Fladen auf das Blech geben und im heißen Ofen in ca. 15 Minuten knusprig backen.

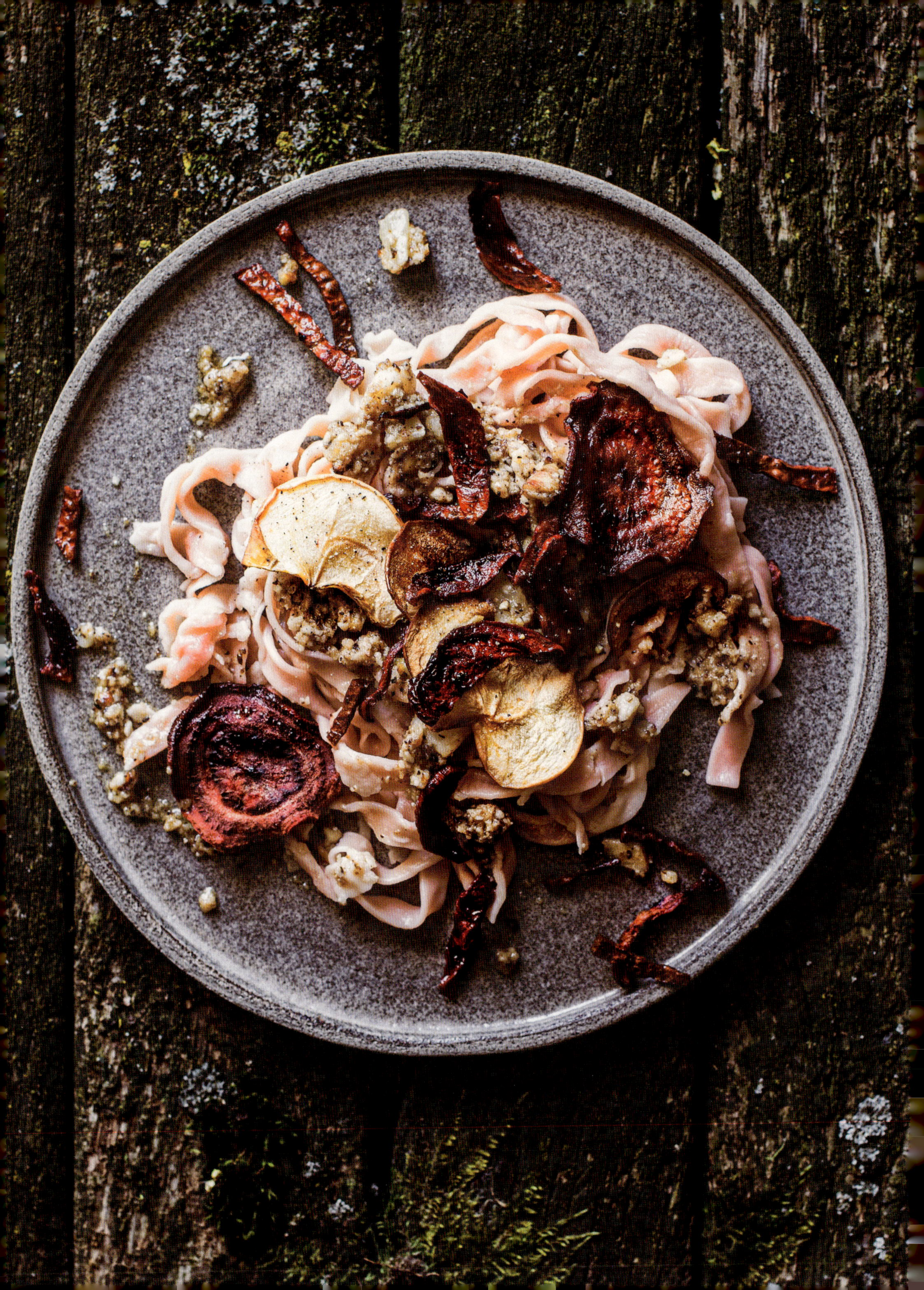

ROTE-BETE-NUDELN
MIT GEMÜSECHIPS UND WALNUSSPESTO

Nudeln sind schnell gemacht und schmecken frisch unglaublich lecker. Allerdings fällt uns das oft erst wieder ein, wenn wir die Nudelmaschine im Schrank entdecken. Zugegeben, es hat ein paar Anläufe gebraucht, bis die Pasta endlich so aussah wie heute. Aber nach ein paar Versuchen wurde sie immer ansehnlicher und im Geschmack ist sie von keiner gekauften Nudel zu übertrumpfen.

FÜR 4 PERSONEN

FÜR DIE GEMÜSECHIPS
1 Rote Bete
1 kleiner Apfel
2 EL Olivenöl
Salz

FÜR DIE NUDELN
350 g Mehl
3 Bio-Eier
4 EL Rote-Bete-Saft
2 EL Olivenöl
2 Prisen Salz

FÜR DAS PESTO
60 g Walnusskerne
1 kleiner Apfel
40 g Parmesan
160 ml Olivenöl
Pfeffer

AUSSERDEM
Mehl zum Arbeiten
Nudelmaschine

Für die Gemüsechips den Backofen auf 150 °C Umluft vorheizen. Ein Backblech mit Backpapier auslegen. Die Rote Bete und den Apfel waschen, schälen und in dünne Scheiben schneiden oder hobeln. Die Scheiben nebeneinander auf dem Blech verteilen, mit Olivenöl bepinseln und salzen. Im heißen Ofen in 30–40 Minuten knusprig backen. Je dünner die Scheiben, desto krosser werden die Chips.

Inzwischen für die Nudeln Mehl, Eier, Rote-Bete-Saft, Olivenöl und Salz verkneten und den Teig für 30 Minuten ruhen lassen. Anschließend den Teig auf der leicht bemehlten Arbeitsfläche portionsweise ausrollen, dann mit der Nudelmaschine immer dünner rollen und in längliche feine Streifen schneiden. Die Nudeln mit etwas Mehl bestäuben, damit diese nicht verkleben, und zu kleinen Nestern legen.

Für das Pesto die Walnüsse hacken und in einer Pfanne ohne Fett leicht anrösten. Den Apfel waschen, schälen und ohne Kerngehäuse grob hacken. Den Parmesan ebenfalls grob hacken. Alles mit dem Olivenöl im Mixer oder mit dem Pürierstab zu einem feinen Pesto mixen und mit Pfeffer abschmecken.

In einem Topf ausreichend Salzwasser zum Kochen bringen. Die Nudelnester darin ca. 4 Minuten sieden lassen. Damit die Nudeln ihre rote Farbe behalten, keinesfalls zu lange kochen. Die fertigen Nudeln mit dem Walnusspesto vermengen und auf Tellern mit den Apfel-Bete-Chips anrichten.

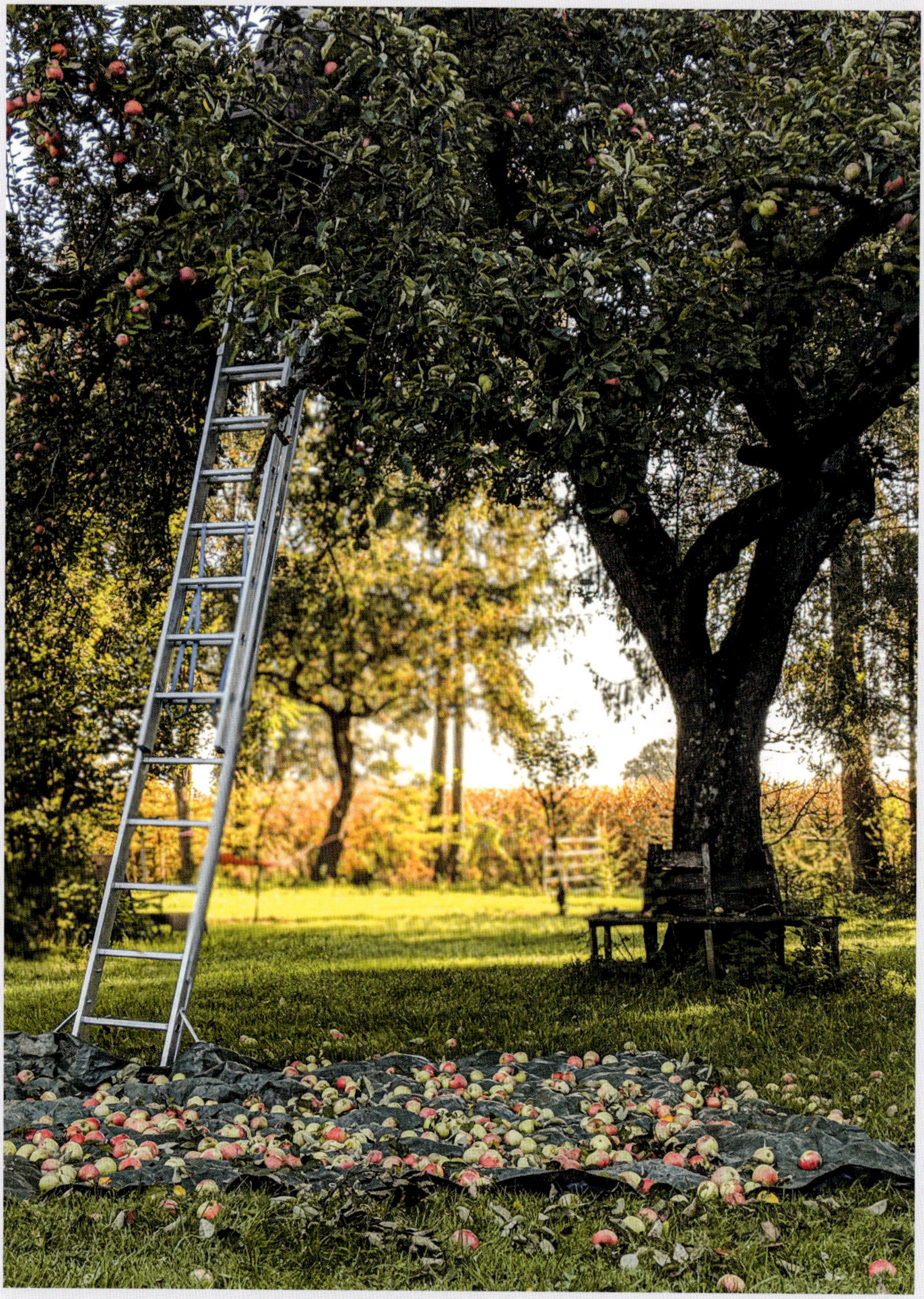

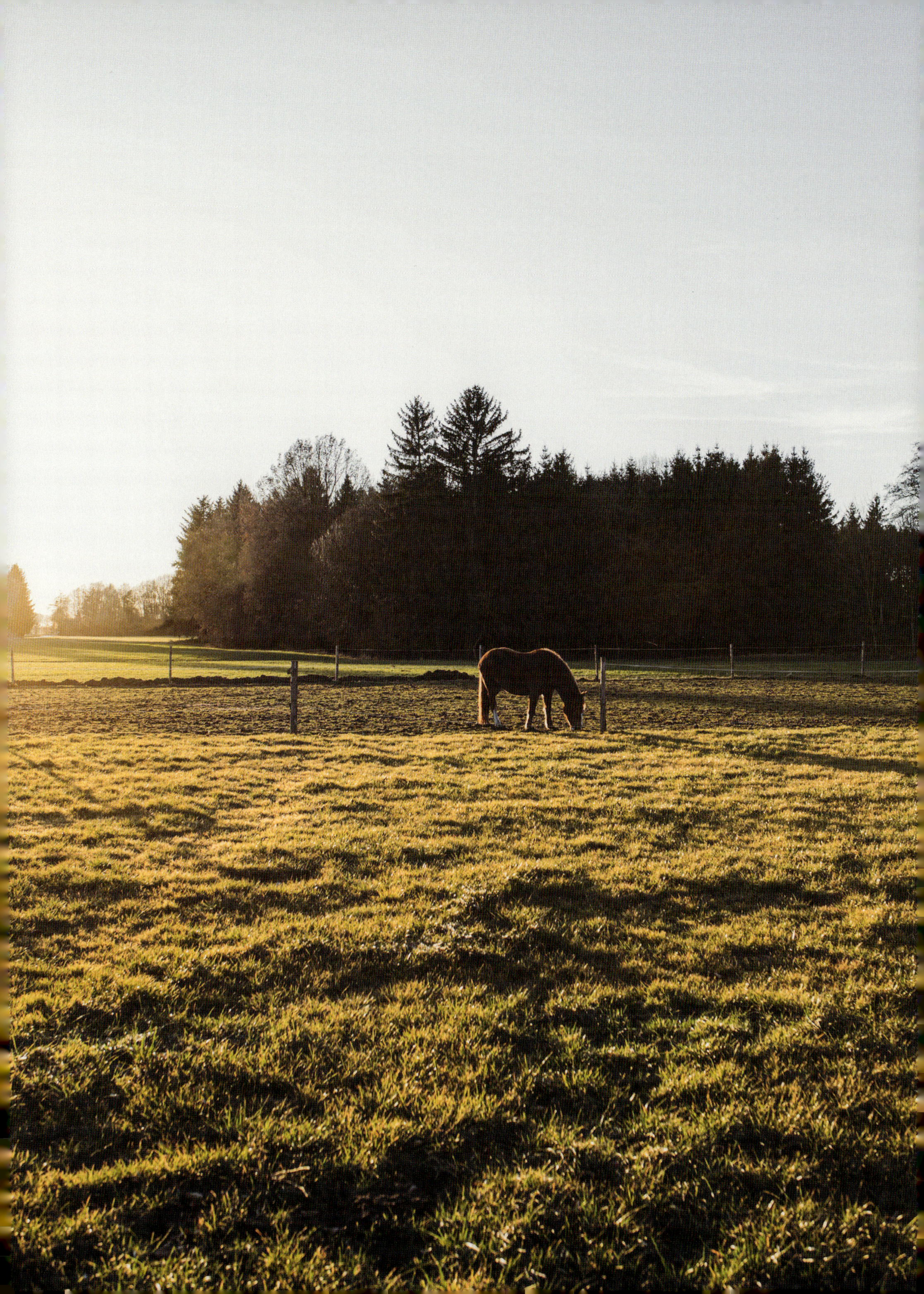

KÜRBISKEKSE

Seinem nussigen Aroma verdankt es der Hokkaidokürbis, dass wir ihn kurzerhand zu Keksen verarbeitet haben. Das Kürbispüree ist schnell zubereitet. Notfalls kann es auch einige Tage im Kühlschrank lagern, bevor die nächste Runde gebacken wird. Allerdings sind die Kekse schneller weg, als man glaubt.

FÜR 1 BLECH

½ Hokkaidokürbis
120 g weiche Butter
220 g Zucker
1 Bio-Ei
300 g Mehl
1 Pck. Weinsteinbackpulver
1 Prise Salz
1 TL Zimtpulver
1 Msp. gemahlener Kardamom
1 Msp. gemahlene Vanille
1 Prise geriebene Muskatnuss
70 g gemahlene Walnusskerne

Den Backofen auf 180 °C vorheizen. Den Kürbis waschen und putzen. Das Fruchtfleisch klein würfeln (es werden 250 g benötigt). Die Kürbiswürfel auf einem Blech verteilen und in ca. 10 Minuten im heißen Ofen weich garen. Anschließend abkühlen lassen und fein pürieren. Den Backofen eingeschaltet lassen und ein Backblech mit Backpapier auslegen.

Butter, Zucker und Ei cremig rühren. Mehl, Backpulver, Salz und Gewürze mischen und unterrühren. Dann abwechselnd die Walnüsse und das Kürbispüree untermischen.

Den Teig in kleinen Portionen (jeweils ca. 1 EL) mit etwas Abstand auf das Blech setzen und rund formen. Dann die Kekse in 10–12 Minuten im heißen Ofen goldbraun backen.

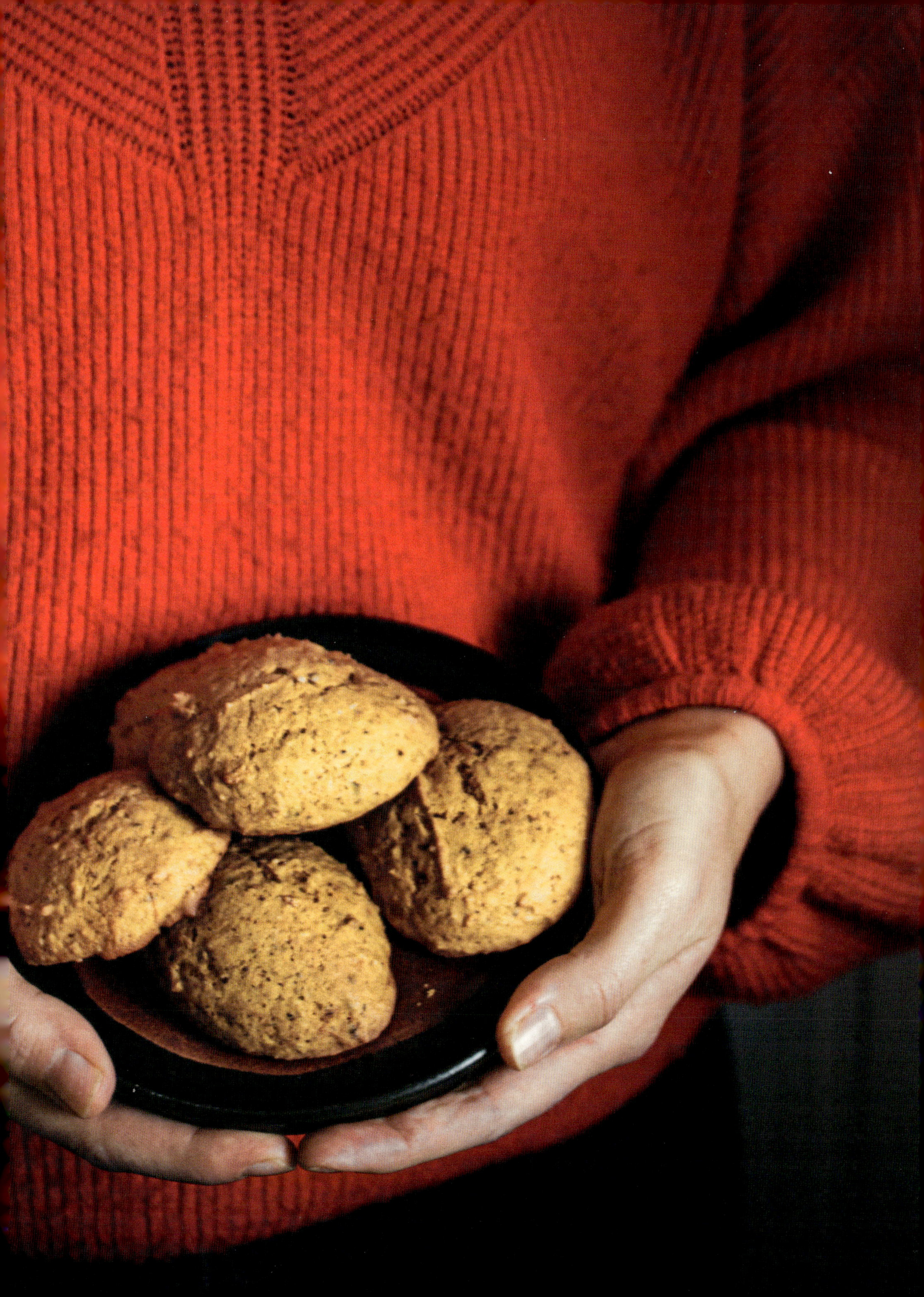

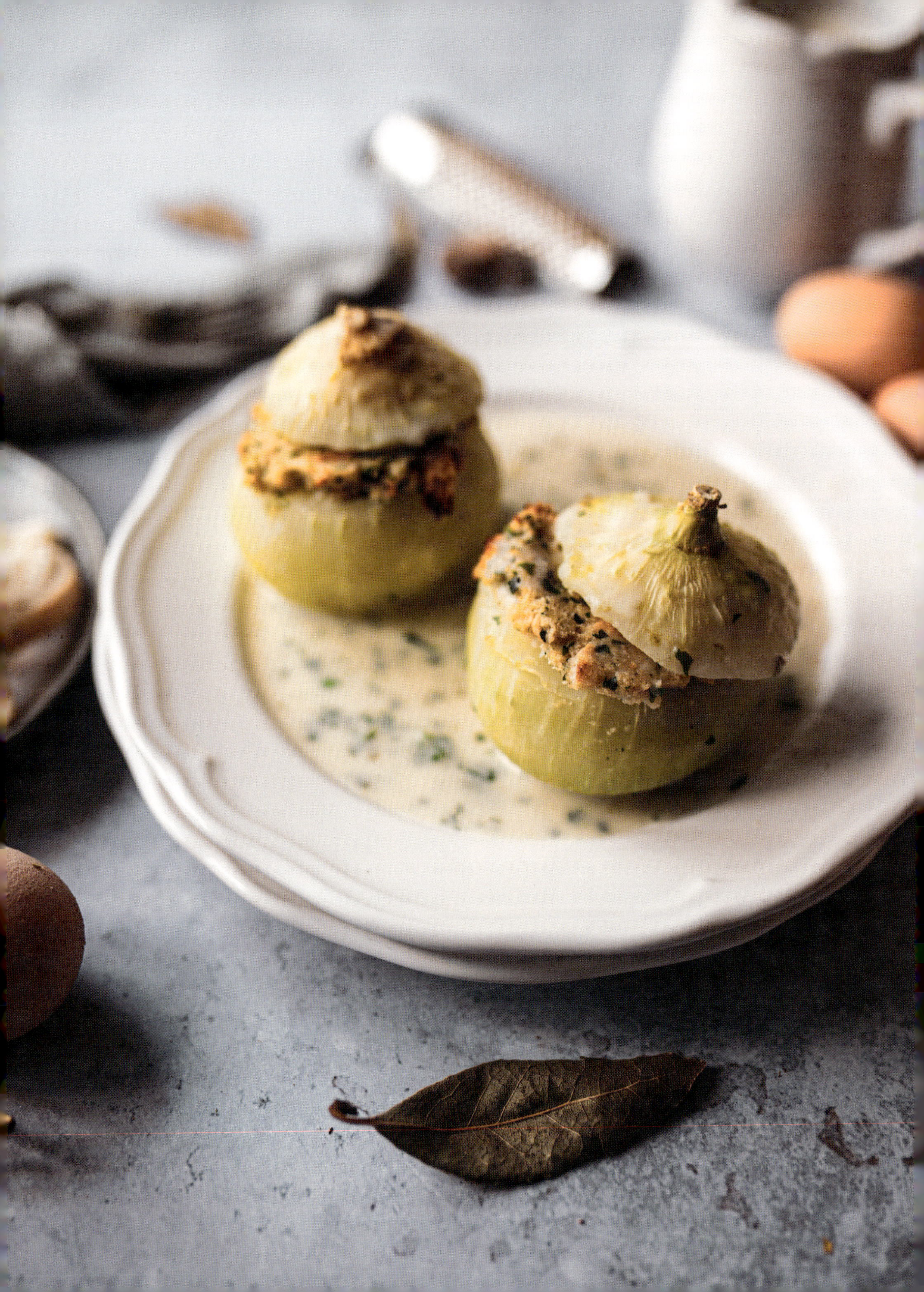

GEFÜLLTE KOHLRABI

Dies ist eines unserer Lieblingsrezepte und eine gute Verwendungsmöglichkeit für trockene Semmeln oder altes Brot. Statt es den Hühnern zu bringen, bereiten wir daraus eine leckere Füllung oder Knödelteig zu. Nach diesem Prinzip haben auch schon unsere Großeltern gekocht, was uns täglich inspiriert, mit unseren Lebensmitteln ebenfalls sorgfältig und bewusst umzugehen.

FÜR 4 PERSONEN

4 mittelgroße Kohlrabi
1 l Gemüsebrühe
1 Bund Petersilie
200 g altbackene Semmeln
(ersatzweise Knödelbrot)
100 ml lauwarme Milch
1 Bio-Ei
Salz, Pfeffer
1 Prise geriebene Muskatnuss
2 EL Mehl
1 EL Sahne

<u>AUSSERDEM</u>
1 Schraubglas

Die Kohlrabi waschen, putzen, schälen und die Deckel abschneiden. Die Gemüsebrühe in einem Topf aufkochen und die Kohlrabi darin in 20–30 Minuten (je nach Größe) weich garen. Die Gemüsebrühe aufbewahren.

Inzwischen die Petersilie waschen, trocken schütteln, die Blättchen abzupfen und fein hacken. Die Semmeln klein schneiden und 10–15 Minuten in der Milch einweichen. Dann das Ei, die gehackte Petersilie (bis auf einen Rest für die Sauce), ½ TL Salz, etwas Pfeffer und Muskat zugeben. Alles mit den Händen zu einem sämigen Knödelteig kneten.

Den Backofen auf 180 °C Umluft vorheizen. Die weichen Kohlrabi mit einem kleinen Löffel aushöhlen, mit Teig füllen und in eine kleine Auflaufform setzen. Die Deckel wieder auflegen und etwas Brühe in die Form geben, damit die Kohlrabi nicht austrocknen. Die gefüllten Kohlrabi ca. 20 Minuten im heißen Ofen backen.

Inzwischen das Mehl mit 50 ml Gemüsebrühe in ein Schraubglas geben und kräftig schütteln, bis sich das Mehl aufgelöst hat (so verhindert man unschöne Klümpchen in der Sauce). 150 ml Brühe in einem kleinen Topf erhitzen. Die Mehlmischung unter ständigem Rühren zugeben und einmal kurz aufkochen, bis eine sämige Sauce entstanden ist. Die Sahne und etwas gehackte Petersilie einrühren und die Sauce mit Salz und Pfeffer abschmecken. Die fertigen Kohlrabi mit der Sauce servieren.

KÜRBIS-GNOCCHI
MIT GORGONZOLASAUCE UND SALBEI

Nachdem wir so lange darauf gewartet haben, kosten wir die Kürbissaison nun in vollen Zügen aus. Ein Gericht, das wir dann gerne zubereiten, sind diese Gnocchi. Die salzig-süße Gorgonzolasauce in Kombination mit dem dezent bitteren Salbei schreit förmlich nach einem Nachschlag.

FÜR 4 PERSONEN

1 Hokkaidokürbis
750 g mehligkochende Kartoffeln
Salz
225 g Mehl
225 g Dinkelgrieß
1 großes Bio-Ei
Pfeffer
2 Prisen gemahlene Kurkuma
1 Prise geriebene Muskatnuss
1 EL Butter
30 g Walnusskerne
1 Handvoll Salbeiblättchen
75 g Gorgonzola

AUSSERDEM
Mehl zum Arbeiten
Butter zum Braten (optional)

Den Backofen auf 180 °C vorheizen, ein Blech mit Backpapier auslegen. Den Kürbis waschen, putzen und klein würfeln (es werden 400 g Kürbisfleisch benötigt). Die Würfel auf dem Blech verteilen und in ca. 10 Minuten im heißen Ofen weich garen. Abkühlen lassen und fein pürieren.

Inzwischen die Kartoffeln schälen, waschen, grob schneiden und in Salzwasser zugedeckt 20–25 Minuten kochen. Kartoffeln abgießen, ausdampfen lassen und stampfen. Das Mehl mit dem Grieß vermengen. Kürbispüree und Kartoffelstampf zugeben und zügig mit der Mehlmischung verkneten. Das Ei mit 1 ½ TL Salz, etwas Pfeffer, Kurkuma und Muskat unter den Teig mischen. Den Teig nicht zu lange kneten, da er sonst zäh wird. Den Teig 5–10 Minuten im Kühlschrank ruhen lassen. Ist er anschließend zu feucht zum Formen, etwas Mehl einarbeiten. Den Teig auf der bemehlten Arbeitsfläche zu langen Schlangen rollen, dann in ca. 1 cm breite Stücke teilen und zu Gnocchi formen. Mit einer Gabel leicht eindrücken.

In einem Topf Salzwasser zum Sieden bringen. Die Gnocchi darin gar ziehen lassen, bis sie oben schwimmen. Inzwischen Butter in einer Pfanne zerlassen. Walnüsse und Salbei kurz darin anbraten, aus der Pfanne nehmen und beiseitestellen. Die Gnocchi mit einer Schaumkelle aus dem Wasser heben und in derselben Pfanne anrösten, bei Bedarf etwas Butter zugeben. Den Gorgonzola in einen kleinen Topf bröseln und etwas Kochwasser zugeben. Den Käse unter ständigem Rühren schmelzen lassen. Gnocchi, Walnüsse, Salbei und Gorgonzolasauce auf Tellern anrichten und servieren.

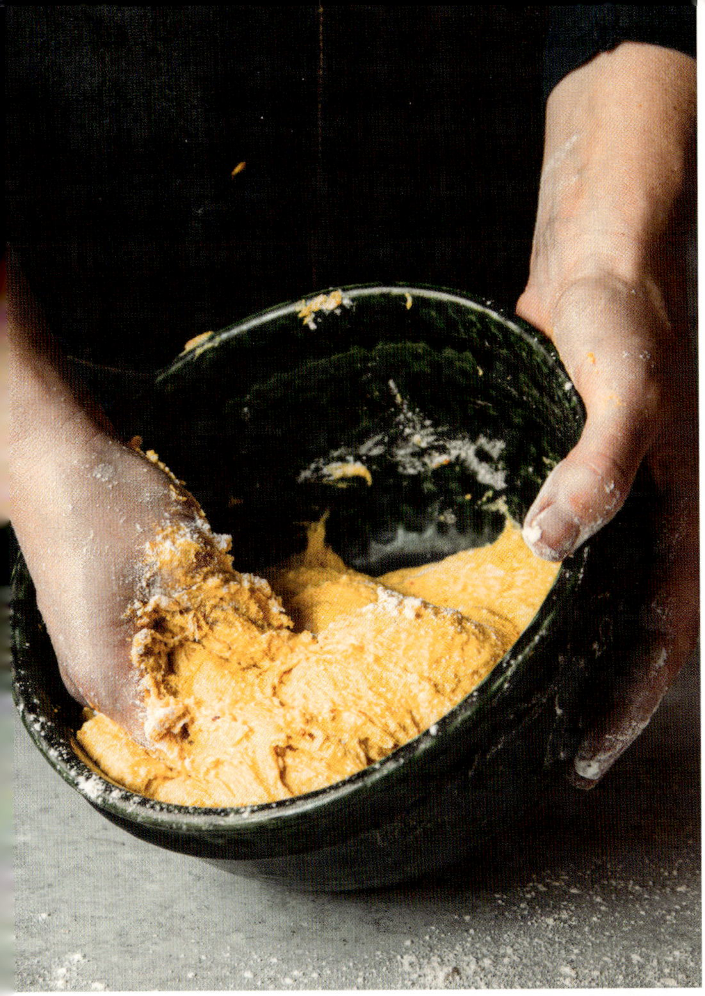

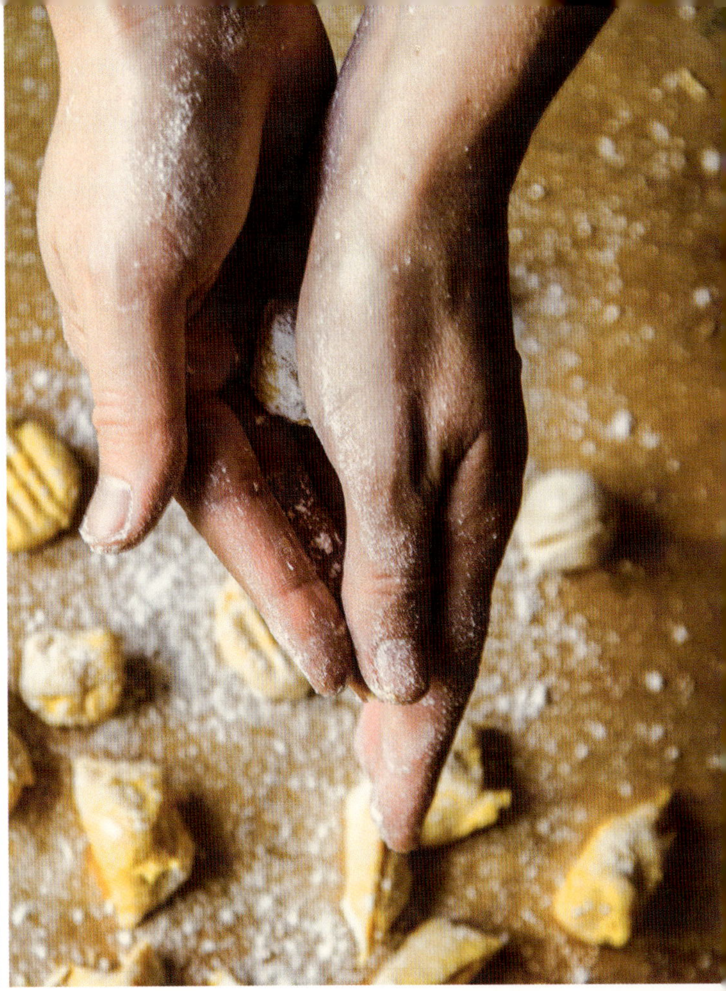

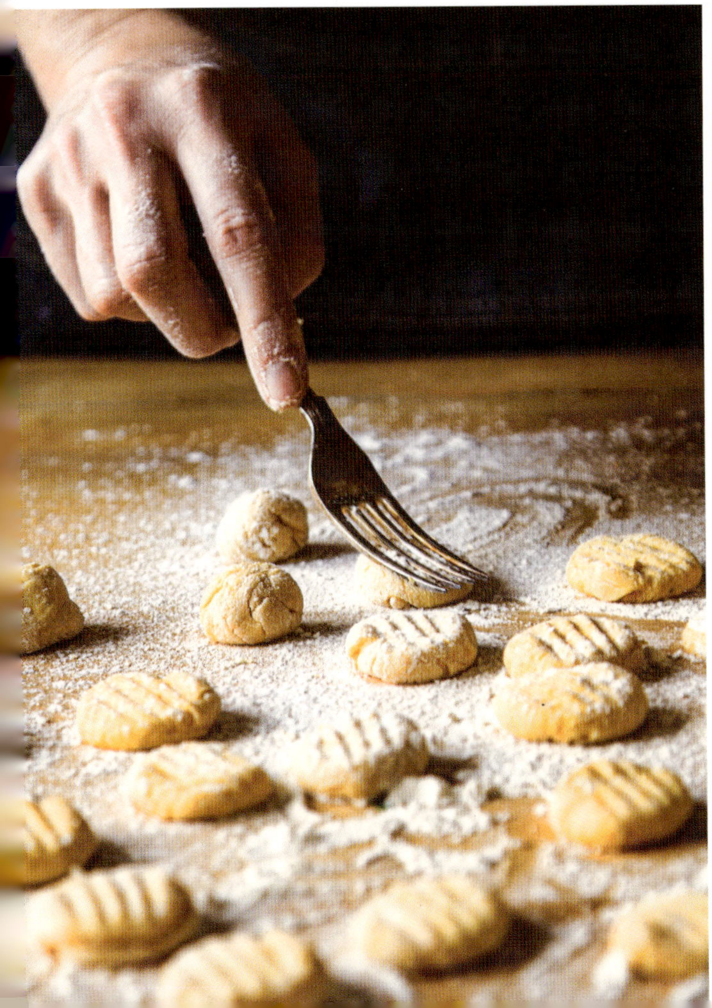

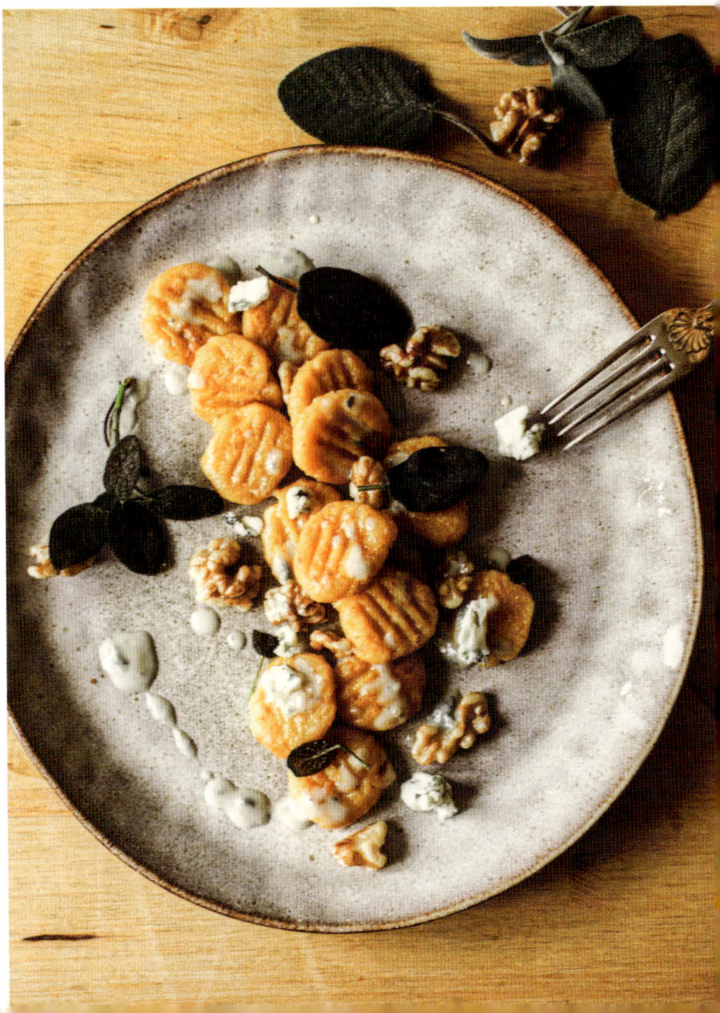

KRAUTWICKERL
MIT DINKEL UND HASELNUSSSAUCE

In Bayern isst man Krautwickerl traditionellerweise mit Hackfleischfüllung. Wir haben diesen Klassiker stattdessen vegetarisch interpretiert und mit Dinkel und Kräutern gefüllt. Dinkel schmeckt schön nussig und ist deutlich aromatischer als Reis oder Weizen.

FÜR 4 PERSONEN

150 g Dinkel
500 ml Gemüsebrühe
12 Wirsingblätter
Salz
1 ½ Zwiebeln
1 Knoblauchzehe
75 g Bergkäse
1 Handvoll Wildkräuter (z. B. Brunnenkresse, Gundermann und Giersch)
3 EL Sonnenblumenöl
Pfeffer
1 Prise geriebene Muskatnuss
50 g gemahlene Haselnusskerne
125 g Crème fraîche

AUSSERDEM
1 Handvoll gehobelte Haselnusskerne zum Bestreuen

Die Dinkelkörner in einem Sieb mit Wasser abspülen. Dann in einer Schüssel mit kaltem Wasser über Nacht einweichen. Am nächsten Tag abgießen, mit 300 ml Brühe aufkochen und 15–20 Minuten köcheln lassen. Vom Herd nehmen, den Dinkel ca. 10 Minuten nachquellen und dann in einem Sieb abtropfen lassen.

Die Wirsingblätter kurz in kochendem Salzwasser blanchieren. Herausnehmen, abtropfen lassen, den Strunk bei Bedarf herausschneiden. Zwiebeln und Knoblauch schälen und fein hacken. ½ Zwiebel beiseitelegen. Den Käse fein reiben. Kräuter abbrausen, trocken schütteln und die Blättchen hacken.

Den Backofen auf 200 °C Umluft vorheizen. 2 EL Öl in einer Pfanne erhitzen. 1 Zwiebel und Knoblauch darin glasig dünsten. Dann Kräuter, Dinkel und Käse untermischen. Die Füllung mit Salz, Pfeffer und Muskat abschmecken. Jeweils 2–3 EL Füllung auf dem unteren Rand der Kohlblätter verteilen, an den Seiten etwas Platz lassen. Diese nach innen über die Füllung schlagen und die Krautwickerl von unten nach oben zusammenrollen. Die Wickerl nebeneinander mit der Naht nach unten in einer Auflaufform mit 100 ml Brühe begießen. Etwa 20 Minuten im heißen Ofen garen.

Die Nüsse in einer Pfanne ohne Fett goldbraun rösten. Herausnehmen. 1 EL Öl in der Pfanne erhitzen, die restliche Zwiebelhälfte darin glasig dünsten. Crème fraîche, die restliche Brühe und Haselnüsse zufügen und alles einmal aufkochen. Die Krautwickerl mit der Sauce und gehobelten Haselnüssen anrichten.

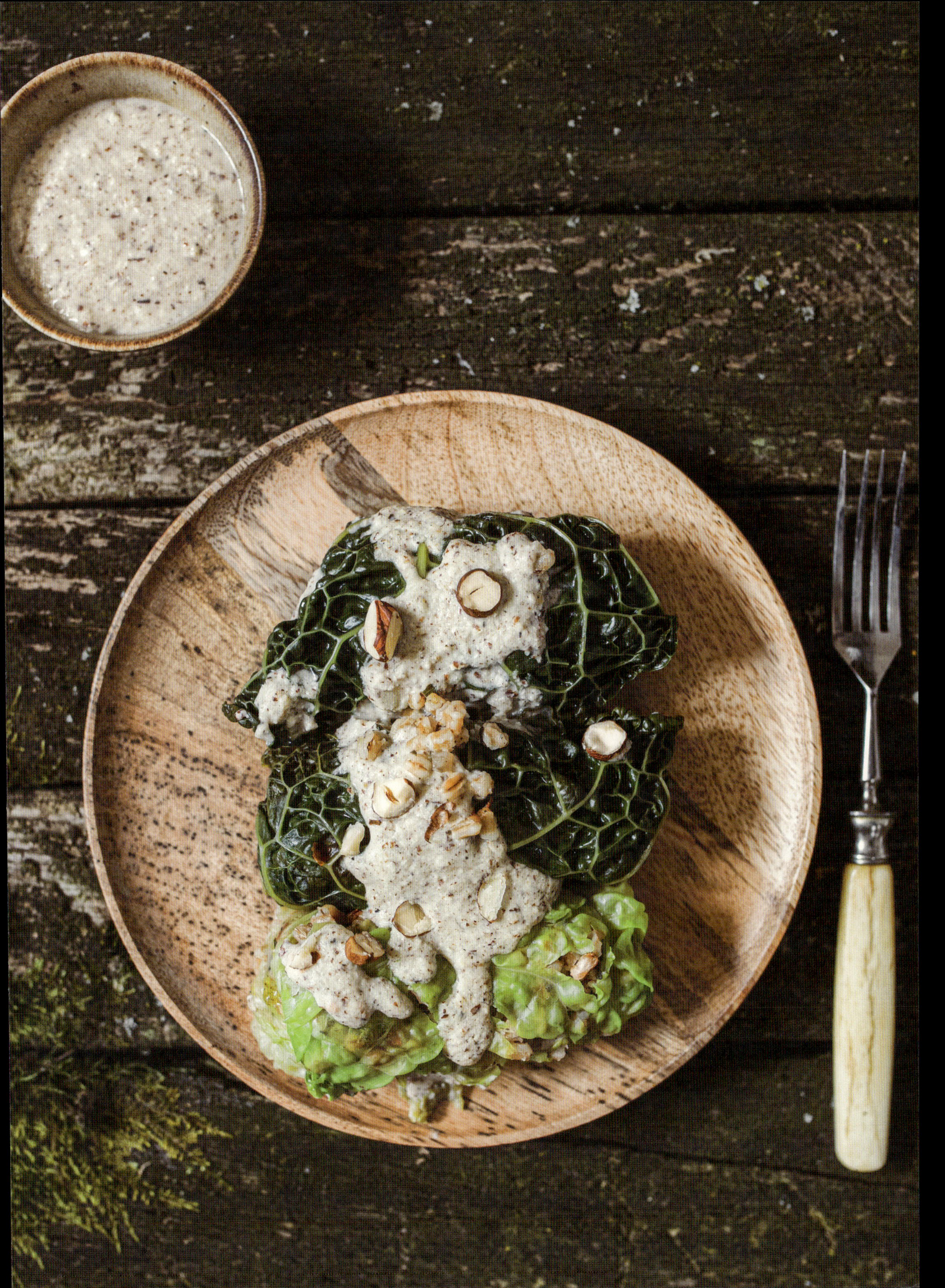

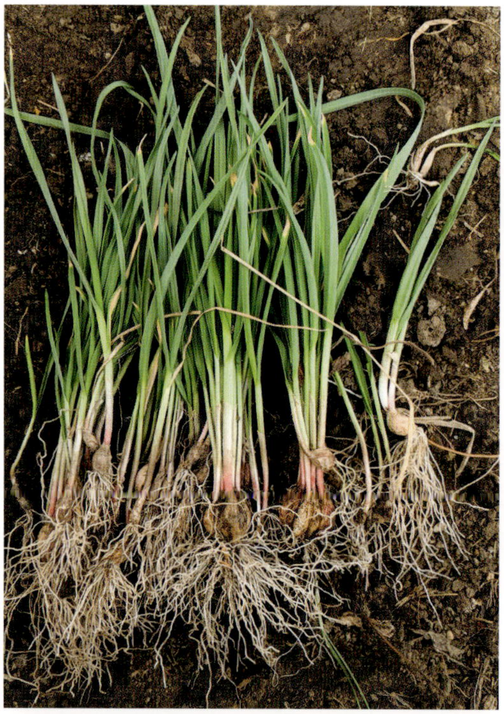
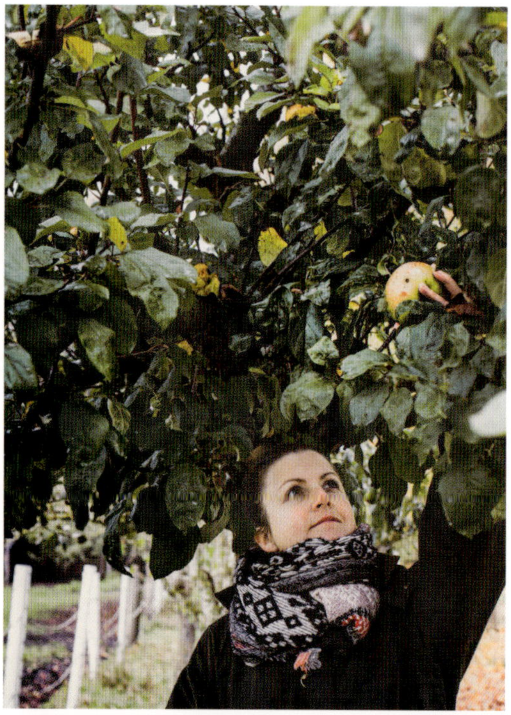
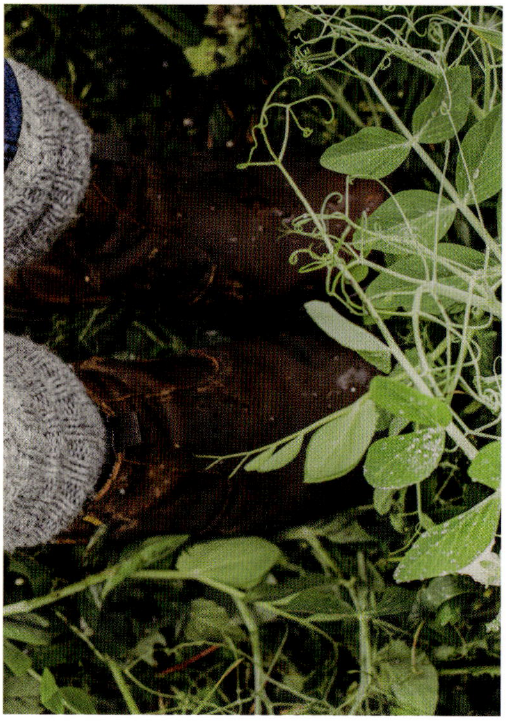
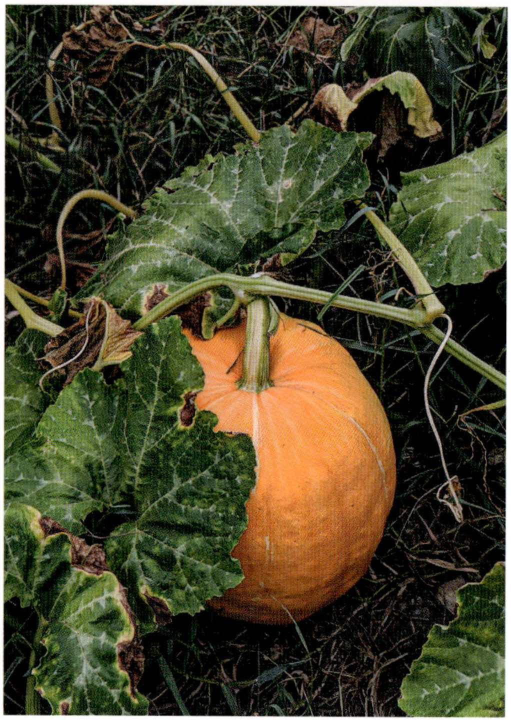

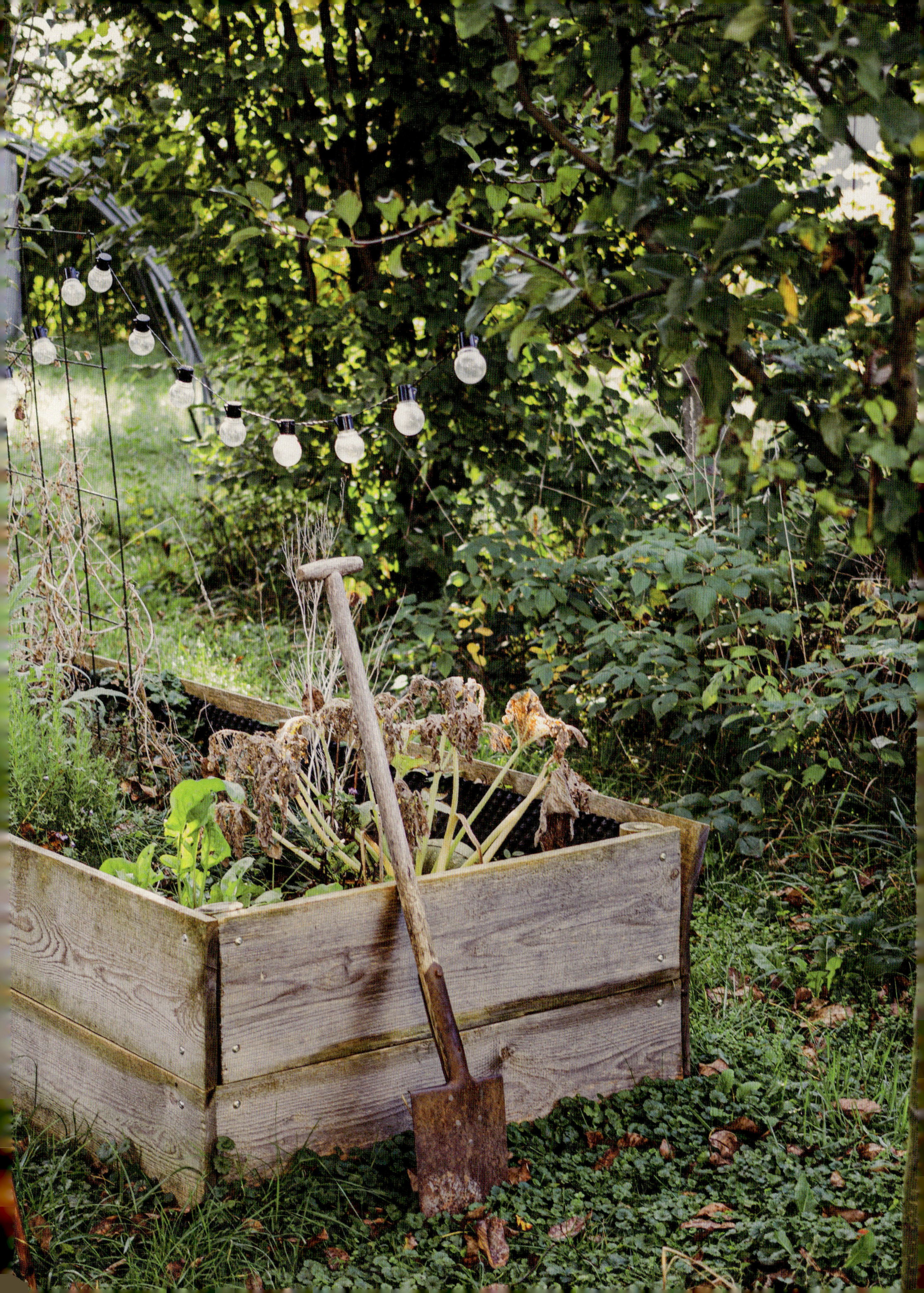

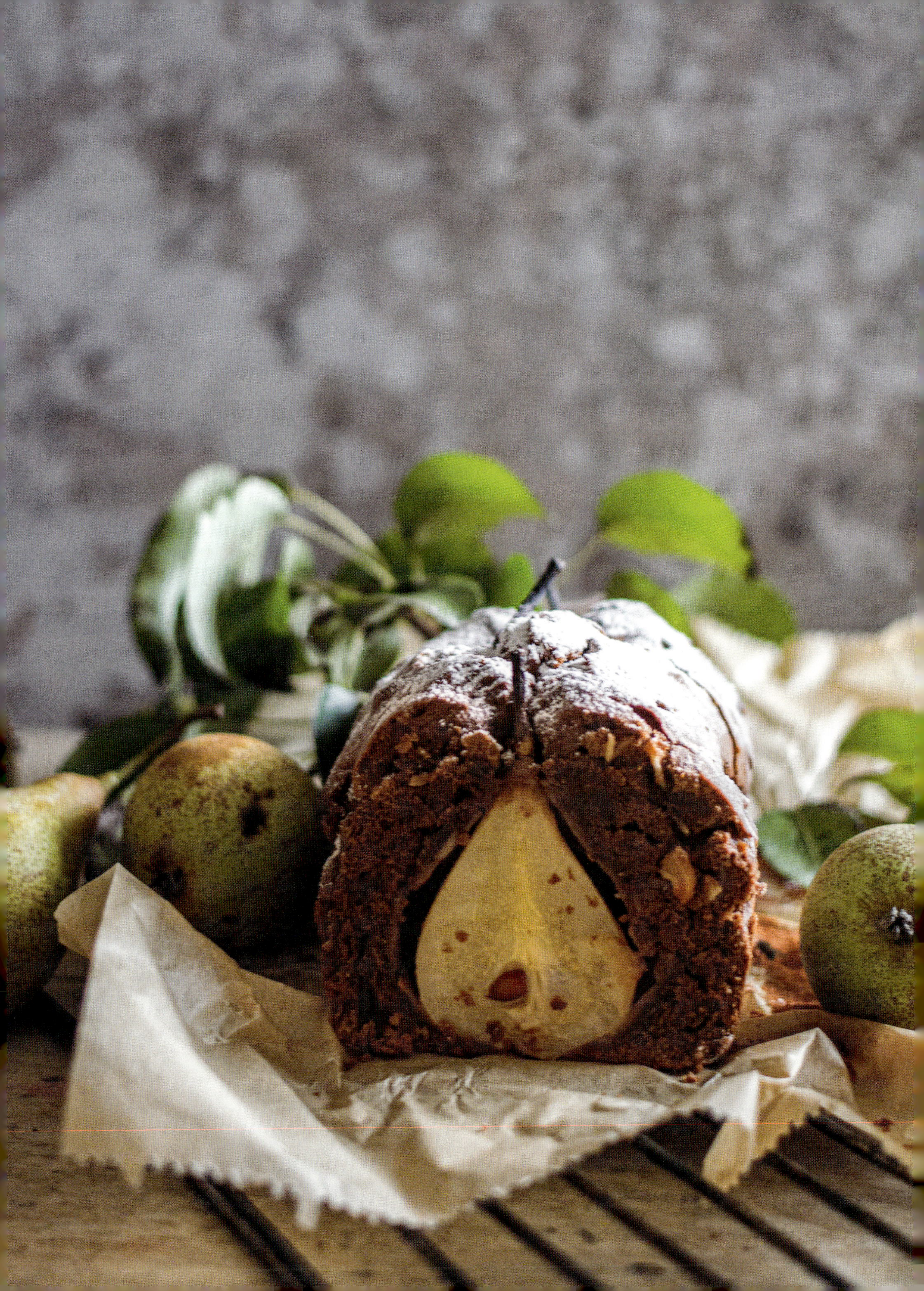

ROTWEIN-GEWÜRZ-KUCHEN MIT VERSUNKENEN BIRNEN

In diesen saftigen Kuchen versinkt man im wahrsten Sinne des Wortes. Die milde Süße der reifen Birnen wird durch den dunklen Schokoladenteig zusätzlich betont. Ein Lieblingskuchen, der superschnell zubereitet ist und einen bleibenden Eindruck hinterlässt.

FÜR 1 KASTENFORM
(30 CM LÄNGE)

250 g weiche Butter
150 g Zucker
5 Bio-Eier
350 g Mehl
1 Prise Salz
1 TL gemahlene Vanille
1 EL Kakao
1 TL Zimtpulver
½ TL gemahlener Koriander
½ TL gemahlener Kardamom
1 Prise geriebene Muskatnuss
1 Pck. Weinsteinbackpulver
125 ml Rotwein
75 g Walnusskerne
3 reife Birnen

AUSSERDEM
Butter und Mehl für die Form
Puderzucker zum Bestäuben
(nach Belieben)

Den Backofen auf 180 °C vorheizen. Die Kastenform fetten und mit Mehl ausstäuben. Butter, Zucker und Eier in einer Schüssel schaumig schlagen. Das Mehl mit den restlichen trockenen Zutaten gut vermischen und abwechselnd mit dem Rotwein unter die Buttermasse rühren. Die Walnüsse grob hacken und unterheben.

Die Birnen waschen und schälen. Den Teig in die Form füllen und glatt streichen. Die Birnen im Ganzen in den Teig drücken. Die Form in den heißen Ofen geben und den Kuchen ca. 1 Stunde backen. Kurz vor Ende der Garzeit die Stäbchenprobe machen: Bleibt an einem hineingestochenen Holzstäbchen kein Teig kleben, ist der Kuchen gar.

Die Form aus dem Ofen nehmen und den Kuchen 10 Minuten ruhen lassen. Dann stürzen und abkühlen lassen. Nach Belieben mit Puderzucker bestäubt servieren.

GEFÜLLTE NUDELN MIT BALSAMICO-BIRNE

Auf Fotos aus der Kindheit unserer Großmutter haben wir den alten Birnbaum aus unserem Garten wiedererkannt. Er war damals schon richtig groß und imposant und mag jetzt wohl an die 100 Jahre alt sein. Diese besondere Birne bildet in diesem Rezept das Herzstück für die gefüllten Nudeln mit Frischkäse und Thymian.

FÜR 4 PERSONEN

FÜR DEN TEIG
300 g Mehl
3 Bio-Eier
Salz

FÜR DIE FÜLLUNG
2 Birnen
1 Zwiebel
2 EL Olivenöl
2 EL Aceto Balsamico bianco
1 Prise Zucker
Salz, Pfeffer
4 Zweige Thymian
150 g Kräuterfrischkäse

AUSSERDEM
Mehl zum Arbeiten
1 Eiweiß
2 EL Butter
1 Glas (Ø ca. 5cm)

Für den Teig das Mehl auf die Arbeitsfläche sieben und in der Mitte eine Mulde formen. Die Eier und ¾ TL Salz zugeben und behutsam einarbeiten. Den Teig 10 Minuten mit den Händen kneten, anschließend 10 Minuten abgedeckt ruhen lassen.

Inzwischen für die Füllung die Birnen schälen, vom Kerngehäuse befreien und fein würfeln. Die Zwiebel schälen und ebenfalls fein würfeln. In einer Pfanne das Olivenöl erhitzen, die Zwiebel darin glasig dünsten. Die Birnen zugeben und kurz mitdünsten. Dann alles mit Essig ablöschen und mit Zucker, Salz und Pfeffer würzen. Bei mittlerer Hitze kurz reduzieren lassen. Den Thymian abbrausen und trocken schütteln. Von 1 Zweig die Blättchen abzupfen und fein hacken.

Den Teig portionsweise auf der bemehlten Arbeitsfläche ca. 2 mm dünn ausrollen. Daraus mit einem dünnwandigen Glas Kreise ausstechen. Auf jeden Teigkreis je einen Klecks Birnensud, gehackten Thymian und Frischkäse geben. Den Rand zur Hälfte mit Eiweiß bestreichen, zuklappen und mithilfe einer Gabel gut andrücken. So fortfahren, bis Teig und Füllung aufgebraucht sind.

Reichlich Salzwasser in einem Topf aufkochen. Die gefüllten Nudeln 5–10 Minuten kochen, bis sie al dente sind, und anschließend mit einer Schaumkelle herausheben. Die Butter in einer Pfanne schmelzen und mit den Thymianzweigen leicht bräunen lassen. Die fertigen Nudeln in der Pfanne schwenken. Mit Pfeffer bestreut servieren.

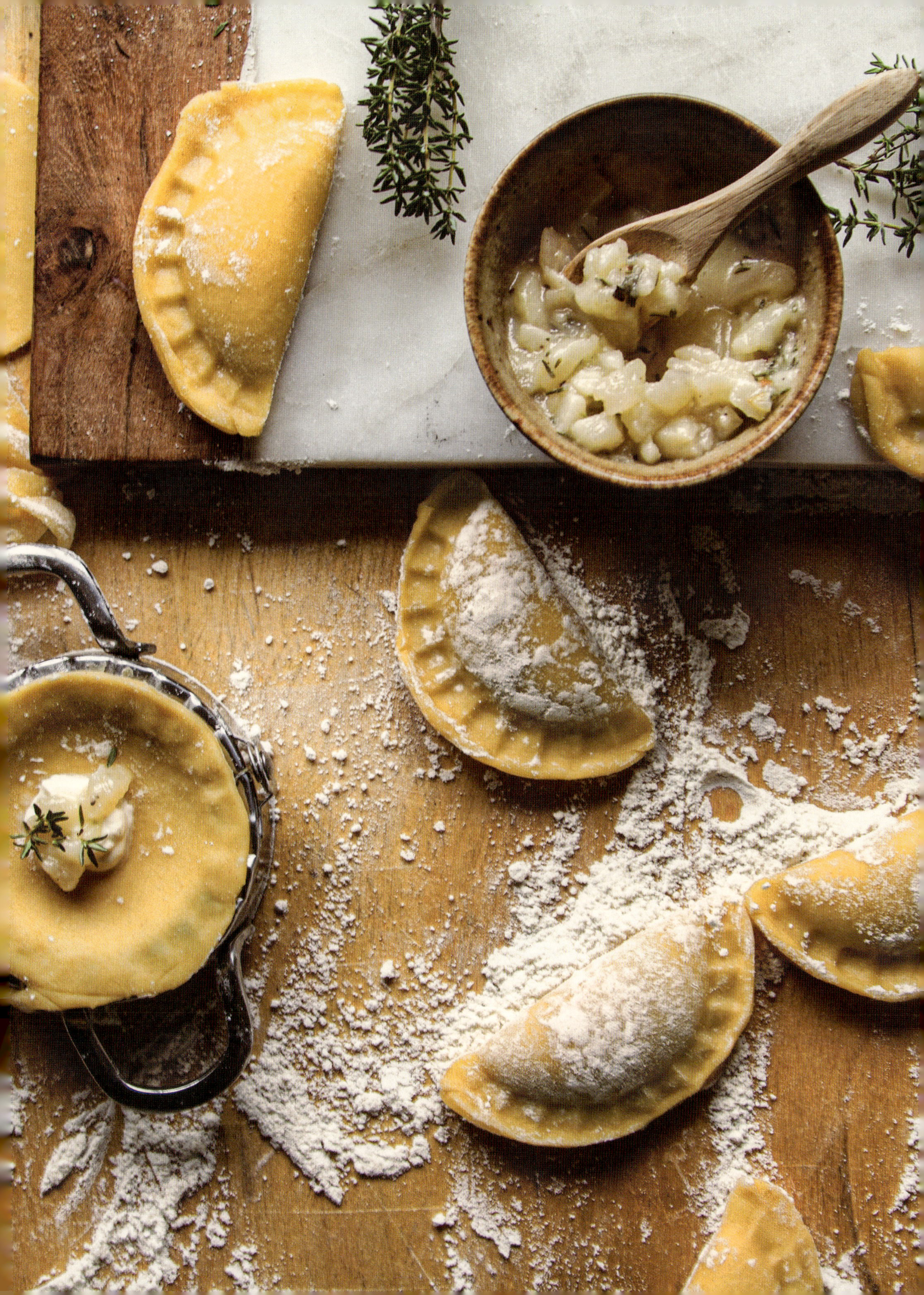

APFELPFANNKUCHEN

Wir lieben es, am Wochenende ausgiebig und gemütlich zusammen zu frühstücken. Wenn es nach Lisas kleinen Tochter Luise geht, gibt es jeden Sonntag Pfannkuchen. Eigentlich eine gute Idee. Noch schnell frische Eier aus dem Hühnerstall geholt und los geht's.

FÜR 15 STÜCK

250 g Mehl
1 Prise Salz
500 ml Milch
3 Bio-Eier
1 mittelgroßer Apfel

<u>AUSSERDEM</u>
Sonnenblumenöl zum Braten
150 g Preiselbeerkompott zum Servieren

Mehl in eine Schüssel sieben und salzen. Etwas Milch und nacheinander die Eier einrühren, dann den Teig mit der restlichen Milch glatt rühren. Den Apfel schälen und mit einer Reibe in feine Streifen raspeln.

Etwas Öl in einer Pfanne erhitzen. Je eine kleine Kelle Teig hineingeben und gleichmäßig zu einer dünnen Schicht verteilen. Solange der Teig noch flüssig ist, ein paar Apfelraspel daraufstreuen. Den Pfannkuchen wenden und bei mittlerer Hitze goldgelb backen. So fortfahren, bis der gesamte Teig aufgebraucht ist.

Die Apfelpfannkuchen heiß aus der Pfanne auf Teller verteilen und mit etwas Preiselbeerkompott servieren.

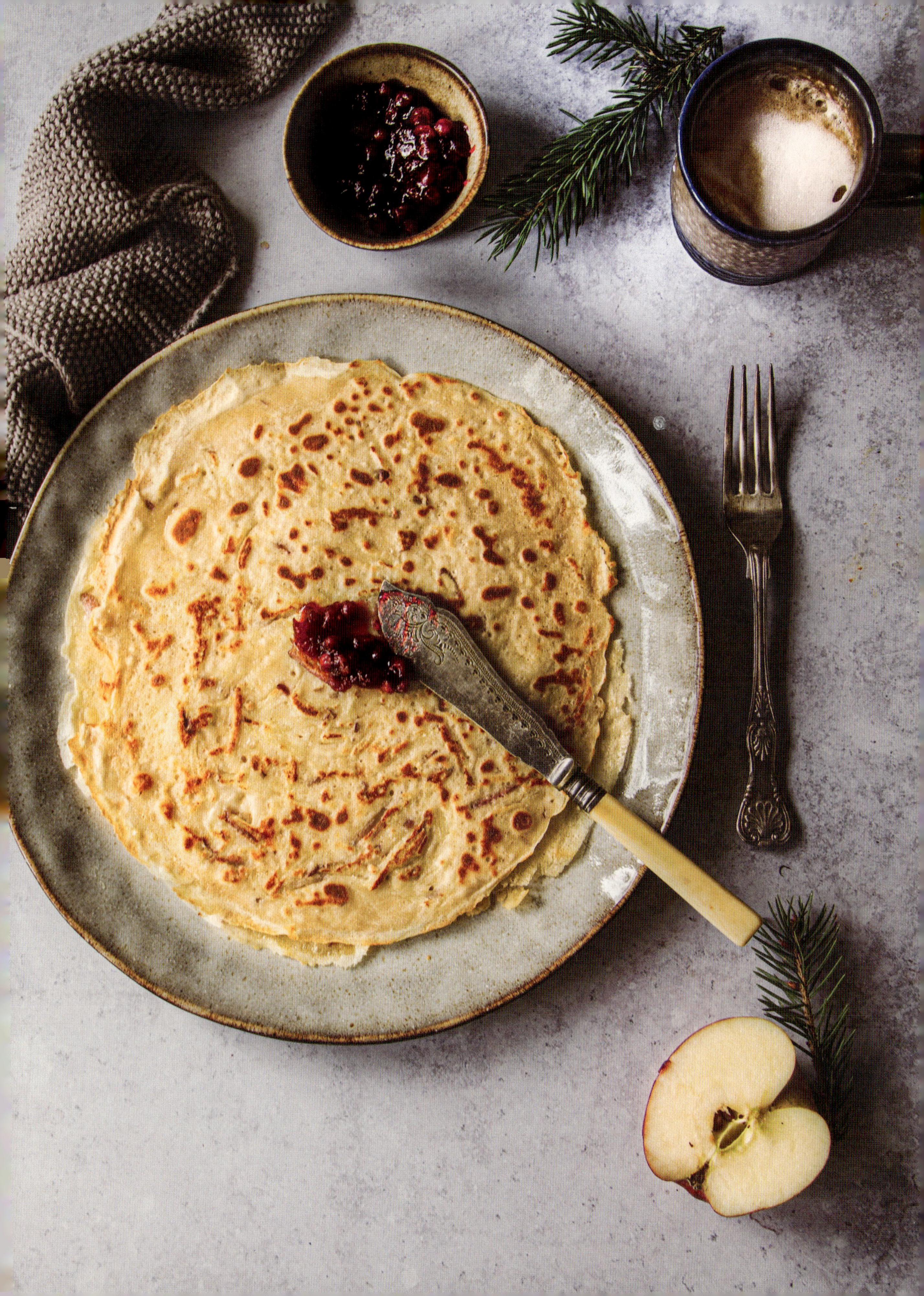

KÜRBISSUPPE

Mit ca. 800 verschiedenen Sorten wird es mit dem Kürbis kulinarisch nicht langweilig. Für dieses Rezept eignen sich besonders Hokkaido und Butternuss, die wir auch in unserem Garten anbauen. Die würzige Suppe schmeckt als Vor- oder Hauptspeise und wärmt uns nach ein paar Stunden im Freien wieder von innen auf. Eine Scheibe frisches Brot dazu – mehr braucht es nicht, um satt zu werden.

FÜR 6 PERSONEN

1 Hokkaidokürbis
1 Kartoffel
3 Zwiebeln
3 Knoblauchzehen
50 g Ingwer
50 g Butter
1 EL Currypulver
1 Prise Zimtpulver
2 l Gemüsebrühe
1 EL Aceto Balsamico
1 Prise geriebene Muskatnuss
Salz, Pfeffer

Den Kürbis waschen, putzen und das Fruchtfleisch in kleine Würfel schneiden. Kartoffel schälen, waschen und klein schneiden. Zwiebeln, Knoblauch und Ingwer schälen und in feine Würfel schneiden.

Die Butter in einem großen Topf zerlassen. Zwiebeln, Knoblauch und Ingwer darin in ein paar Minuten glasig andünsten. Dann Kürbis und Kartoffel mit Curry und Zimt zugeben und ebenfalls kurz andünsten, bis alles aromatisch duftet. Mit der Gemüsebrühe ablöschen, die Suppe aufkochen und bei mittlerer Hitze ca. 20 Minuten köcheln lassen.

Anschließend die Suppe mit dem Pürierstab fein mixen und mit Balsamico, Muskat, Salz und Pfeffer würzen. Heiß auf tiefe Teller verteilen und mit Pfeffer bestreut servieren.

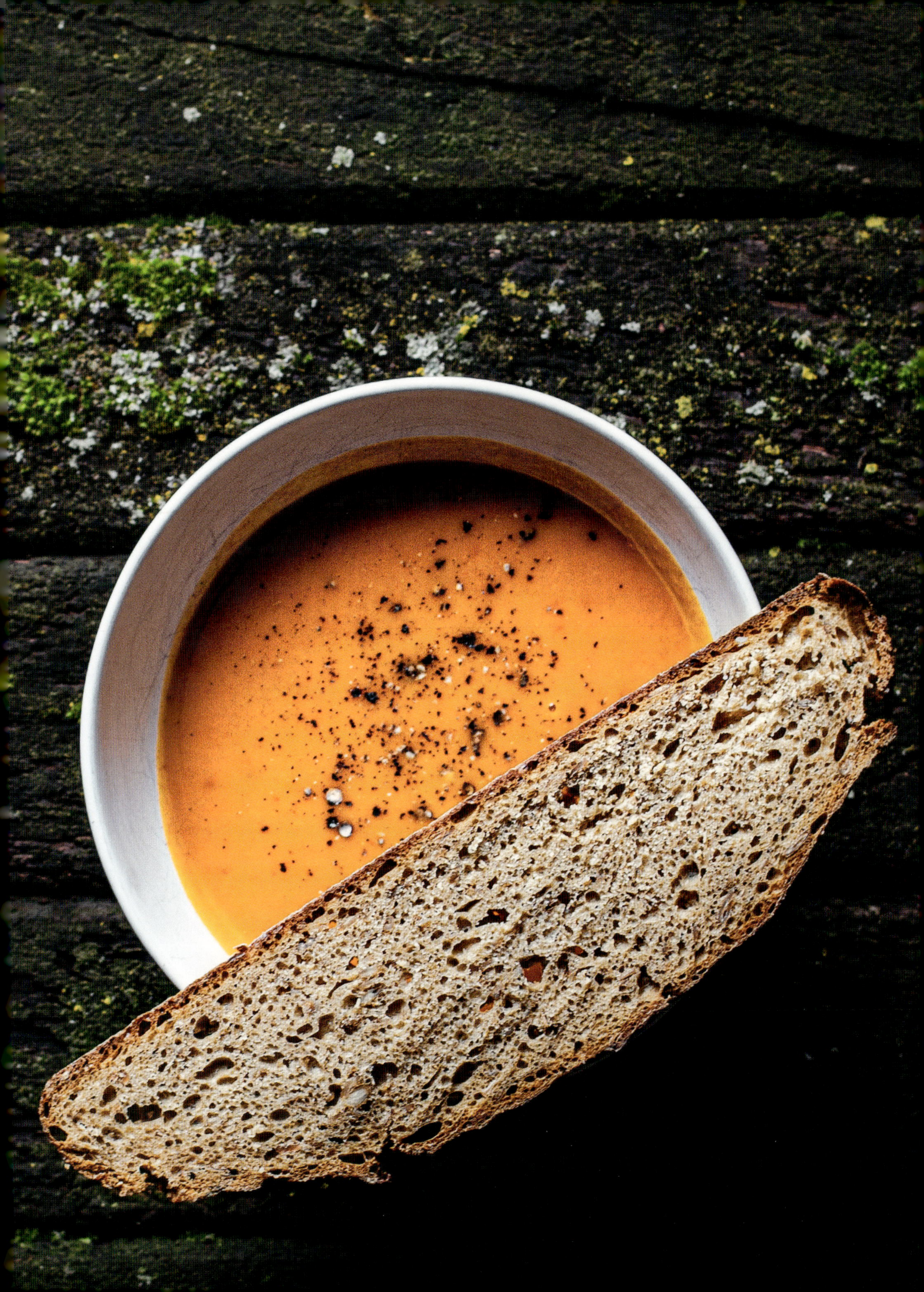

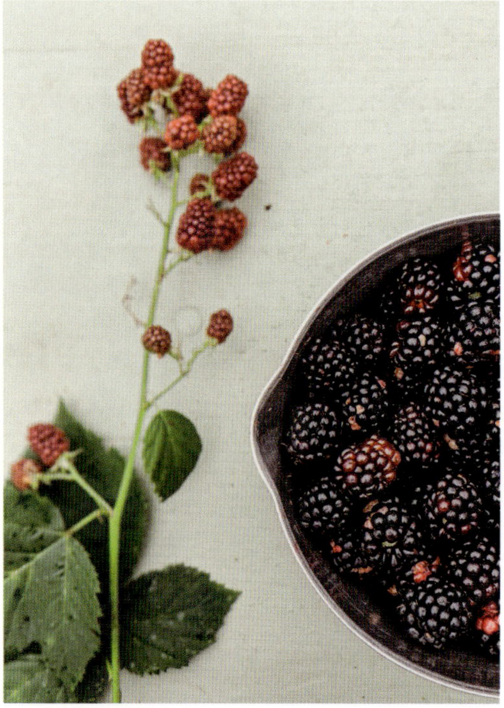
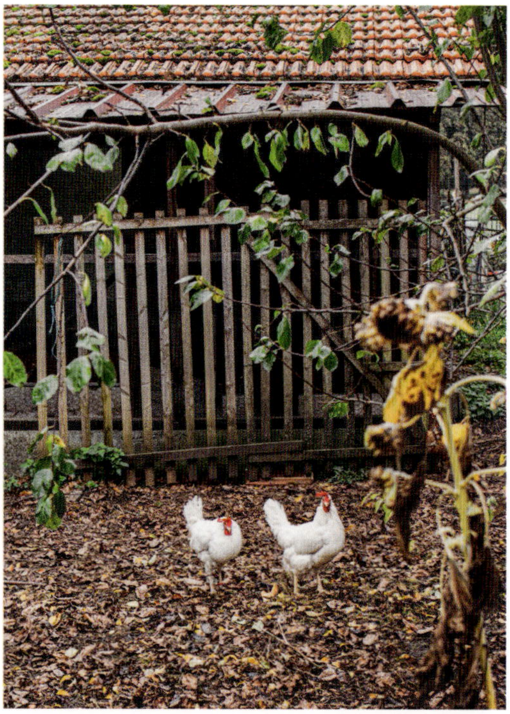
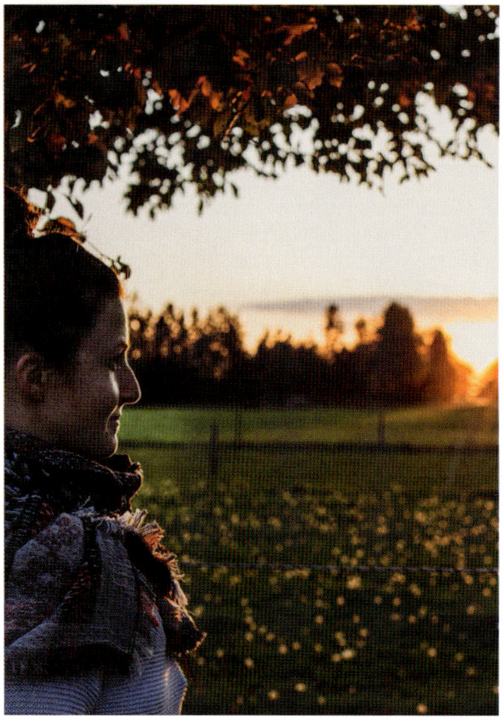
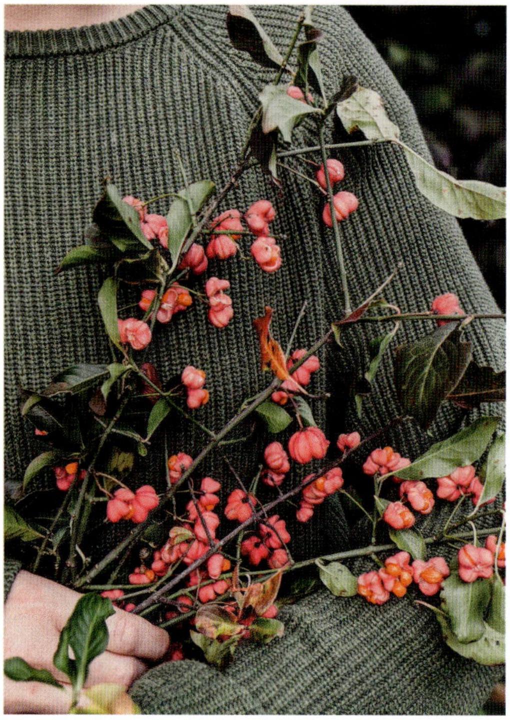

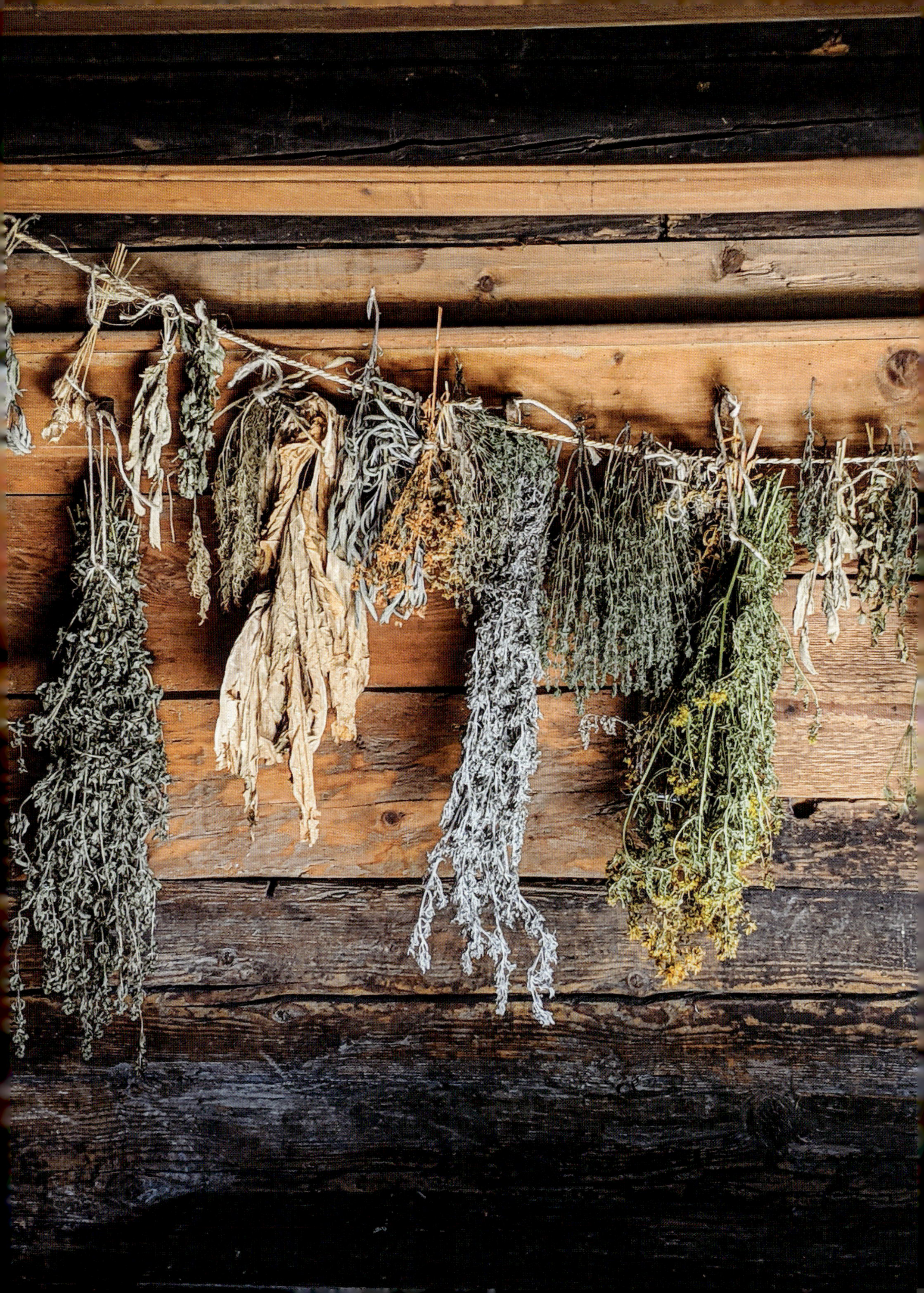

ROGGENEIS MIT WEISSWEIN-QUITTE

Dieser Nachtisch mit seinem fein-würzigen Aroma hat es uns besonders angetan. Um dem Eis noch mehr Frische zu verleihen, haben wir uns kurzerhand für eine Kombination aus der milden Säure der Quitte mit Weißweinsud entschieden.

FÜR 6 PERSONEN

2 Bio-Zitronen
200 g Pumpernickel
500 ml Milch
1 TL gemahlene Vanille
1 TL Zimtpulver
5 Eigelb
2 EL Honig
100 g Rohrzucker
200 g Sahne
200 g Frischkäse
1 Quitte
250 ml trockener Weißwein

Die Zitronen heiß waschen, trocknen und die Schale fein abreiben. Etwa 6 EL Saft auspressen. Pumpernickel in einen Topf bröseln und mit Milch, Vanille, Zimt und Zitronenabrieb bei mittlerer Hitze unter Rühren ca. 10 Minuten köcheln lassen. Die Mischung mit dem Pürierstab einmal durchmixen, um größere Pumpernickelstückchen zu zerkleinern.

Eigelbe, Honig und Zucker in einer Schüssel schaumig schlagen. Die heiße Pumpernickelmasse langsam unter ständigem Rühren zur Eigelb-Zucker-Mischung gießen. Dann vollständig abkühlen lassen.

Die Sahne steif schlagen. 4 EL Zitronensaft mit dem Frischkäse verrühren. Beides unter die Eismasse heben. Die Eismasse in einen gefrierfesten, verschließbaren Behälter füllen und 12 Stunden in das Gefrierfach geben.

Zum Servieren die Quitte waschen, trocknen und in dünne Scheiben schneiden. Diese mit dem restlichen Zitronensaft beträufeln. Den Weißwein in einer Pfanne erhitzen (der Boden der Pfanne sollte bedeckt sein). Die Quittenscheiben zugeben und 2–3 Minuten bei mittlerer Hitze köcheln lassen. Die Quitten sollten nicht ganz durch sein, damit sie nicht zerfallen. Die Quitten mit etwas Sud auf Tellern anrichten und je 1 Kugel Eis obenauf setzen.

Wir krönen das Roggeneis noch mit gerösteten Brotkrumen, 1 Prise Mohnsamen und ein paar getrockneten Ananassalbeiblüten.

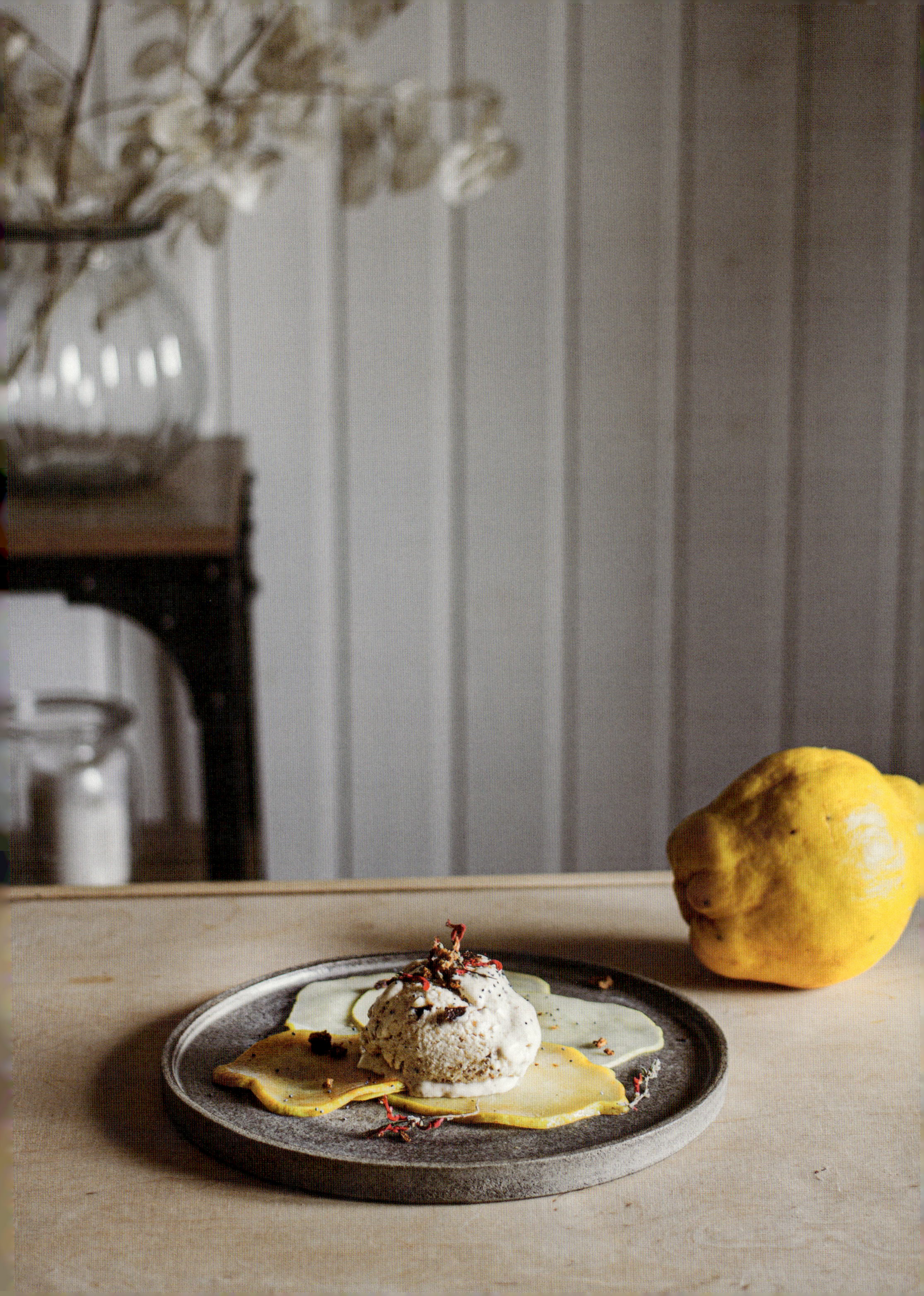

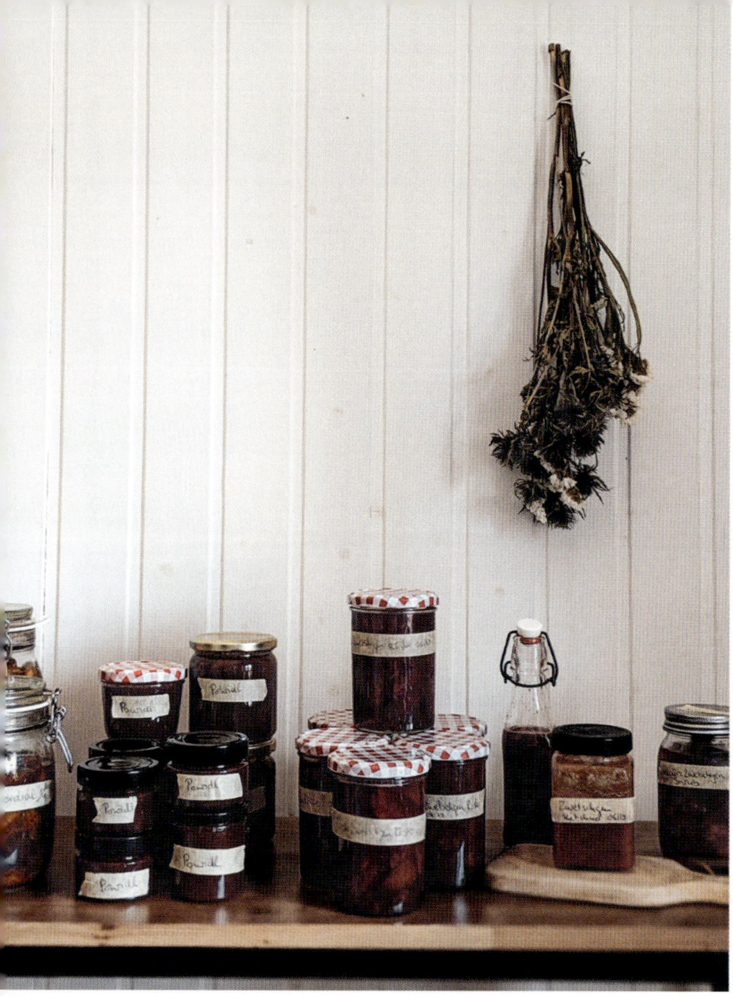

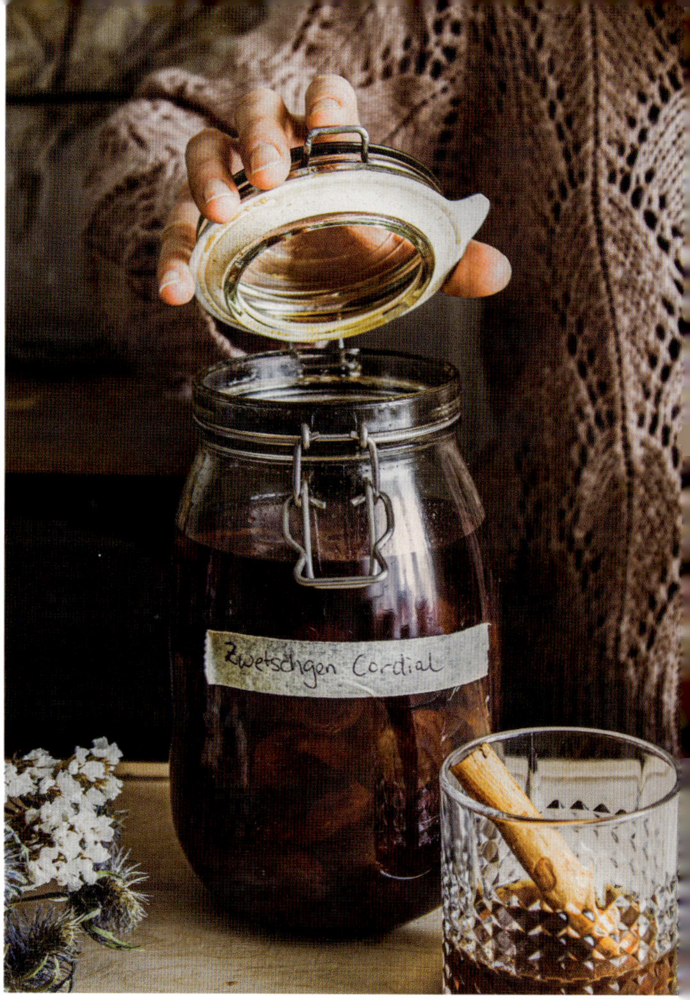
Zwetschgen Cordial

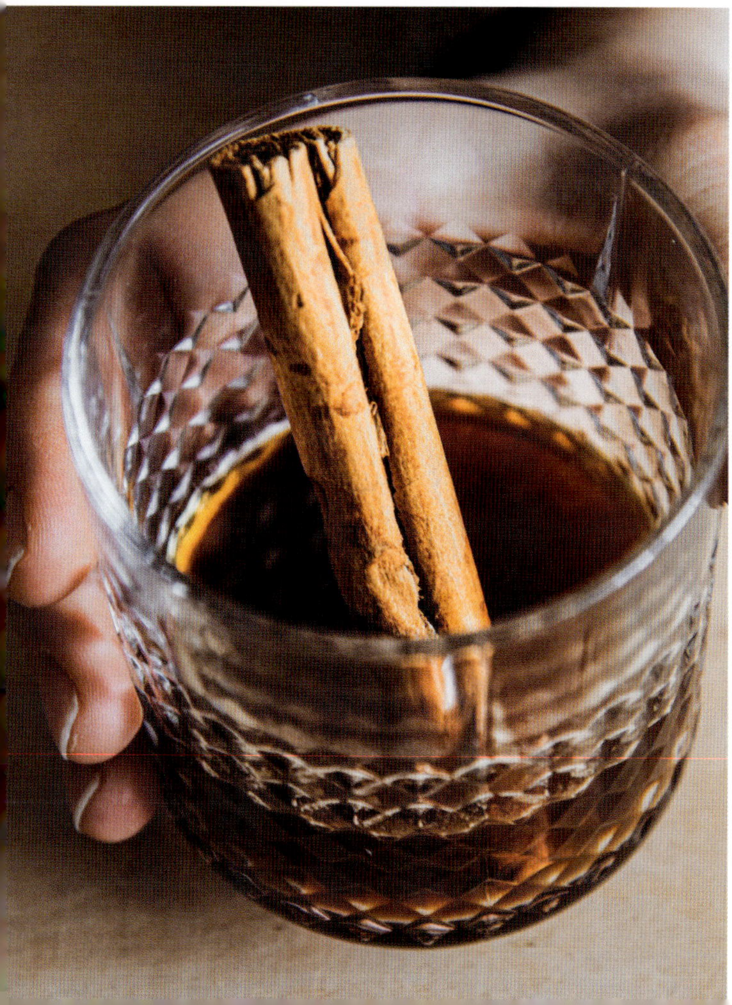

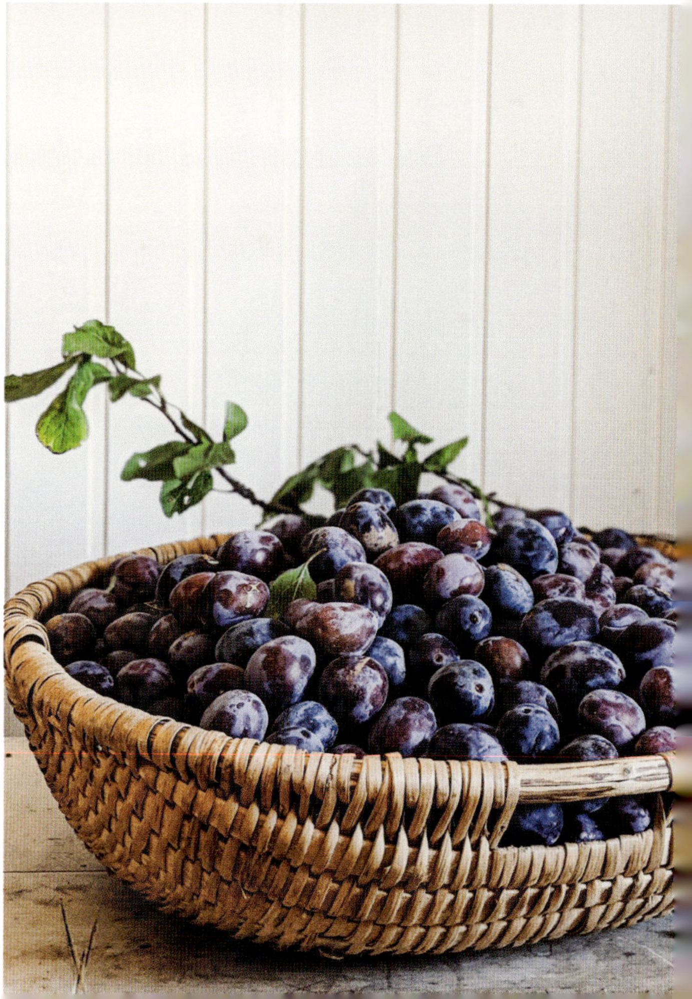

ZWETSCHGEN-CORDIAL

Wenn es draußen langsam ungemütlich wird, zünden wir den Kachelofen an und machen es uns mit einem Glas Zwetschgen-Cordial im Wohnzimmer gemütlich. Dann fühlen wir uns durch den intensiven Geschmack der Pflaume sofort an den vergangenen Sommer erinnert, als wir barfuß im Garten die reifen Früchte vom Baum gepflückt haben.

FÜR CA. 1,5 L

1 kg reife Zwetschgen
500 g Zucker
1 l Wodka

AUSSERDEM
1 Glas mit Deckel (ca. 2 l)
Zimtstange zum Servieren

Die reifen Zwetschgen waschen, halbieren, entsteinen und auf ungebetene Mitbewohner überprüfen. Die Früchte in ein großes sterilisiertes Glas mit Deckel geben. Mit Zucker und Wodka auffüllen und ordentlich umrühren.

Das Glas gut verschlossen, dunkel und kühl lagern und in den folgenden 2 Wochen morgens und abends kräftig schütteln, bis sich der Zucker aufgelöst hat. Das Glas ca. 2 Monate stehen lassen. Anschließend die Zwetschgen in ein Sieb abgießen, die Flüssigkeit auffangen und in sterilisierte Flaschen abfüllen.

Etwas Cordial in einen Tumbler füllen und mit Zimtstange garniert servieren.

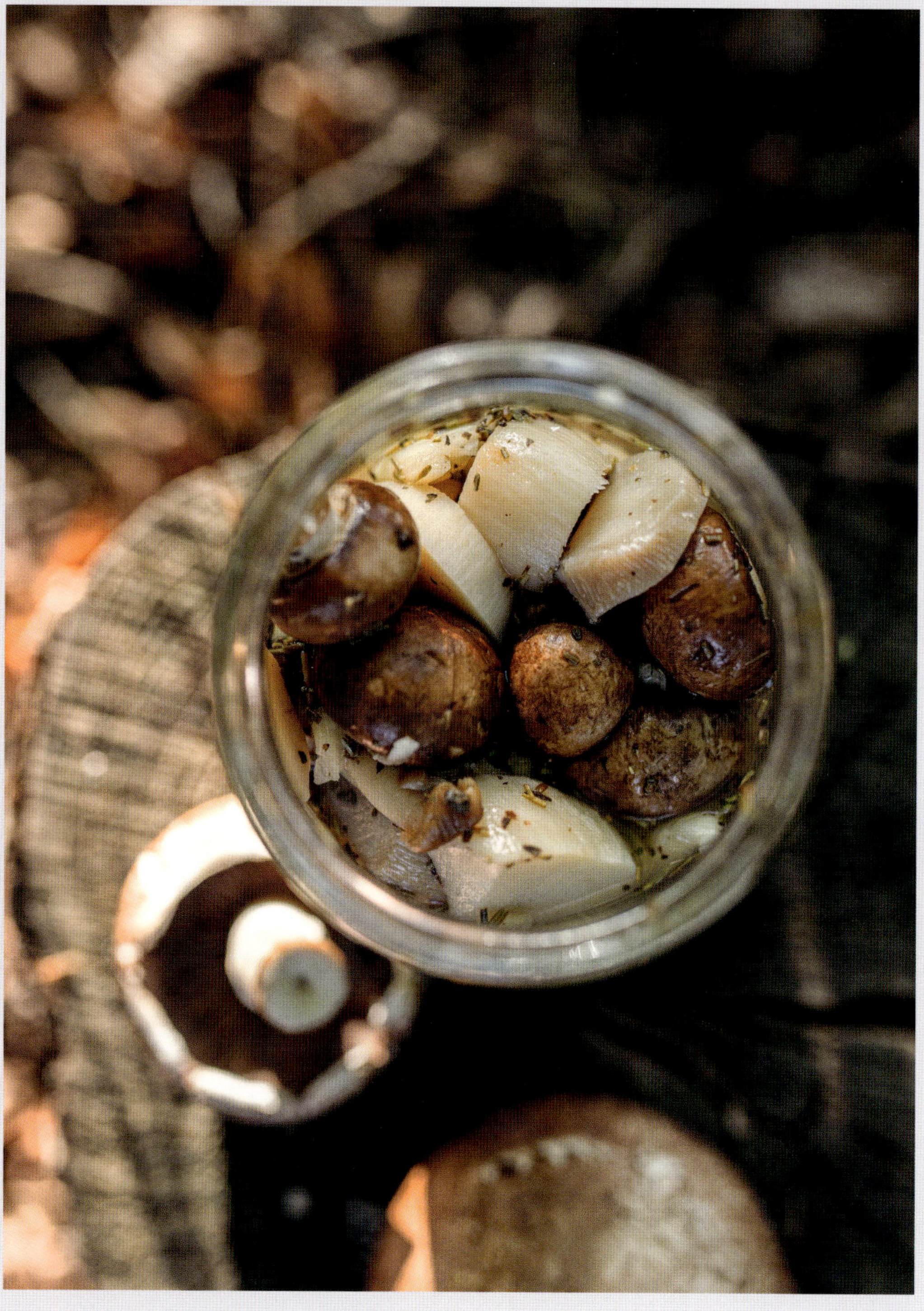

FERMENTIERTE PILZE

Diese Art, Pilze zu konservieren, basiert – wie die Herstellung von Sauerkraut – auf dem Prinzip der Milchsäuregärung und sorgt sowohl für die Entstehung gesunder Probiotika als auch für einen einmaligen Geschmack. Dabei gilt es allerdings zu beachten: Rohe Pilze, auch essbare, enthalten Sporengifte, die möglicherweise nicht allein durch Fermentation entfernt werden. Um Verdauungsprobleme zu vermeiden, müssen sie deshalb vorher gegart werden.

FÜR 1 EINMACHGLAS (500 ML)

200 g Speisepilze (z.B. Champignon, Kräutersaitling, Pfifferling oder Shiitake)
2 EL roher Sauerkrautsaft
½ TL Salz
1–2 Knoblauchzehen
1–2 TL getrocknete Kräutermischung (z.B. Kräuter der Provence)

AUSSERDEM
1 Einmachglas (ca. 500 ml)

Die Pilze trocken abreiben und gründlich putzen. Dann 15–20 Minuten in einem Topf mit Dämpfeinsatz dämpfen. Anschließend in ein sterilisiertes Schraubglas füllen. Das Dämpfen macht die Pilze bekömmlicher, allerdings werden auch die für die Fermentation notwendigen Mikroorganismen abgetötet. Um die Milchsäuregärung zu starten, rohen Sauerkrautsaft mit Salz, geschälten, zerdrückten Knoblauchzehen und getrockneten Kräutern zugeben. Das Glas sollte zu einem Drittel mit Flüssigkeit gefüllt sein, andernfalls noch etwas frisches Wasser zugießen. Das Glas fest verschließen und kräftig schütteln.

Die Pilze 10–14 Tage lang täglich 1- bis 2-mal schütteln und den Deckel kurz öffnen, damit die Gase entweichen können. Zischt es nicht mehr, ist die Fermentation abgeschlossen. Im Kühlschrank halten sich die Pilze mehrere Wochen.

Diese Technik funktioniert übrigens nicht bei allen Pilzen, hier kommt es sehr auf deren Textur an.

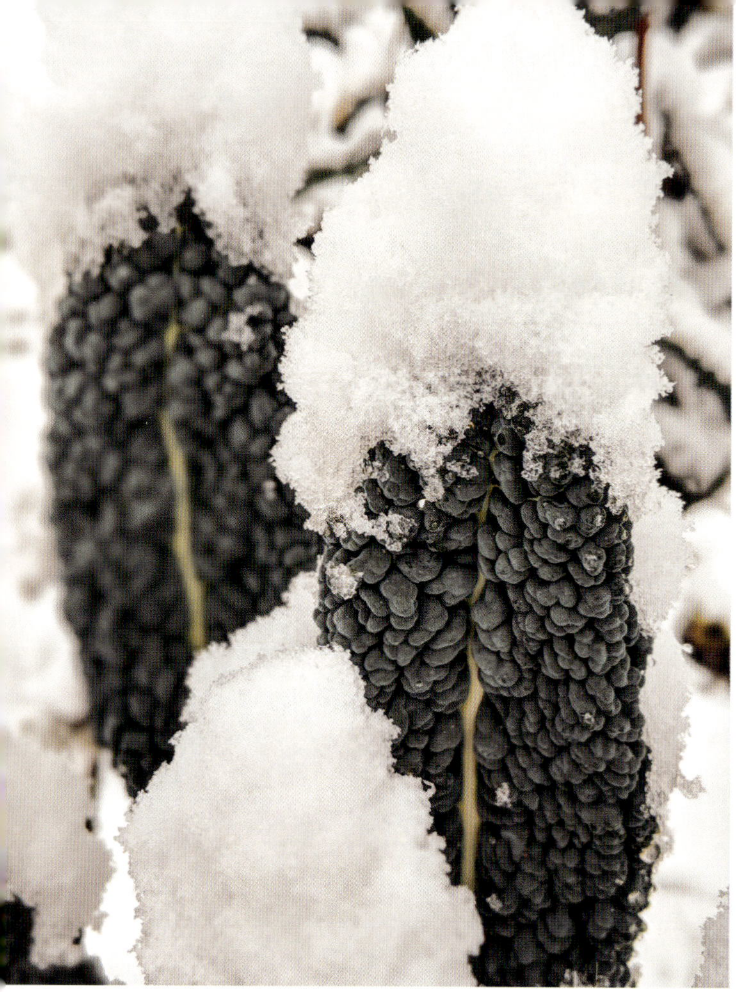

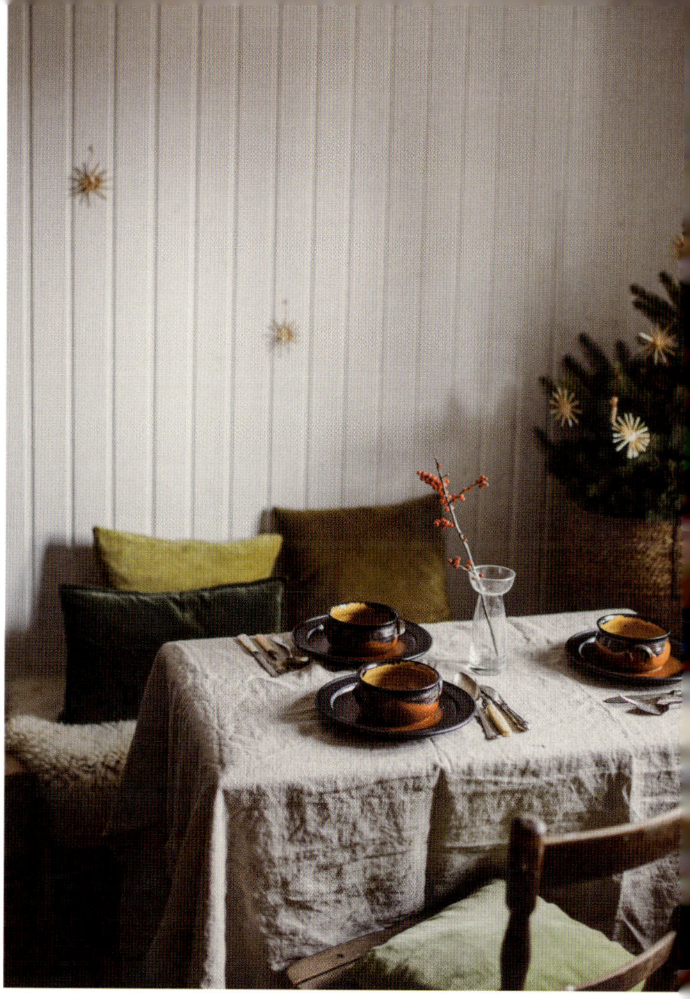

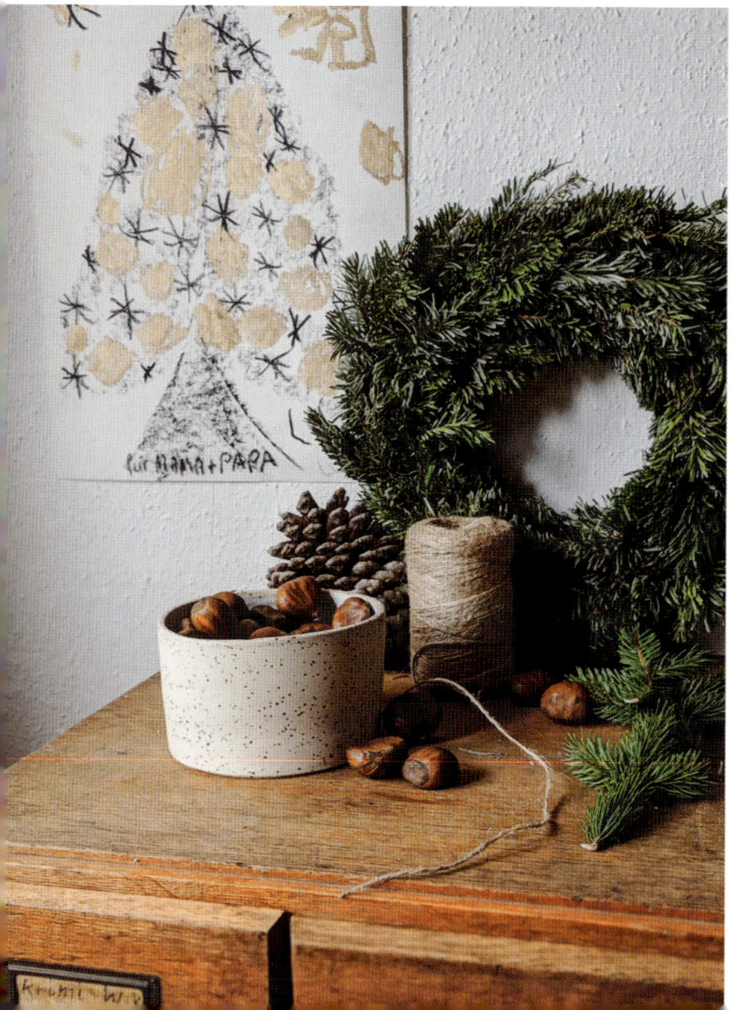
fur Mama + PAPA

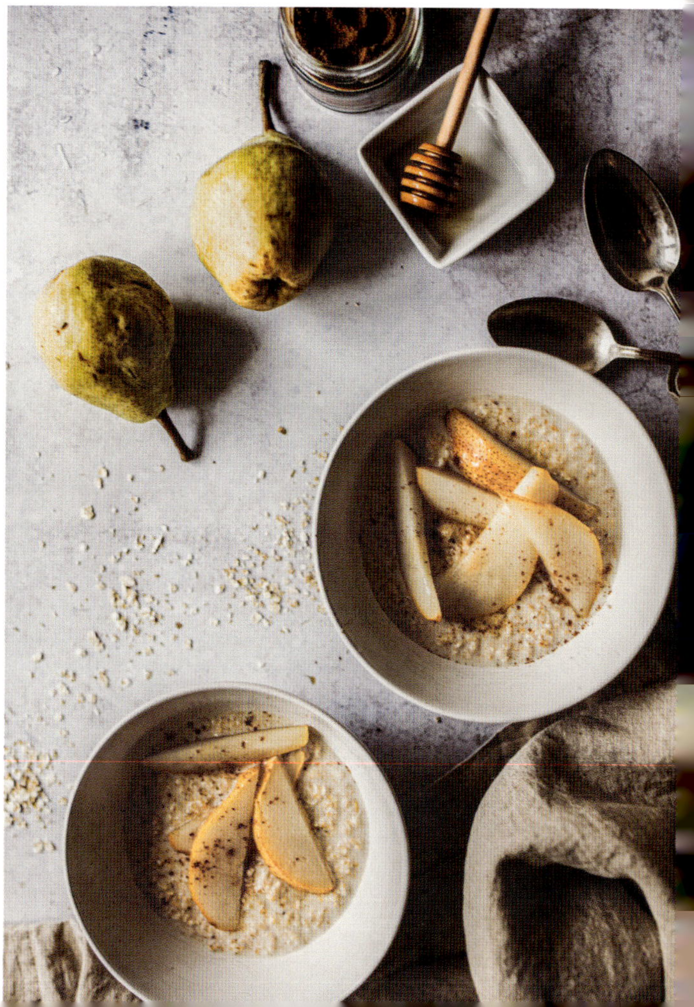

WINTER

Raureif und Frost halten Einzug und wir freuen uns auf den ersten Schnee. Jetzt kommt die Zeit der Gemütlichkeit. Mit Bratapfel und einem guten Buch wärmen wir uns am Kachelofen und hören dem Knistern des Feuers zu.

WINTERGEFÜHLE

Das ruhelose Leben der letzten warmen Tage liegt nun schon gefühlt eine Ewigkeit zurück. Was bleibt, sind die Erinnerungen an den goldenen Herbst. Wir waren in den vergangenen Wochen sehr damit beschäftigt, das geerntete Obst und Gemüse zu verarbeiten. Die letzten Äpfel sind gepflückt und das Laub von unserem alten Nussbaum hat seinen Weg auf den Kompost gefunden. Es ist ein gutes Gefühl zu wissen, dass sich die Arbeit im Garten ausgezahlt hat. Nun wird es Zeit, all die kleinen Schätze aus unserer Speisekammer zu genießen.

Die Arbeiten im Garten sind weitgehend abgeschlossen und es bleibt mehr Zeit, die eigenen Reserven neu aufzuladen. Die Tage beginnen nun viel langsamer. Morgens zünden wir als erstes Ritual eine Kerze an und trinken dazu eine frisch aufgebrühte Tasse Kaffee. Die Hauskatze sitzt an ihrem Lieblingsplatz am Küchenfenster und gemeinsam blicken wir in den Garten und beobachten das Treiben am Vogelhaus. Sobald die Hochbeete mit Schnee bedeckt sind, machen wir es uns lieber im warmen Haus gemütlich und schmieden Pläne. Mit einem heißen Apfelpunsch sitzen wir in der Küche und überlegen, was wir im nächsten Gartenjahr anpflanzen und ausprobieren möchten.

Eine Girlande aus Fichtenzweigen und kleinen Strohsternen schmückt die Holztreppe im Flur und es duftet nach Bratapfel. Der Advent rückt näher und die ersten Plätzchen wandern vom Ofen direkt in ungeduldige kleine Hände, die es nicht abwarten können, davon zu naschen. Wir nutzen ausgiebige Waldspaziergänge, um uns auf die Weihnachtszeit einzustimmen. Dabei lässt sich noch so manche Winterbeere nach dem ersten Frost an dornigen Hecken sammeln, um sie zu leckerem Likör zu verarbeiten.

WENN DIE HOCHBEETE MIT SCHNEE BEDECKT SIND, SETZEN WIR UNS MIT EINEM HEISSEN APFELPUNSCH IN DIE KÜCHE UND SCHMIEDEN PLÄNE FÜR DAS NÄCHSTE GARTENJAHR.

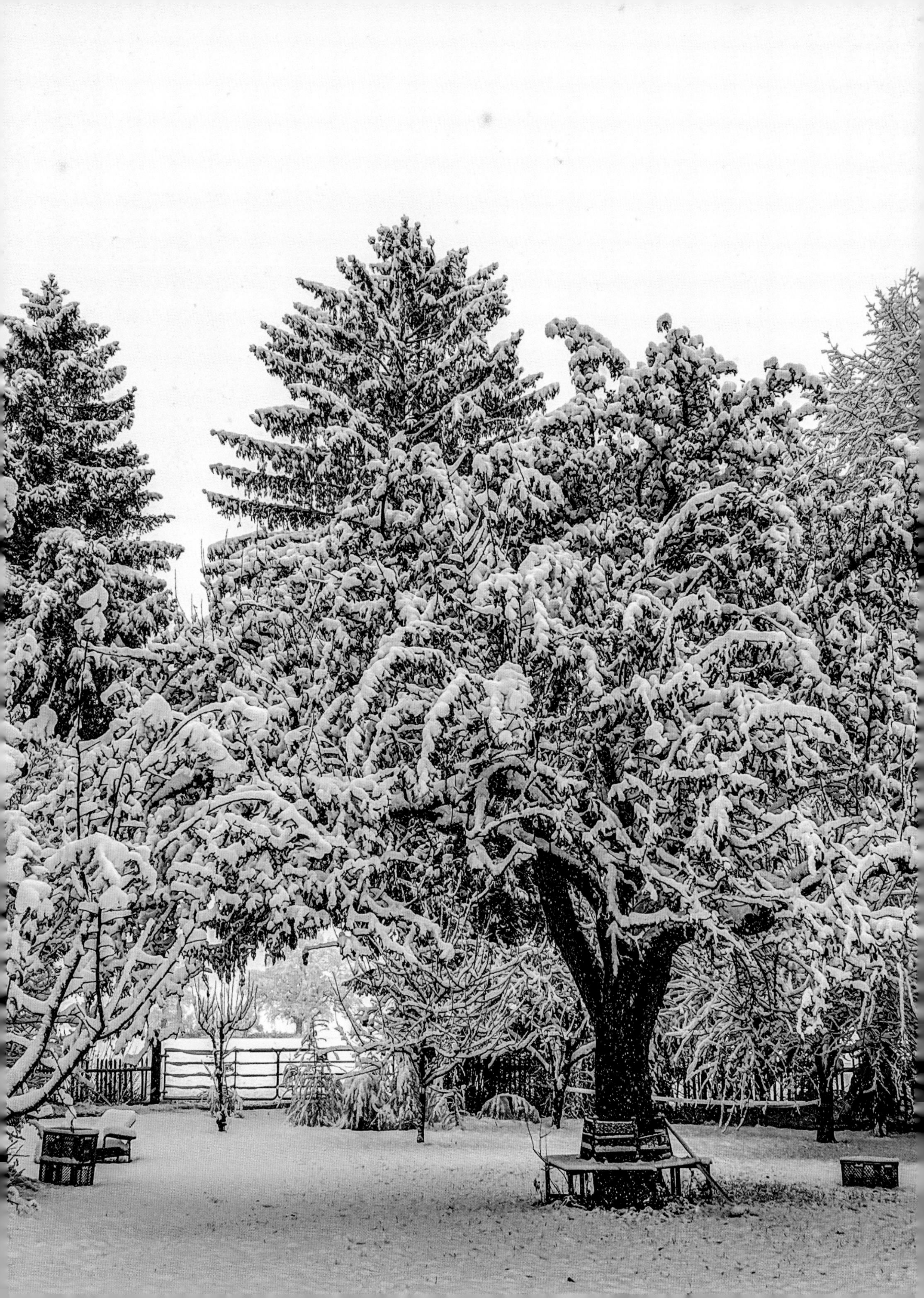

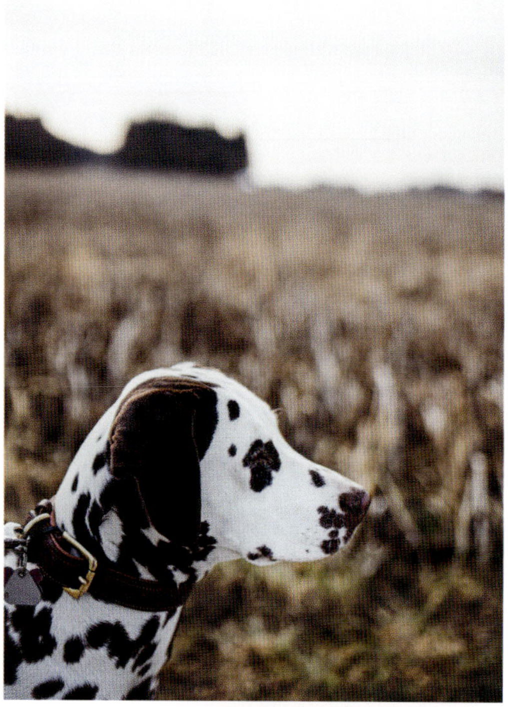
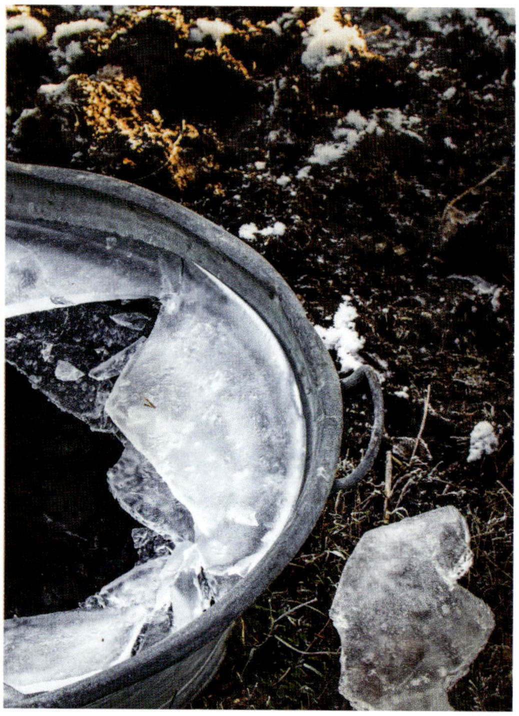
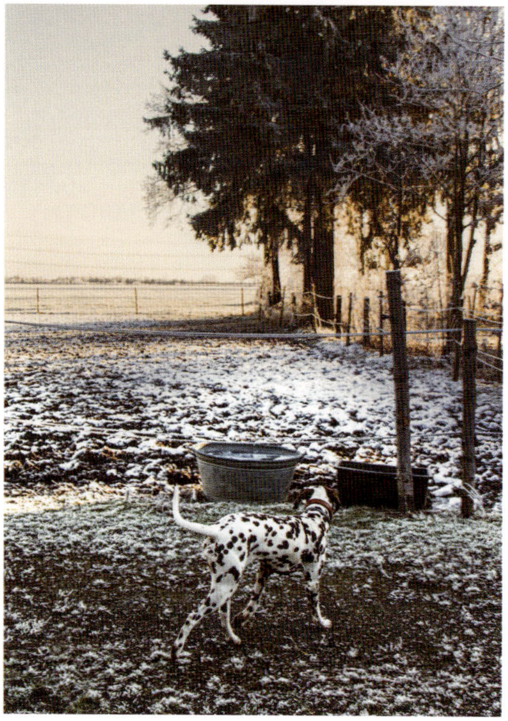
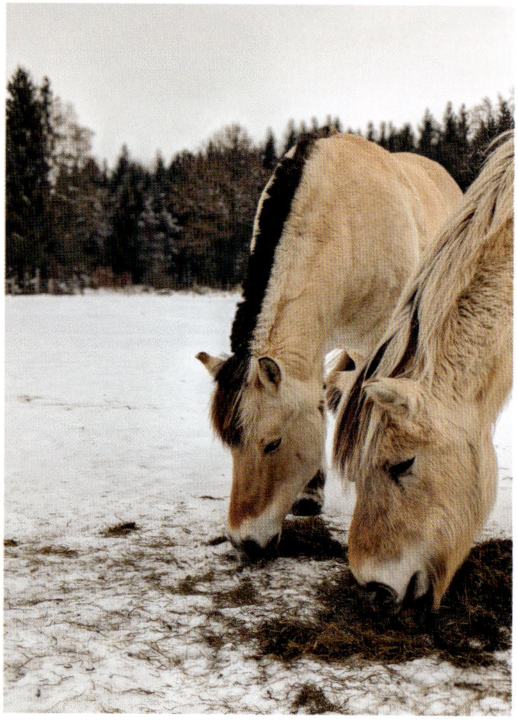

UNSER GARTEN IM WINTER

GARTENARBEITEN

Garten säubern; Schädlinge einsammeln; letzter Rasenschnitt; Winterschutz für Stauden und Rosen; alte Bäume auslichten; Bodenvorbereitung; Anlage Hügelbeet; Aussaat von Frostkeimern; Wintergemüse ernten und einlagern; Gartengeräte pflegen und einwintern; Anbauplanung

PFLANZPLAN UND SAATGUTTAUSCH

Im Gemüsegarten herrscht jetzt völlige Winterruhe, sodass wir an die Gartenarbeit nur vom Küchentisch aus denken. Ein gut durchdachter Pflanzplan mit Aufteilung der Gemüsearten nach Erntezeit und Fruchtfolge spart Zeit und sorgt für eine reiche Ernte. Außerdem kann man hier schön mit Formen und Farben spielen. Fruchtfolge wird im Gemüsegarten mit Mischkulturen durchgeführt. Pflanzen wachsen dichter zusammen und beschatten den Boden, was wiederum zu mehr aktiven Bodenorganismen führt. Allerdings sollte man genau auf die Pflanznachbarn achten, nicht alle vertragen sich untereinander. Um in unserem Garten und auf dem Teller eine bunte Vielfalt zu erhalten, besuchen wir gerne Saatgut-Tauschbörsen oder tauschen Sorten mit befreundeten Gärtnern und Nachbarn. Durch Selektion, Kreuzungen und die Weitergabe des Saatguts entstand über Jahrtausende eine Vielzahl samenfester Nutzpflanzen. So möchten wir einen Beitrag zum Erhalt von Arten und damit auch von Lebensräumen vieler Insekten leisten.

UNSERE SAISONLIEBLINGE

Apfel, Birne, Blumenkohl, Butterrüben, Feldsalat, Grünkohl, Hagebutten, Haselnüsse, Kartoffeln, Knollensellerie, Kresse, Kürbis, Lauch, Meerrettich, Pastinake, Postelein/Portulak, Rosenkohl, Rote Bete, Rotkohl, Schlehen, Schwarzwurzeln, Spitzkohl, Stoppelrübe, Walnüsse, Wirsing

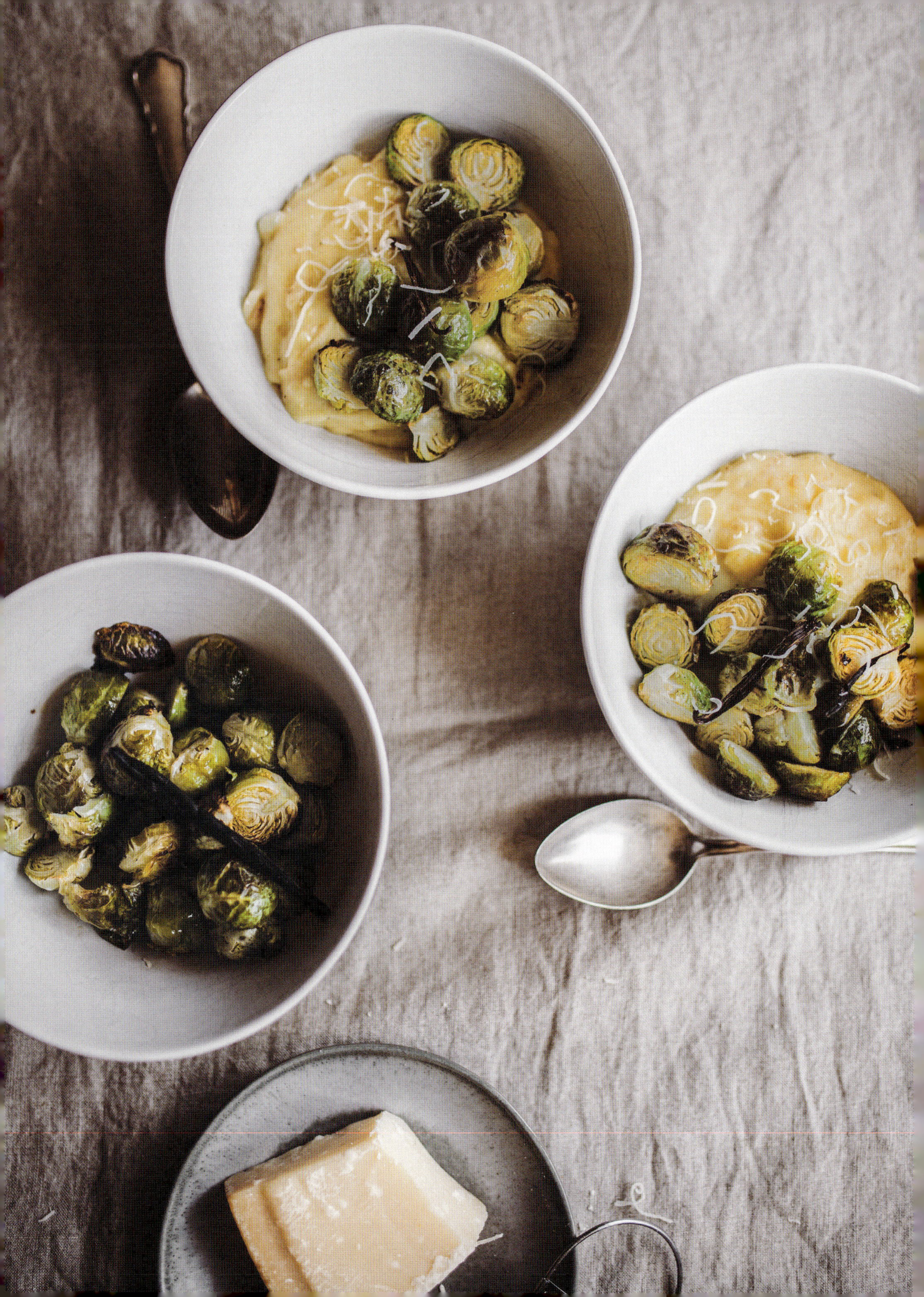

HONIG-VANILLE-ROSENKOHL MIT PÜREE

Rosenkohl ist mit seinem leicht bitteren Geschmack nicht jedermanns Lieblingsgemüse. Im Backofen geröstet und in Gesellschaft von Honig und Vanille wird dieses Gemüse aber zum außerordentlichen Geschmackserlebnis. Der Duft, der beim Öffnen der Ofentür ausströmt, lässt garantiert jedem das Wasser im Mund zusammenlaufen.

FÜR 4 PERSONEN

FÜR DEN ROSENKOHL
750 g Rosenkohl
1 Vanilleschote
2 EL Olivenöl
½ TL Salz
1 EL Honig

FÜR DAS PÜREE
500 g mehligkochende Kartoffeln
Salz
125 ml Milch
1 EL Butter
Pfeffer
1 Prise geriebene Muskatnuss

AUSSERDEM
2 EL geriebener Parmesan (nach Belieben)

Für den Rosenkohl den Backofen auf 200 °C vorheizen, ein Backblech mit Backpapier auslegen. Rosenkohl waschen und trocken tupfen, den Strunk nur sparsam entfernen und über Kreuz einschneiden, sodass die Blätter noch gut zusammenhalten. Den Rosenkohl nach Belieben halbieren oder ganz lassen. Die Vanilleschote längs aufschlitzen. Rosenkohl mit Olivenöl, Salz, Honig und der Vanilleschote in einer großen Schüssel mischen. Dann den Kohl auf dem Blech verteilen und ca. 30 Minuten im heißen Ofen rösten.

Inzwischen für das Püree die Kartoffeln schälen, waschen, grob schneiden und in Salzwasser zugedeckt 20–25 Minuten kochen. Dann abgießen und bei sehr milder Hitze im offenen Topf ausdampfen lassen. Milch, Butter, etwas Salz, Pfeffer und Muskat zugeben und alles mit einem Kartoffelstampfer zu einem feinen Püree verarbeiten.

Das Kartoffelpüree auf Teller verteilen und den gerösteten Rosenkohl darauf anrichten. Das Gericht nach Belieben mit geriebenem Parmesan bestreuen und sofort heiß servieren.

PORTULAK
MIT EI UND GERÖSTETEM BROT

Portulak (Winterpostelein) wächst auch bei Minusgraden im Küchengarten. Man kann ihn deshalb bis zum Frühjahr säen und ernten. Zu Unrecht als Unkraut verschrien, enthält er viel Vitamin C und Omega-3-Fettsäuren. Junge Blätter haben ein leicht säuerliches und nussiges Aroma und schmecken hervorragend in Salat, Pesto, als Beigabe in grünen Smoothies oder wie Spinat blanchiert.

FÜR 4 PERSONEN

200 g Winterpostelein (Winterportulak)
4 Bio-Eier
2 Scheiben Weißbrot
2 EL Olivenöl
1 Gurke
100 g Sahne
Salz, Pfeffer
1 TL getrockneter Dill

Portulak waschen und trocken schleudern. 1 Handvoll Blätter für das grüne Dressing beiseitelegen, den Rest auf Teller verteilen. Die Eier in einen Topf mit kochendem Wasser legen und ca. 4 Minuten garen. Das Eigelb sollte anschließend noch flüssig sein. Inzwischen das Weißbrot in kleine Würfel schneiden und in einer Pfanne im Olivenöl goldbraun rösten. Die Eier mit kaltem Wasser abschrecken und pellen.

Die Gurke schälen, putzen und halbieren. Die eine Hälfte mit dem Sparschäler in längliche Streifen schneiden und auf dem Portulak verteilen. Die andere Gurkenhälfte mit dem beiseitegelegten Portulak und der Sahne fein pürieren. Das Dressing mit Salz und Pfeffer würzen.

Die gepellten Eier auf dem Salat anrichten und mit einem Messer leicht anschneiden, sodass das flüssige Eigelb herausläuft. Darauf ein wenig grünes Dressing verteilen. Den Salat mit etwas Dill und ein paar gerösteten Weißbrotwürfeln garniert servieren.

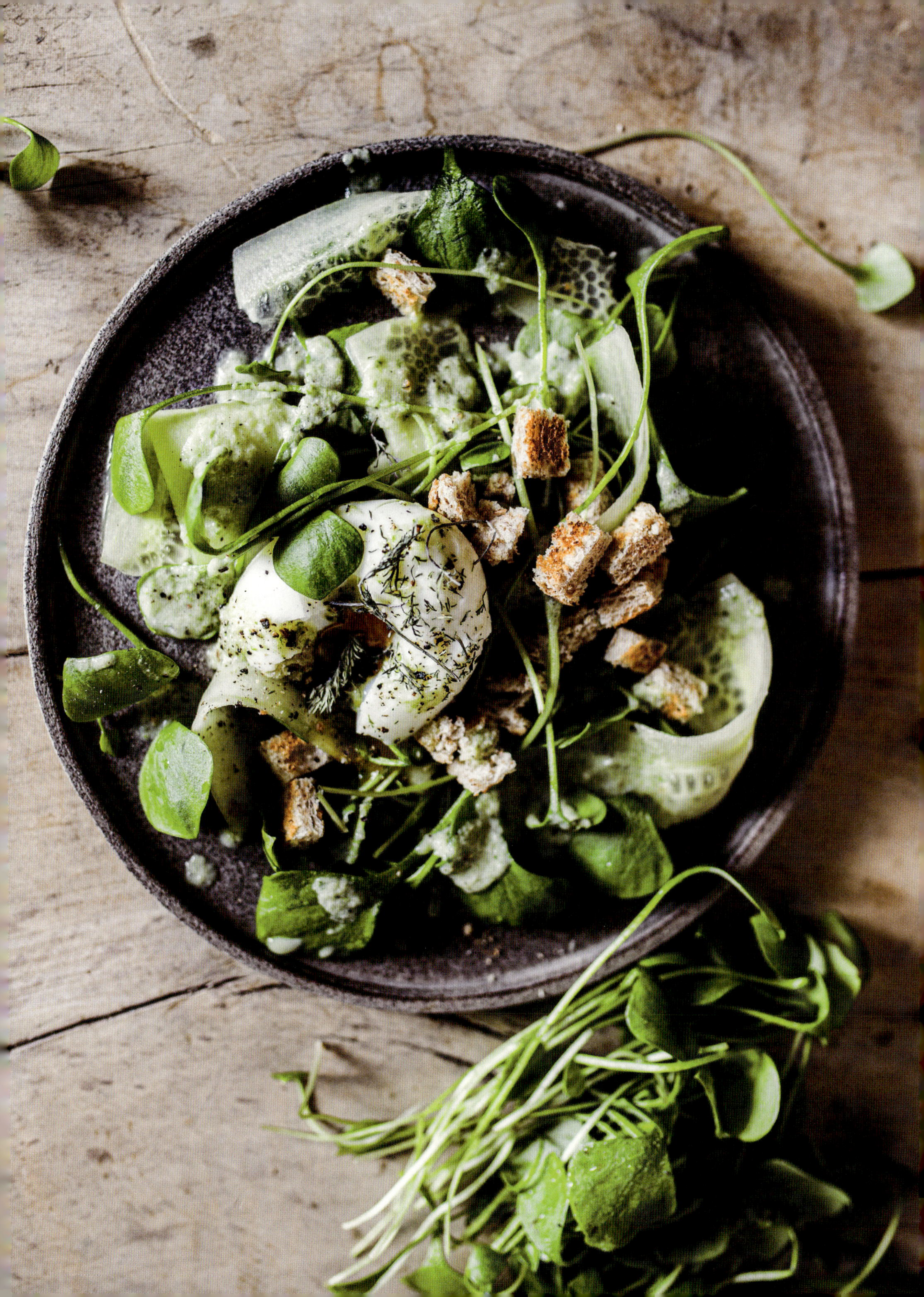

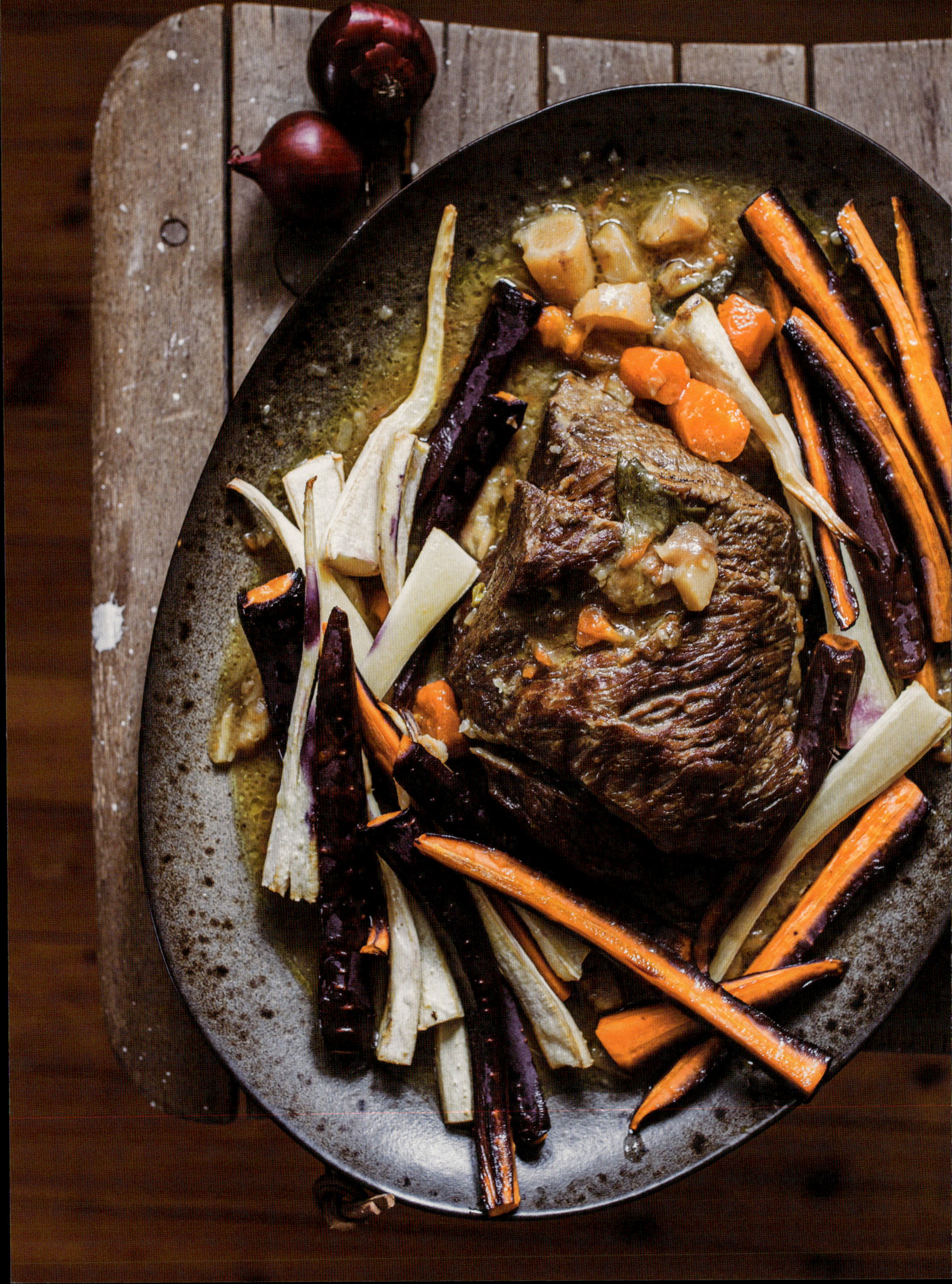

RINDERSCHMORBRATEN MIT WURZELGEMÜSE

Fleisch kommt bei uns nicht jeden Tag auf den Teller. Und wenn, dann wird der Festtagsbraten von uns umso mehr wertgeschätzt. Am wichtigsten ist uns dabei, auf Qualität bei der Fleischauswahl zu achten. Mit etwas Zeit und frischem Wurzelgemüse kocht sich dieses Gericht fast von selbst und wird butterzart.

FÜR 4 PERSONEN

1 kg Rindfleisch (z. B. aus Schulter oder Keule)
Salz, Pfeffer
3 Möhren (z. B. Urkarotten)
½ Knollensellerie
3 Pastinaken
1 Stange Lauch
2 rote Zwiebeln
3 EL Pflanzenöl
1 EL Tomatenmark
500 ml Gemüsebrühe
2 Lorbeerblätter
1–2 EL Mehl
½ Bund Petersilie

Das Rindfleisch kalt abbrausen, trocken tupfen und von überflüssiger Haut und Sehnen befreien. Mit Salz und Pfeffer einreiben. Möhren, Sellerie und Pastinaken putzen, schälen und grob würfeln oder längs vierteln. Lauch putzen, halbieren, waschen und in Ringe schneiden. Die Zwiebeln schälen und vierteln.

In einem großen Schmortopf das Öl erhitzen, den Braten darin rundherum scharf anbraten und wieder herausnehmen. Zwiebeln, Möhren, Sellerie, Pastinaken und Lauch in den Topf geben und ebenfalls ein paar Minuten anbraten, dann das Tomatenmark einrühren und kurz mitrösten. Alles mit Gemüsebrühe ablöschen und die Lorbeerblätter zugeben. Den Braten darauflegen und bei niedriger Hitze 1,5 Stunden zugedeckt auf dem Herd schmoren. Zwischendurch das Fleisch immer wieder mit der Schmorflüssigkeit übergießen.

Anschließend den Sud durch ein Sieb in einen kleinen Topf gießen und aufkochen. Das Mehl mit etwas Wasser glatt rühren, dann in den köchelnden Bratensud geben und die Sauce unter Rühren eindicken lassen. Mit Salz und Pfeffer abschmecken. Die Petersilie waschen, trocken schleudern und die Blättchen fein hacken. Den Braten aufschneiden und mit Sauce und Petersilie bestreut servieren.

Wir servieren den Braten gerne mit unseren Brennnesselspätzle mit Röstzwiebeln (Rezept s. S. 53).

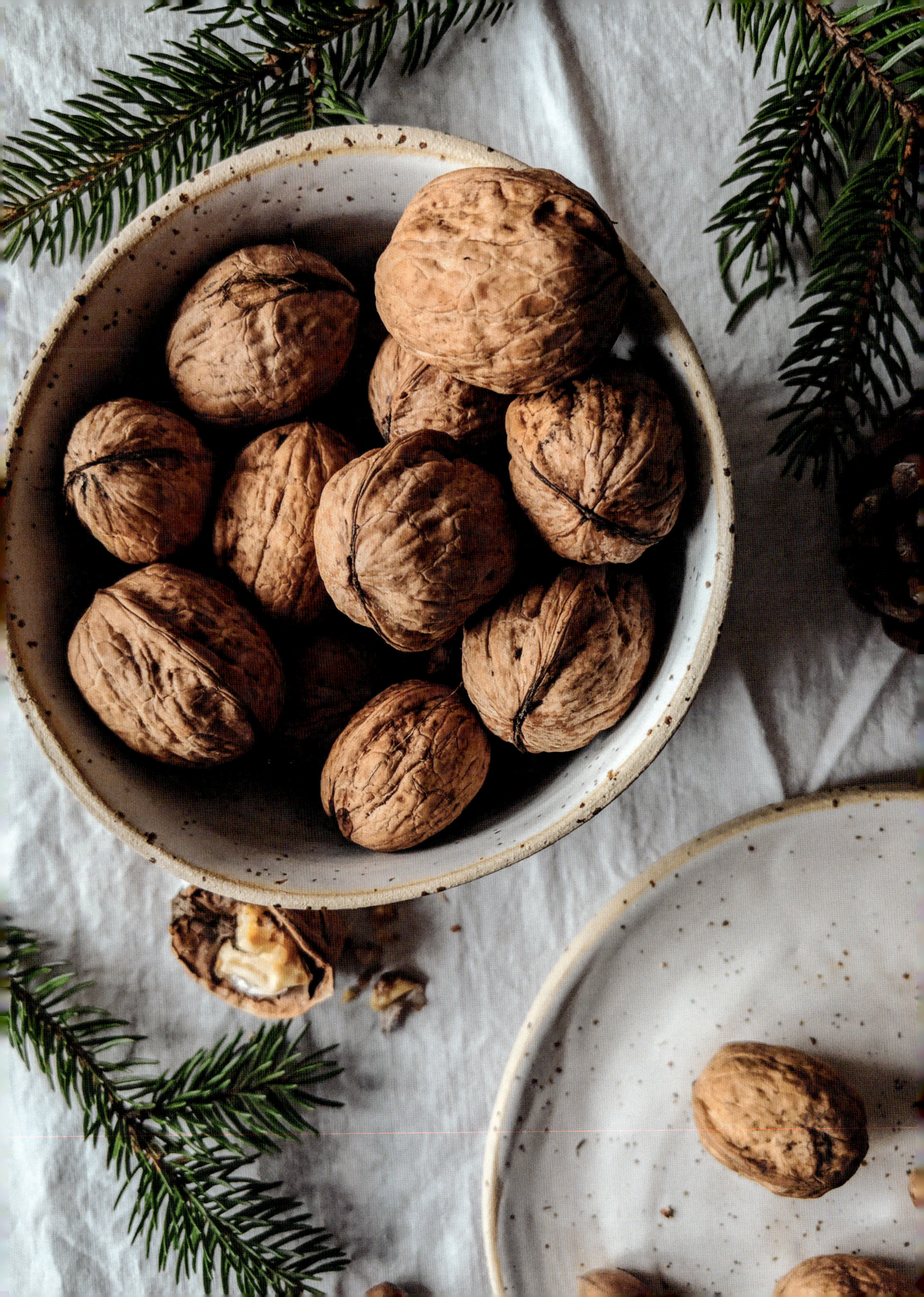

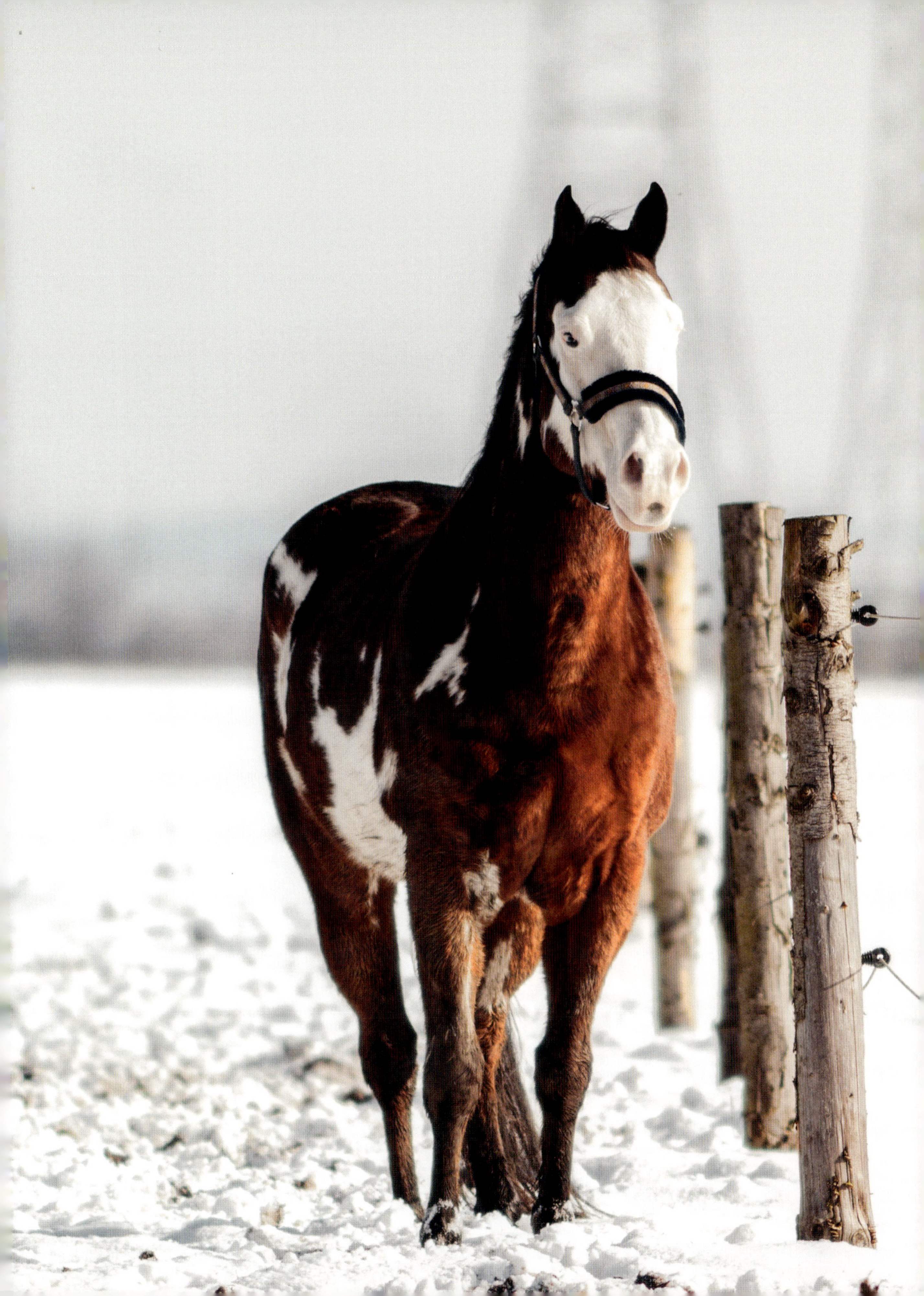

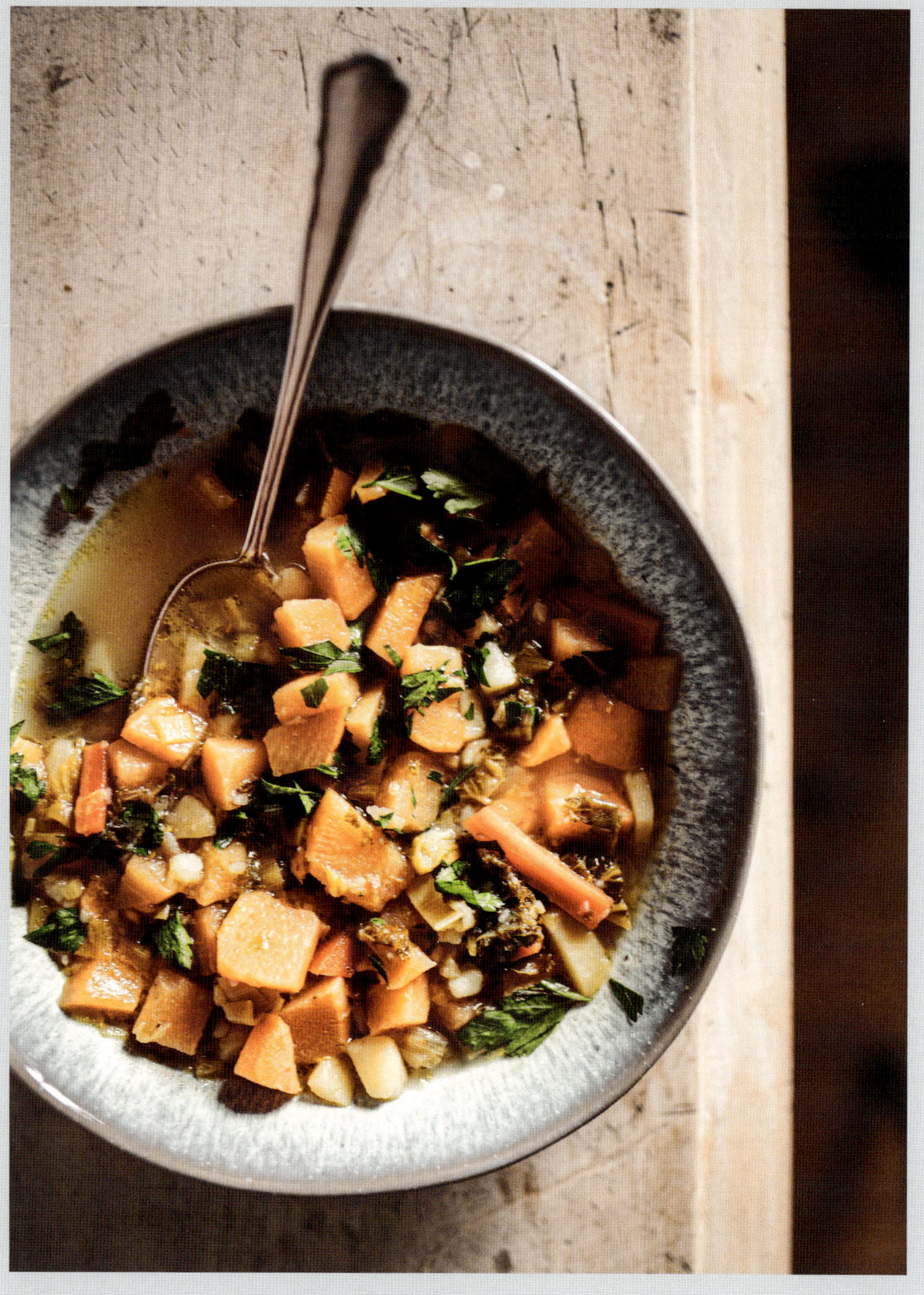

STOPPELRÜBENEINTOPF

Die Stoppelrübe ist ein fast vergessenes Wintergemüse, das zu den Kohlarten zählt. Ihr Geschmack erinnert an eine Mischung aus Rettich, Kohlrabi und Radieschen. Bei uns landet sie heute als winterlicher Eintopf auf dem Teller. Auf den Äckern findet man sie häufig als bodenverbessernde Zwischenfrucht und als Nachkultur zu Getreide – daher auch der Name Stoppelrübe (von Stoppelfeld).

FÜR 4 PERSONEN

1 große Stoppelrübe
3 mehligkochende Kartoffeln
4 Möhren
1 Stange Lauch
5–6 Blätter Grünkohl
20 g Butter
2 Lorbeerblätter
1 l Gemüsebrühe
Salz, Pfeffer

<u>*AUSSERDEM*</u>
4–5 Stängel Petersilie

Die Stoppelrübe schälen, putzen und in kleine Würfel schneiden. Kartoffeln schälen, waschen und klein würfeln. Die Möhren schälen und ebenfalls klein schneiden. Lauch putzen, halbieren, waschen und in Ringe schneiden. Grünkohl waschen, trocken tupfen und grob hacken.

Die Butter in einem großen Topf zerlassen, darin Stoppelrübe und Kartoffeln kurz anbraten. Möhren zugeben, alles gut umrühren und ein paar Minuten weiterbraten. Dann Lauch und Grünkohl zugeben, die Lorbeerblätter einrühren und alles mit Gemüsebrühe ablöschen. Den Stoppelrübeneintopf aufkochen und bei mittlerer Hitze ca. 20 Minuten köcheln lassen. Sobald die Kartoffeln zu zerfallen beginnen, ist der Eintopf fertig. Mit Salz und Pfeffer abschmecken.

Die Petersilie waschen und trocken schütteln. Die Blättchen abzupfen und fein hacken. Den Eintopf auf Teller verteilen und mit Petersilie bestreut servieren.

Das Schöne an diesem Rezept ist, dass man ganz nach Lust und Laune zusätzliches Saisongemüse wie Pastinake oder Rosenkohl zugeben kann.

WINTERPORRIDGE MIT BIRNE

Gerade in der kalten Jahreszeit sehnen wir uns oft schon zum Frühstück nach etwas Soulfood. Zurzeit starten wir gerne mit einem wärmenden Porridge in den Tag. Honig und ein paar Birnen aus der Speisekammer geben dem Gericht eine schöne Süße. Dieses Frühstück wärmt von innen und macht einfach gute Laune.

FÜR 2 PERSONEN

90 g Dinkelflocken
360 ml Milch
1 TL Rosinen
1 Prise Salz
1 Birne
1 TL Honig
1 Prise Zimtpulver

Dinkelflocken mit Milch, Rosinen und Salz in einen kleinen Topf geben. Alles kurz aufkochen, dann den Topf vom Herd nehmen und das Porridge ein paar Minuten ziehen lassen.

Inzwischen die Birne waschen, putzen und längs in Spalten schneiden. Eine Pfanne erhitzen und die Birnenspalten darin mit 3 EL Wasser, Honig und Zimt kurz andünsten, bis die Birne weich ist.

Sobald das Porridge schön sämig ist, auf Schälchen verteilen und mit der Birne anrichten.

Die Birne ist von Natur aus so süß, dass das Porridge keine weitere Zugabe von Zucker oder anderen Süßungsmitteln benötigt.

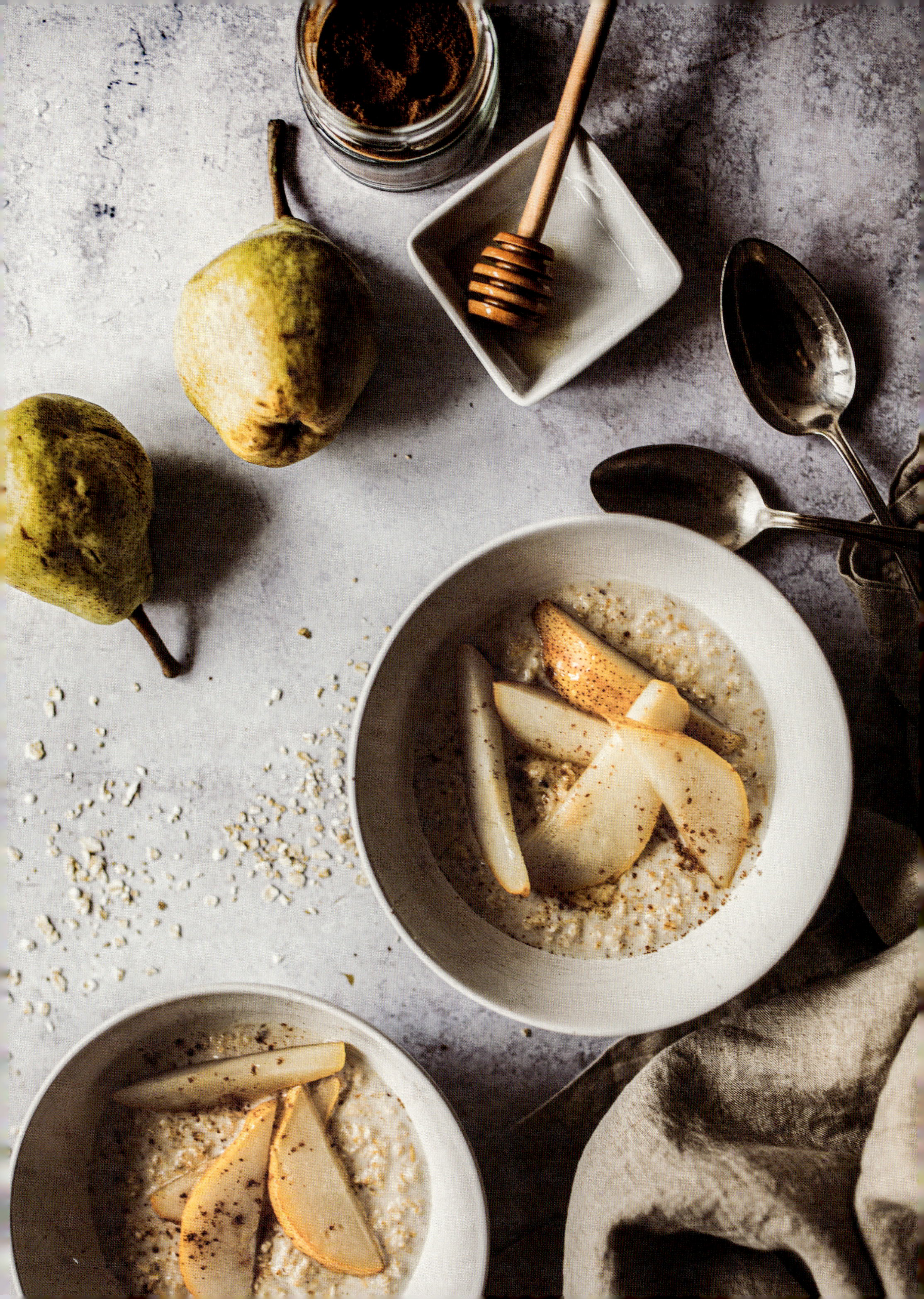

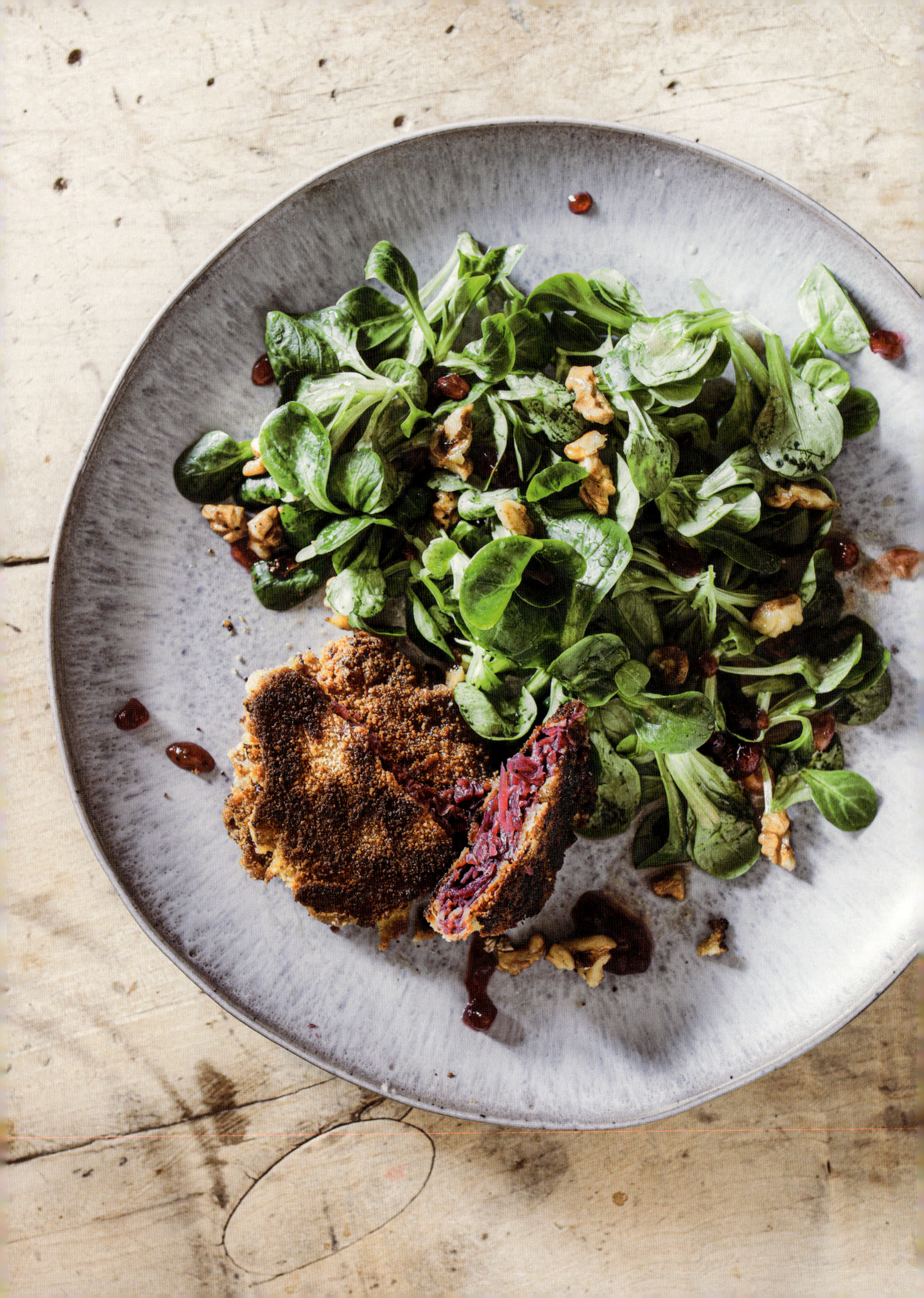

ROTKOHLPUFFER
MIT FELDSALAT UND WALNÜSSEN

Frischer Rotkohl ist mit seinem hohen Anteil an Vitamin C und Eisen eine wahre Wunderwaffe für das Immunsystem, dazu ist er kalorienarm und überaus lecker. Der Klassiker zum Sonntagsbraten wird in diesem Rezept neu interpretiert und in der Pfanne kross gebraten.

FÜR 4–6 PERSONEN

FÜR DIE PUFFER
1 kg Rotkohl
1 Zwiebel
2 Äpfel
1 EL Zucker
2 Lorbeerblätter
1 EL Aceto Balsamico bianco
1 Schuss Rotwein
Salz, Pfeffer
100 g Mehl
3 Bio-Eier
175 g Semmelbrösel

FÜR DEN SALAT
250 g Feldsalat
1 EL Apfelessig
2 EL Olivenöl
1 EL Preiselbeeren (aus dem Glas)
Salz, Pfeffer
60–80 g Walnusskerne
1 Prise Zucker

AUSSERDEM
Sonnenblumenöl zum Braten

Für die Puffer die äußeren Blätter vom Rotkohl entfernen. Den Kohl vierteln, waschen und vom Strunk befreien. Die Viertel fein hobeln. Die Zwiebel schälen und fein hacken. Äpfel schälen, vom Kerngehäuse befreien und fein würfeln. Etwas Öl in einer großen Pfanne erhitzen. Die Zwiebel darin kurz andünsten. Dann Äpfel und Zucker zugeben und alles in ca. 5 Minuten karamellisieren lassen. Rotkohl, Lorbeer und Essig untermischen. Den Rotkohl zugedeckt 10 Minuten dünsten. Dann 250 ml Wasser zugießen und den Kohl in weiteren ca. 35 Minuten weich dünsten. Mit Rotwein, Salz und Pfeffer würzen. Abkühlen lassen.

500 g fertigen kalten Rotkohl auf einem Brett zu kleinen Häufchen platt drücken und ca. 2 Stunden ins Gefrierfach geben. Sind die Puffer fest, im Mehl wenden. Die Eier verquirlen, die Puffer durchziehen und anschließend in Semmelbröseln wenden. Eine große Pfanne mit Öl erhitzen und die Puffer darin portionsweise von beiden Seiten in je ca. 5 Minuten goldbraun backen.

Inzwischen den Feldsalat putzen, waschen und trocken schleudern. Essig, Öl und Preiselbeeren zu einem Dressing verrühren und mit Salz und Pfeffer würzen. Mit dem Salat vermengen. Die Walnüsse in einer Pfanne anrösten, mit Zucker bestreuen und kurz karamellisieren lassen. Die Puffer mit Salat und Walnüssen auf Teller anrichten und servieren.

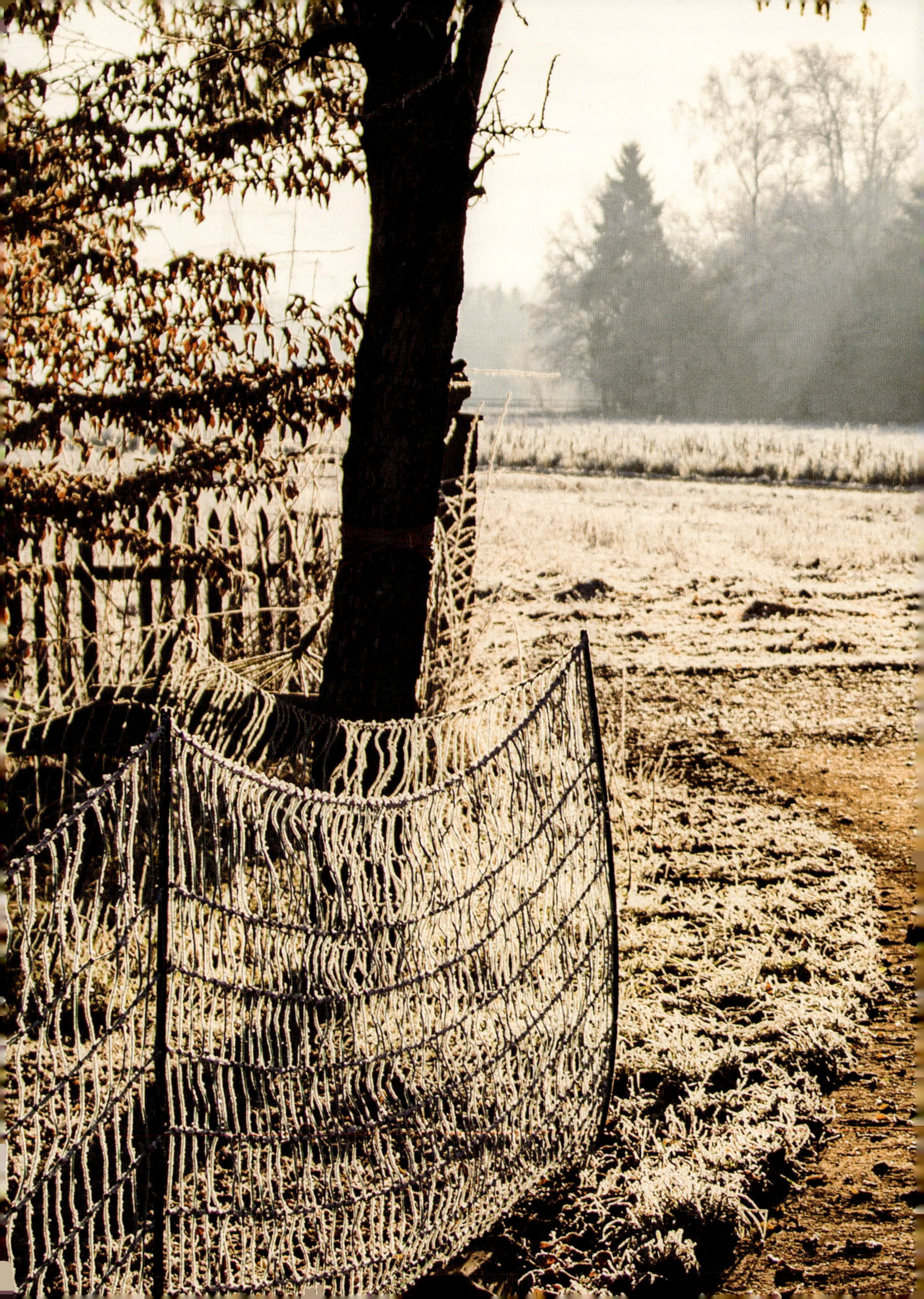

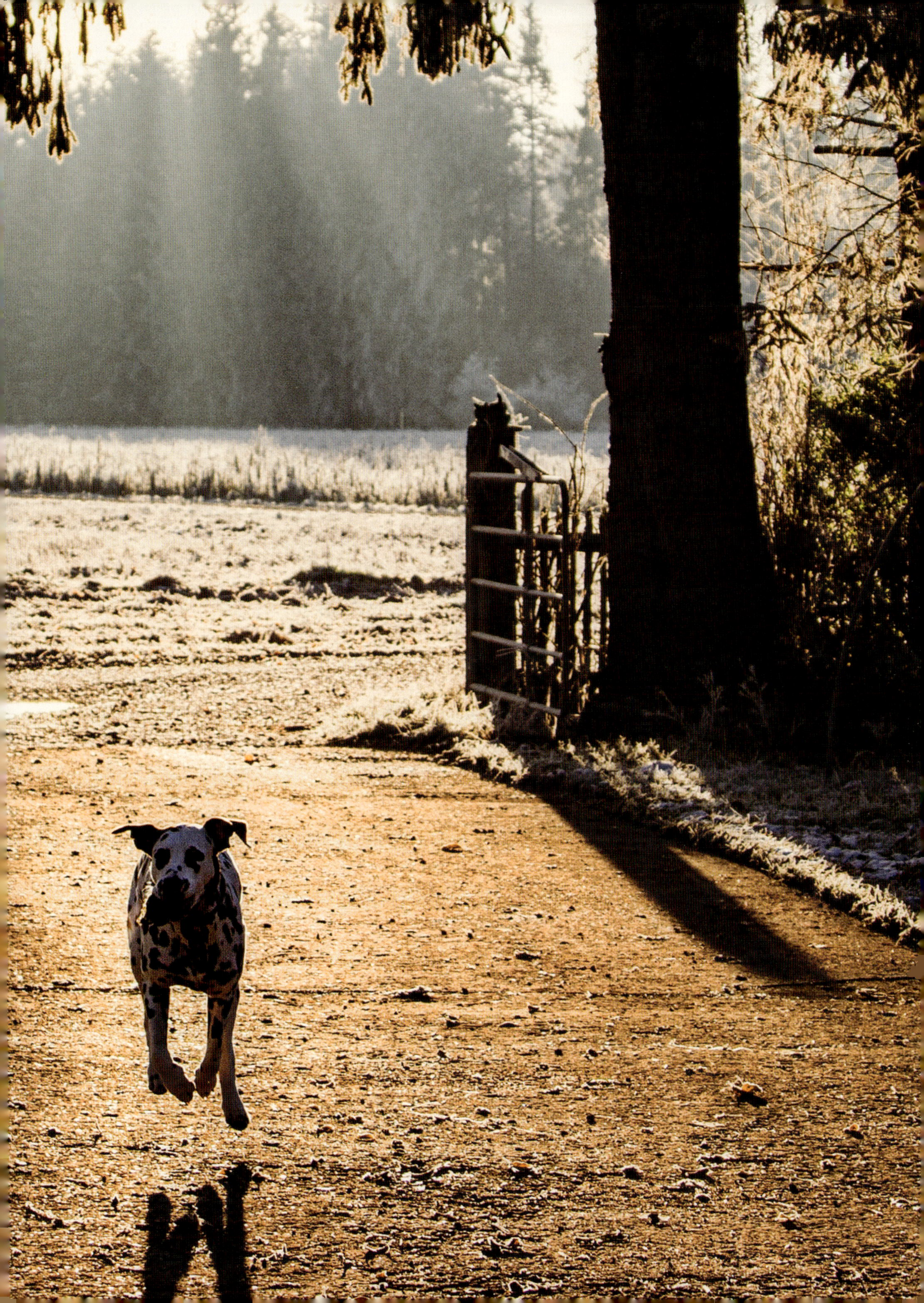

SLOE GIN FIZZ

Sloe Gin ist ein wahrer Herbst- und Wintergenuss und der perfekte Begleiter für gemütliche Abende zu Hause am wärmenden Kachelofen: unsere Version von Hygge. Dieses einfache Sloe-Gin-Rezept benötigt nur wenige Zutaten und etwas Zeit. Hat man erst einmal den Ansatz hergestellt, lässt sich daraus im Handumdrehen ein ausgezeichneter Drink zaubern, der nicht nur im Winter schmeckt.

FÜR 1 COCKTAIL BZW. CA. 1,2 L SLOE-GIN-ANSATZ

<u>FÜR DEN ANSATZ</u>
250 g Schlehen
150 g Zucker
500 ml Gin

<u>FÜR DEN COCKTAIL</u>
4 cl Sloe Gin (s. o.)
1,5 cl Zitronensaft
1 cl Zuckersirup
Eiswürfel
4 cl Soda (ersatzweise Prosecco)

<u>AUSSERDEM</u>
1 Zweig Rosmarin (optional)
4–5 gefrorene Schlehen (optional)
1 Einmachglas (ca. 1,5 l)

Für den Ansatz die Schlehen gut waschen und in ein sterilisiertes Einmachglas (ca. 1,5 l) geben. Dann Zucker und Gin zufügen, das Glas verschließen und ab jetzt täglich gut schütteln. Sobald sich der gesamte Zucker aufgelöst hat, den Ansatz in einem kühlen, dunklen Schrank mindestens 1–2 Monate ziehen lassen. Anschließend sollte sich eine tiefrote Farbe gebildet haben. Wir lassen den Ansatz normalerweise für 1 Jahr stehen, ehe wir den Sloe Gin durch ein Sieb abseihen und in eine sterilisierte Flasche füllen.

Für den Cocktail Sloe Gin, Zitronensaft und Zuckersirup in einen Shaker (oder ein Schraubglas) mit 4–5 Eiswürfeln geben und mindestens 30 Sekunden shaken. Durch ein Sieb in ein vorgekühltes Glas mit 4–5 Eiswürfeln gießen und mit Soda oder Prosecco auffüllen. Das Glas nach Belieben mit Rosmarin und gefrorenen Schlehen dekorieren und den Cocktail sofort eiskalt servieren.

Schlehen können normalerweise im November gepflückt werden. Die kleine, runde, bittere Frucht benötigt jedoch ein paar strenge Frosttage vor der Verarbeitung. Im Notfall einfach für einige Tage ins Gefrierfach legen.

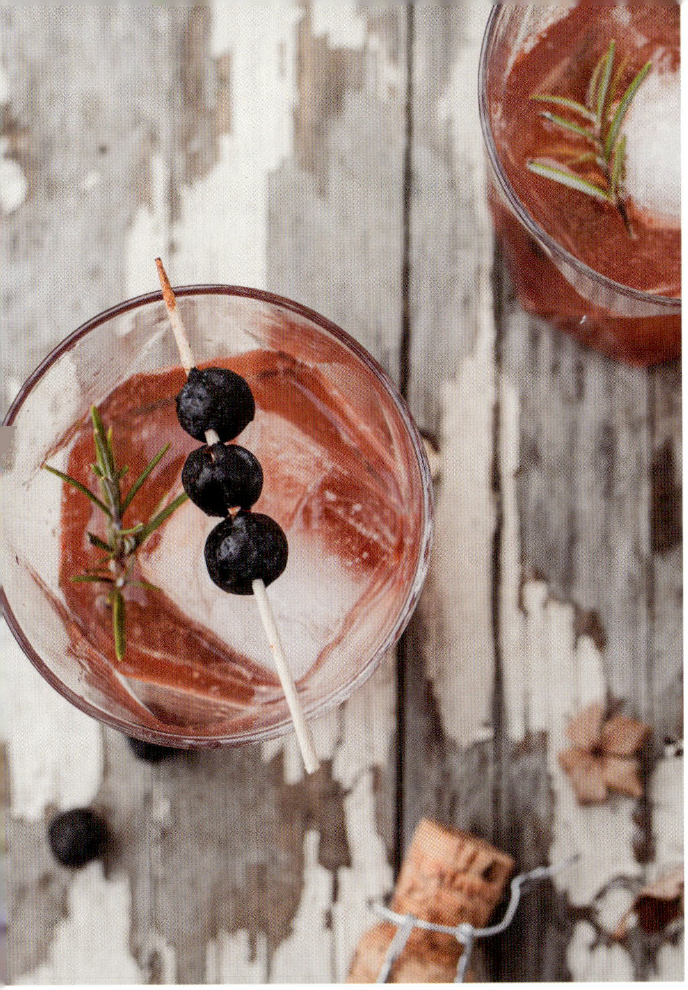

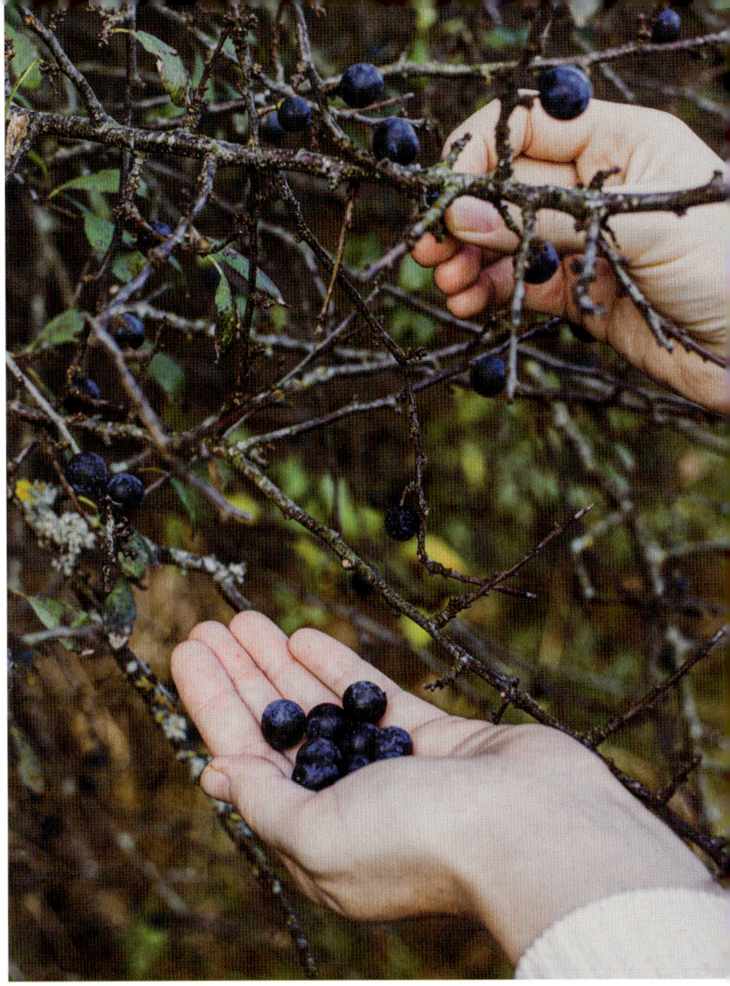

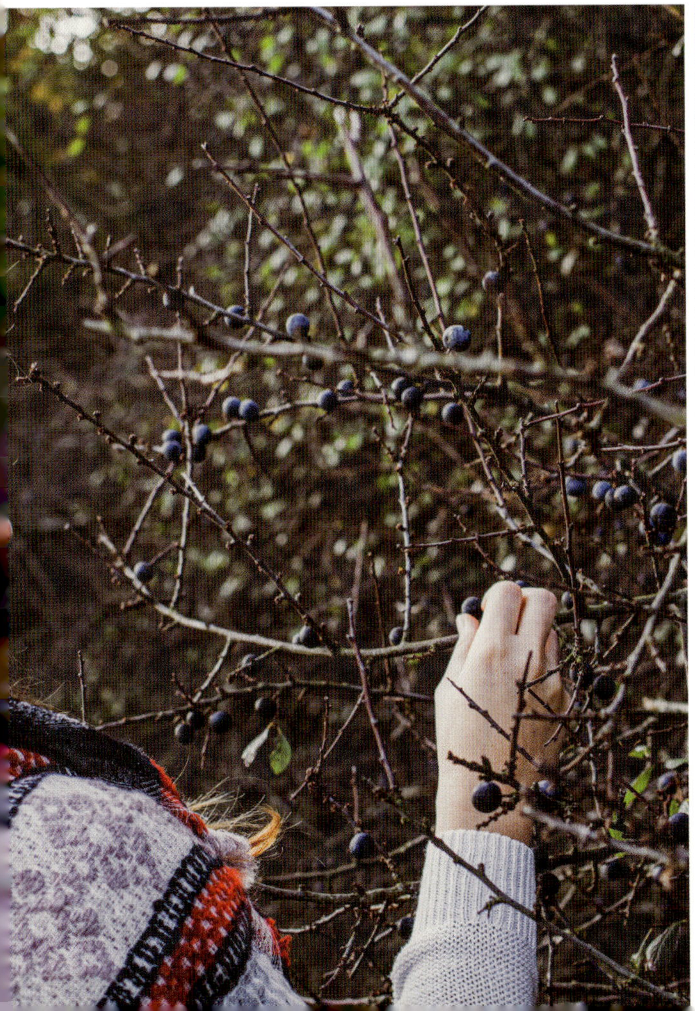

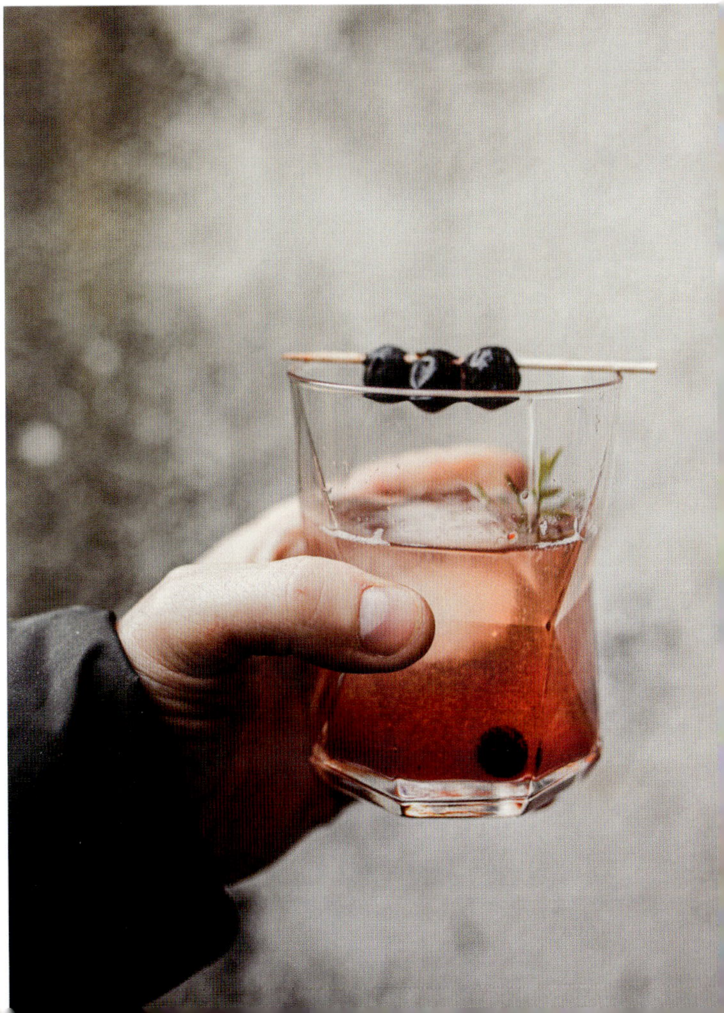

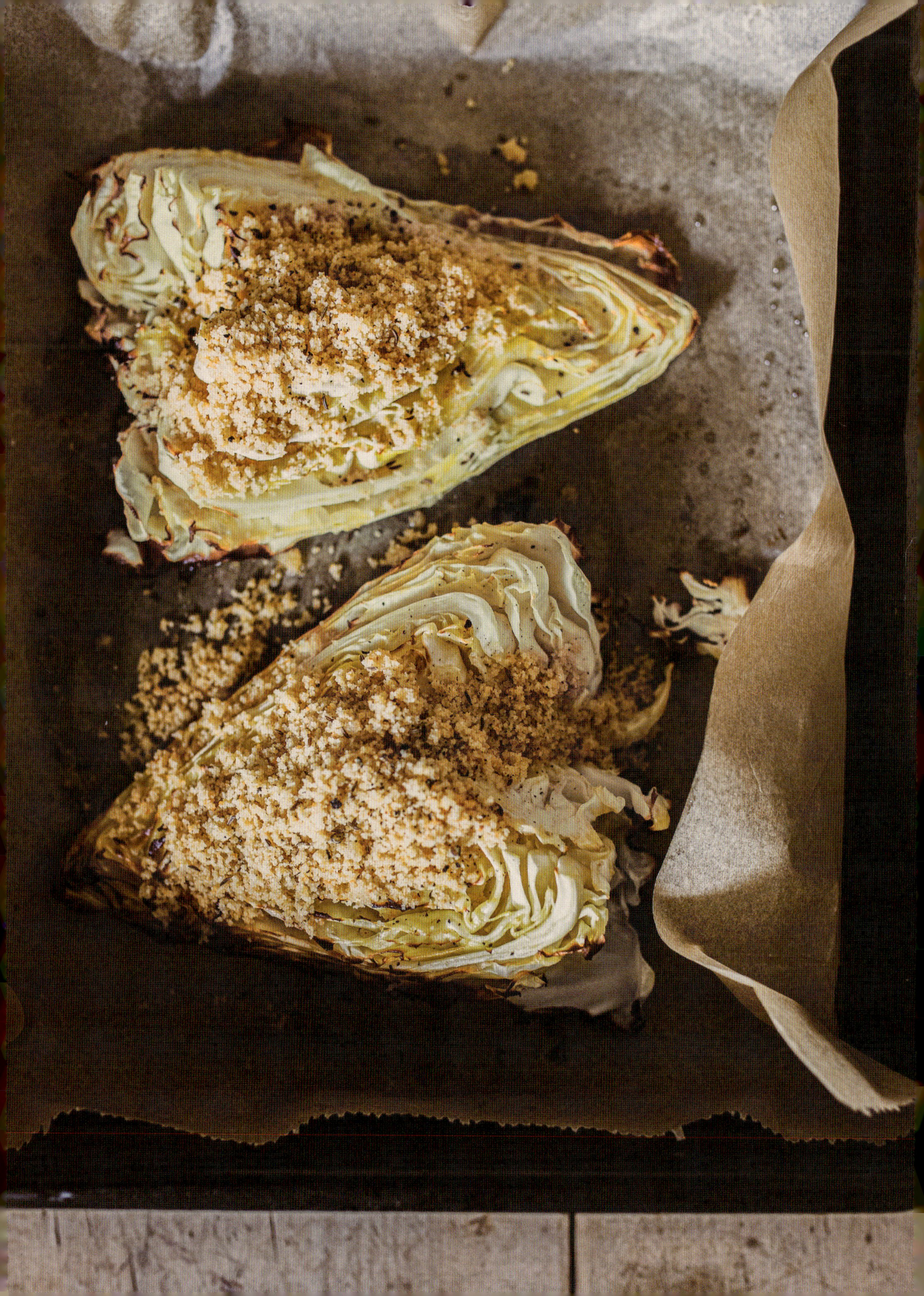

GEBACKENER SPITZKOHL MIT BUTTERBRÖSELN

Dieses schnelle und einfache Gericht ist mit besonders wohligen Erinnerungen an unsere Kindheit verbunden. Die buttrigen Brösel machen den Spitzkohl beinahe zu einer Art Gemüsenachspeise. Kümmel lässt den Kohl noch bekömmlicher werden. Nach wie vor stürzen wir uns als Erstes auf die knusprigen Brösel, sobald das Essen dampfend auf den Tisch kommt.

FÜR 4–6 PERSONEN

1 mittelgroßer Spitzkohl
1 EL Olivenöl
Salz, Pfeffer
100 g Butter
½ TL Kümmel
50 g feine Semmelbrösel

Den Backofen auf 180 °C Umluft vorheizen, ein Backblech mit Backpapier auslegen. Den Spitzkohl von den äußeren Blättern befreien, waschen und längs halbieren. Den Strunk keilförmig herausschneiden. Die Spitzkohlhälften mit den Schnittflächen nach oben auf das Blech legen, mit dem Olivenöl beträufeln und mit Salz und Pfeffer würzen. Dann den Kohl im heißen Ofen ca. 20 Minuten backen, bis er weich und an den Rändern leicht gebräunt ist.

Inzwischen die Butter in einer Pfanne zerlassen, Kümmel und Semmelbrösel darin anrösten. Die Butterbrösel über die Spitzkohlhälften geben und das Gericht ofenwarm genießen.

Als Beilage zu Hackbällchen, gebratenem Hähnchen oder einfach mit gekochten Eiern serviert, wird aus dem Spitzkohl ein vollwertiges Hauptgericht.

ROTE-BETE-SUPPE MIT MEERRETTICH-JOGHURT

Die leckere rote Knolle senkt den Blutdruck und hemmt Entzündungen. Perfekt also, um sich und seinem Immunsystem in der nasskalten Jahreszeit etwas Gutes zu tun. Die Kombination aus der erdigen Roten Bete, dem wilden würzigen Meerrettich und dem frischen Joghurt ist einfach ein Gedicht.

FÜR 4 PERSONEN

2 Rote Beten
½ Zwiebel
1 Knoblauchzehe
1 cm Meerrettichwurzel
½ Bio-Zitrone
2 EL Olivenöl
Salz, Pfeffer
2 TL Aceto Balsamico bianco
100 g Joghurt

Rote Beten, Zwiebelhälfte und Knoblauch schälen und fein würfeln. Den Meerrettich schälen und fein reiben. Die Zitronenhälfte heiß waschen, trocknen und die Schale fein abreiben. Den Saft auspressen.

Das Olivenöl in einem Topf erhitzen. Rote Beten, Zwiebel und Knoblauch darin ein paar Minuten anbraten. 500 ml Wasser zugeben und alles ca. 20 Minuten bei mittlerer Hitze köcheln lassen, bis die Rote Beten gar sind. Die Suppe mit dem Pürierstab oder im Mixer fein pürieren und mit ½ TL Salz, Pfeffer, Balsamico und Zitronensaft abschmecken.

In einer kleinen Schüssel den Joghurt mit Zitronenabrieb und Meerrettich verrühren, dann mit Salz und Pfeffer abschmecken. Die heiße Suppe auf Teller verteilen, mit je einem Klecks frisch-würzigem Joghurt toppen, mit etwas Pfeffer bestreuen und sofort servieren.

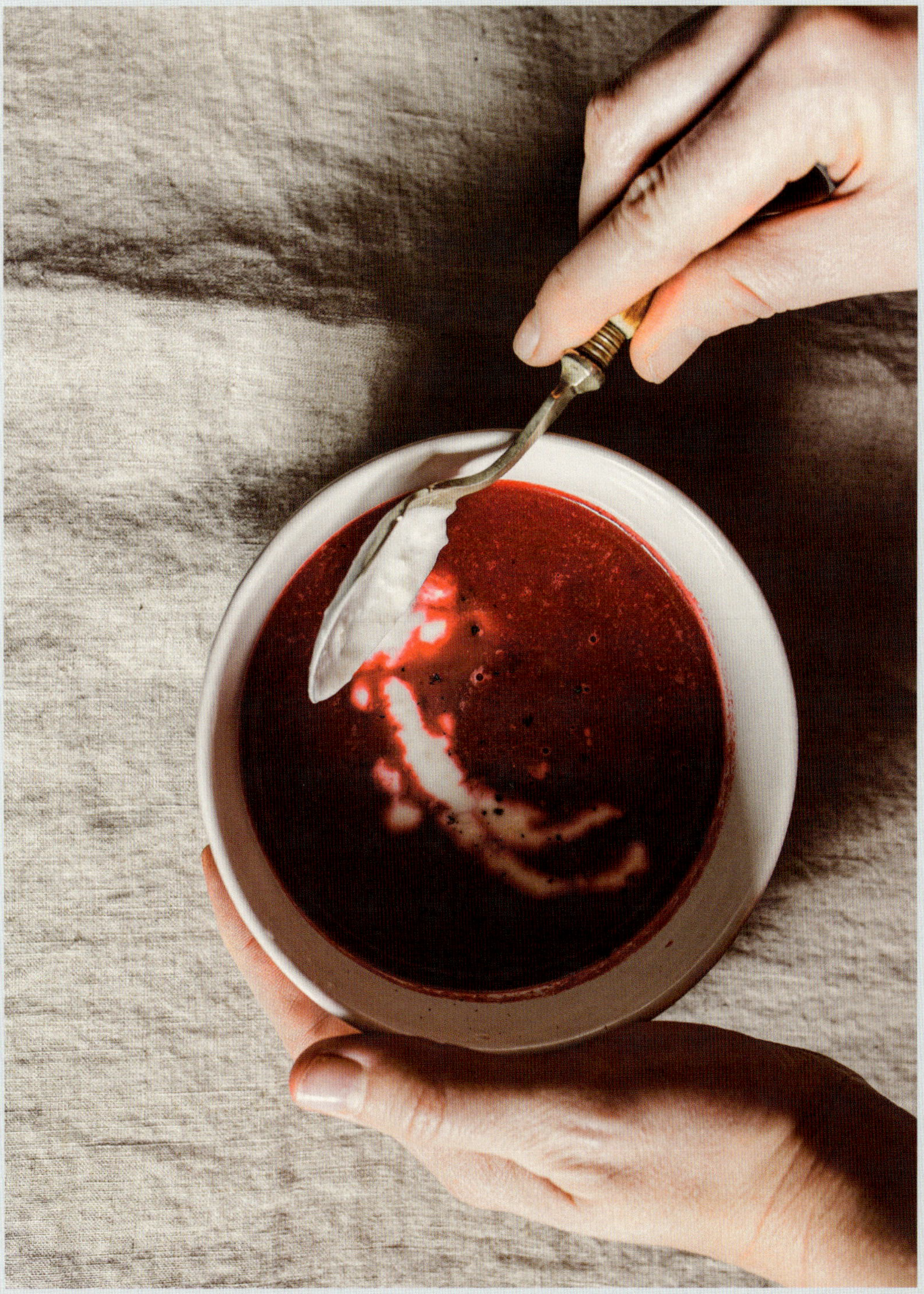

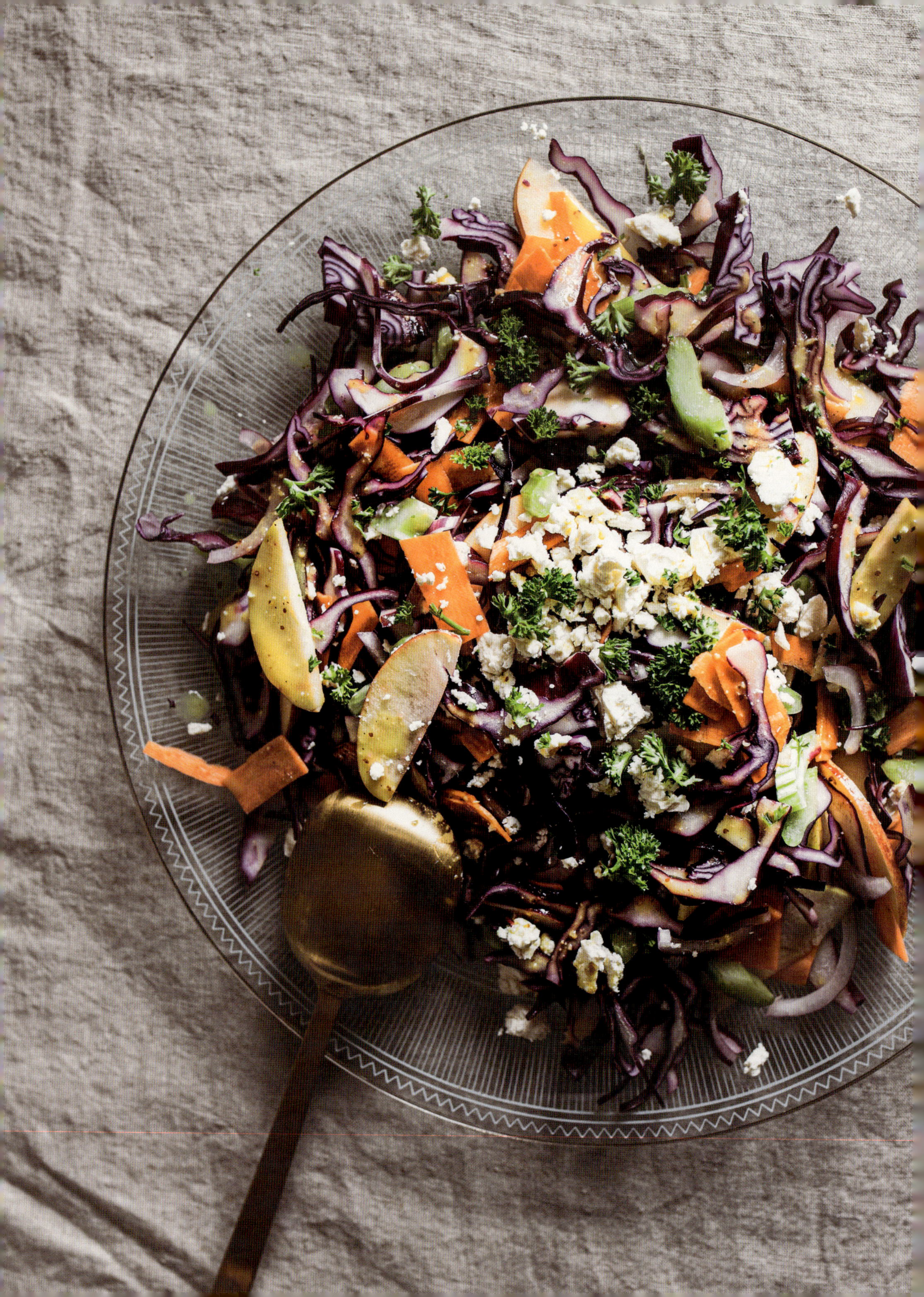

ROTKOHLSALAT MIT FETA

Der Winter ist eigentlich keine typische Zeit für Salat, man sehnt sich eher nach deftigeren Mahlzeiten. Doch diese leckere Rotkohl-Variation mit Kräutern und Feta hat es in sich und überzeugt nicht zuletzt durch das cremige Dressing.

FÜR 4 PERSONEN

FÜR DEN SALAT
½ Rotkohl
1 Apfel
2 Stangen Staudensellerie
1 große Möhre
1 Zwiebel
200 g Feta

FÜR DAS DRESSING
6 Stängel Petersilie
6 Stängel Schnittlauch
4 EL Birnensaft
4 EL Aceto Balsamico bianco
2 EL Olivenöl
1 EL süßer Senf
1 EL scharfer Senf
Salz, Pfeffer

Für den Salat die äußeren Blätter vom Rotkohl entfernen. Die Kohlhälfte nochmals halbieren, waschen und vom Strunk befreien. Die Viertel in feine Streifen hobeln oder mit einem scharfen Messer fein schneiden. Den Apfel waschen, putzen und in feine Spalten schneiden. Den Sellerie waschen, putzen und in dünne Scheiben schneiden. Die Möhre schälen, mit dem Sparschäler feine Streifen abziehen und diese halbieren. Die Zwiebel schälen und in feine Scheiben schneiden. Den Feta zerbröseln.

Für das Dressing die Kräuter waschen und trocken schütteln. Petersilienblättchen abzupfen und fein hacken. Den Schnittlauch in feine Röllchen schneiden. Birnensaft, Essig, Öl, beide Senfsorten und Kräuter am besten in ein Schraubglas geben und gut schütteln, bis ein sämiges Dressing entstanden ist. Mit Salz und Pfeffer würzen.

Alle vorbereiteten Salatzutaten mit dem Dressing in einer großen Schüssel vermengen und mit Salz und Pfeffer abschmecken. Den Salat auf Teller verteilen und servieren.

Dazu frisches Brot reichen – so lässt sich auch noch der allerletzte Tropfen des leckeren Dressings auftunken.

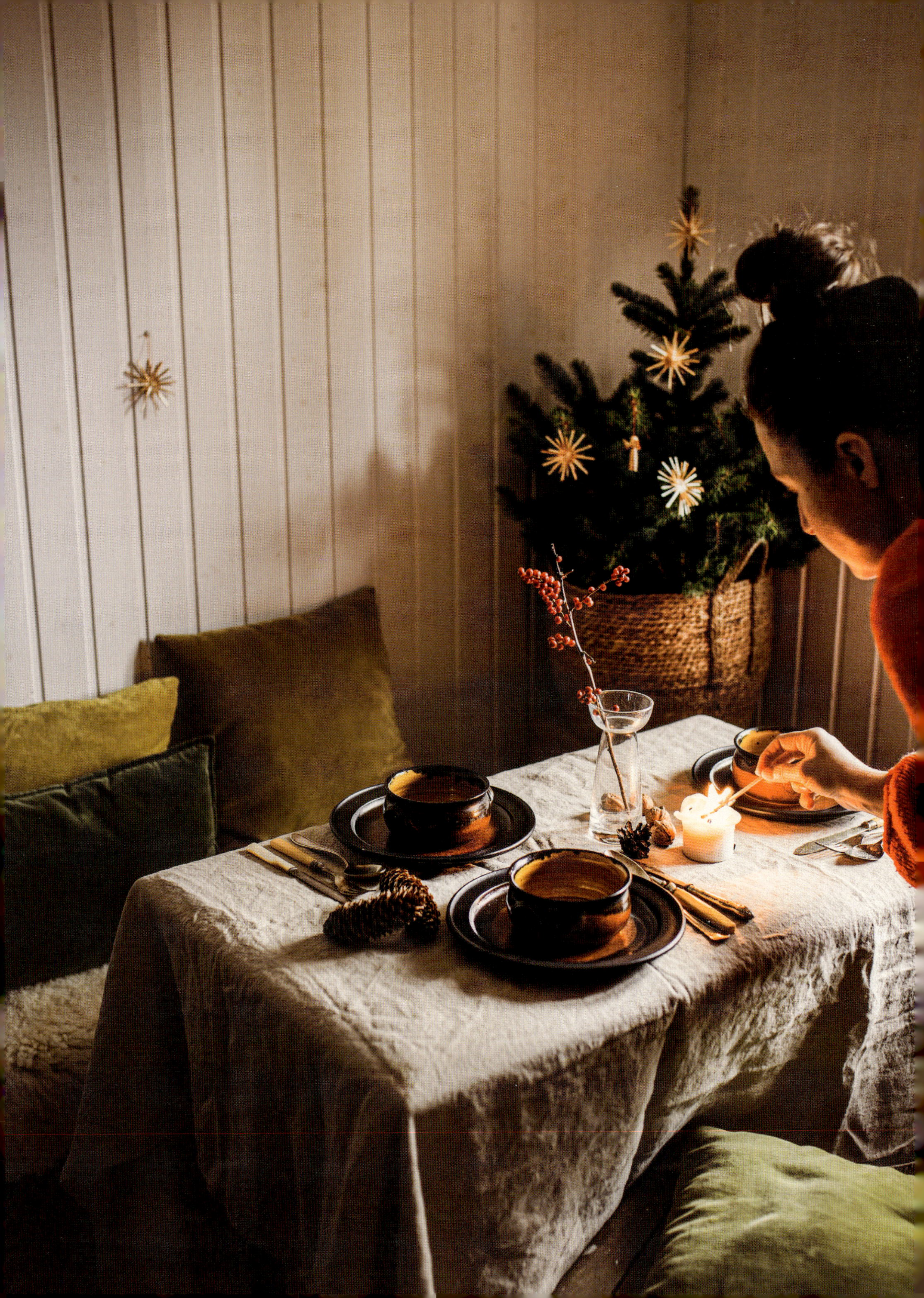

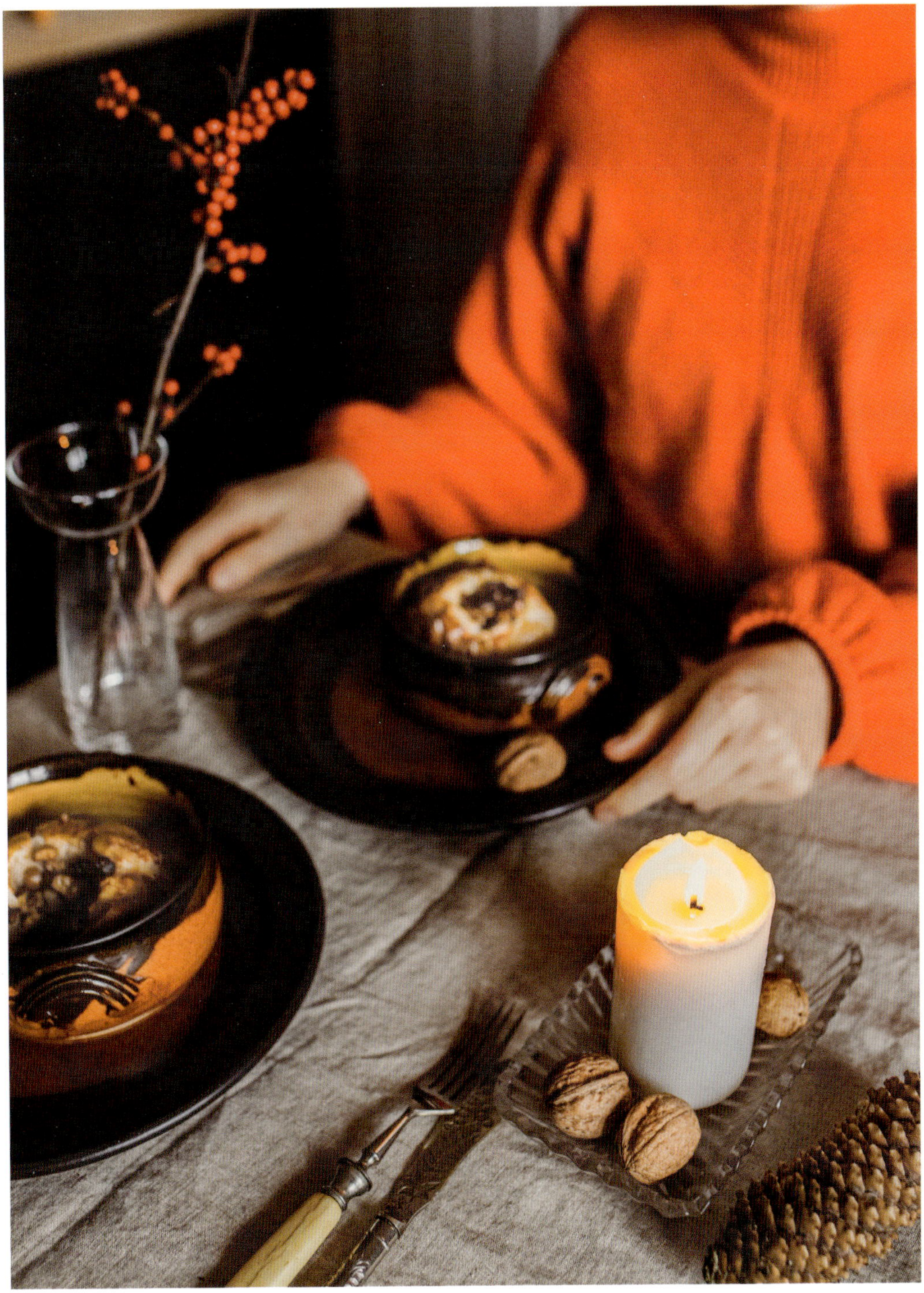

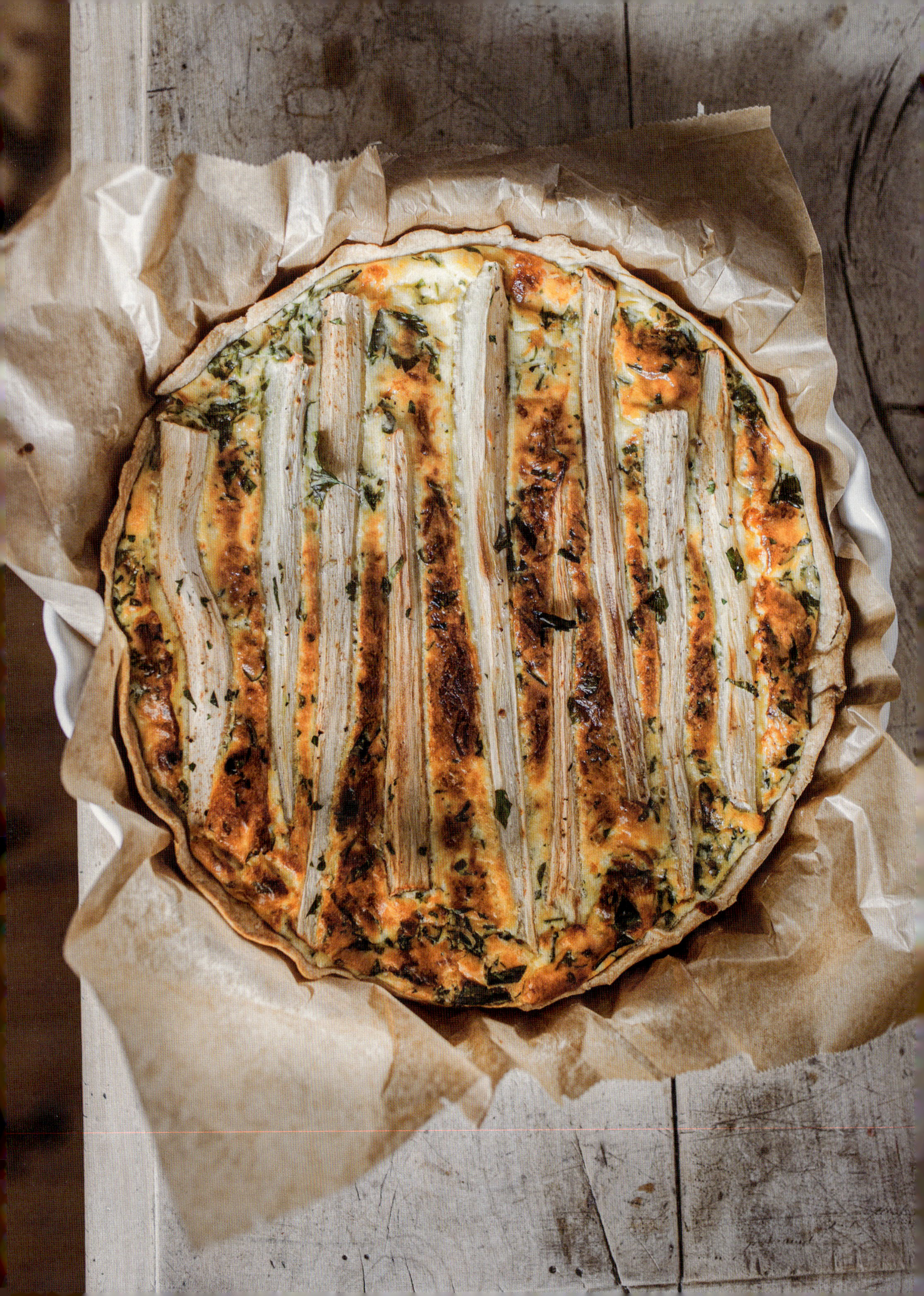

SCHWARZWURZELTARTE

Die unscheinbare Wurzel hört auch auf den Namen „Winterspargel", ähnelt aber seinem bekannten Verwandten nur optisch. Man bekommt Schwarzwurzeln als typisches Wintergemüse auf Wochenmärkten und im Handel. Ihre Konsistenz ist eher fest, ähnlich wie Pastinaken, und ihr Geschmack würzig und leicht nussig.

FÜR 4–6 PERSONEN
BZW. 1 TARTEFORM (Ø 28 CM)

1 kg Schwarzwurzel
1 EL Aceto Balsamico bianco
200 g Mehl
130 g kalte Butter (in Stücken)
2 TL Salz
6 Bio-Eier
200 g Sahne
4 Stängel Petersilie
Pfeffer
100 g Bergkäse

AUSSERDEM
Mehl zum Arbeiten

Den Backofen auf 180 °C vorheizen. Die Tarteform mit Backpapier auslegen. Die Schwarzwurzeln schälen, gut abspülen und sofort in Essigwasser legen. Achtung, die austretende Schwarzwurzelmilch ist sehr klebrig und macht Flecken. Mehl, Butter, Salz und 1 Ei mit den Händen zu einem glatten Teig verkneten. Den Teig auf der bemehlten Arbeitsfläche dünn ausrollen und die Tarteform damit auskleiden. Den Boden mehrmals mit einer Gabel einstechen, dann im heißen Ofen ca. 5 Minuten vorbacken.

Die Tarteform herausnehmen und die Schwarzwurzeln im Ganzen auf dem Boden verteilen. Sahne und die übrigen Eier verrühren. Die Petersilie waschen und trocken schütteln. Die Blättchen abzupfen und fein hacken. Gehackte Petersilie, Salz und Pfeffer mit der Ei-Sahne-Mischung verquirlen und über die Schwarzwurzeln gießen. Den Bergkäse reiben und darüberstreuen. Die Schwarzwurzeltarte in ca. 30 Minuten im heißen Ofen fertig backen. Anschließend kurz abkühlen lassen, dann in Stücke schneiden und servieren.

BRATAPFEL MIT VANILLESAUCE

Wir finden, ein kalter Winternachmittag ist die beste Zeit für Bratapfel. Schnell ein paar schöne Äpfel aus der Speisekammer geholt und schon kann es losgehen. Dazu gibt's Vanillesauce und „Beine hoch" auf der Couch.

FÜR 4 PERSONEN

FÜR DIE BRATÄPFEL
4 große Äpfel
60 g Walnusskerne
2 EL Brombeerkonfitüre
1 EL Honig
4 EL Rosinen
4 TL Butter

FÜR DIE VANILLESAUCE
500 ml Milch
10 g Speisestärke
1 Eigelb
30 g Zucker
1 Msp. gemahlene Vanille

AUSSERDEM
Apfelausstecher

Für die Bratäpfel den Backofen auf 230 °C vorheizen. Die Äpfel waschen und mit dem Apfelausstecher die Kerngehäuse entfernen. Die Walnüsse klein hacken und mit Brombeerkonfitüre, Honig und Rosinen vermengen. Die Äpfel mit der Walnussmischung füllen, in eine Auflaufform setzen und jeweils 1 TL Butter obenauf geben. Die Bratäpfel ca. 20 Minuten im heißen Ofen backen.

Für die Vanillesauce 3 EL Milch mit Stärke, Eigelb und Zucker glatt rühren. Die restliche Milch mit der Vanille in einem kleinen Topf aufkochen. Die Eigelbmasse einrühren, alles einmal kurz aufkochen und sofort vom Herd ziehen.

Die fertigen Bratäpfel auf Teller verteilen und warm mit der Vanillesauce servieren.

Am besten eignen sich feste saure Winteräpfel (z. B. Boskop oder Rheinischer Bohnapfel) für die Zubereitung zum Bratapfel.

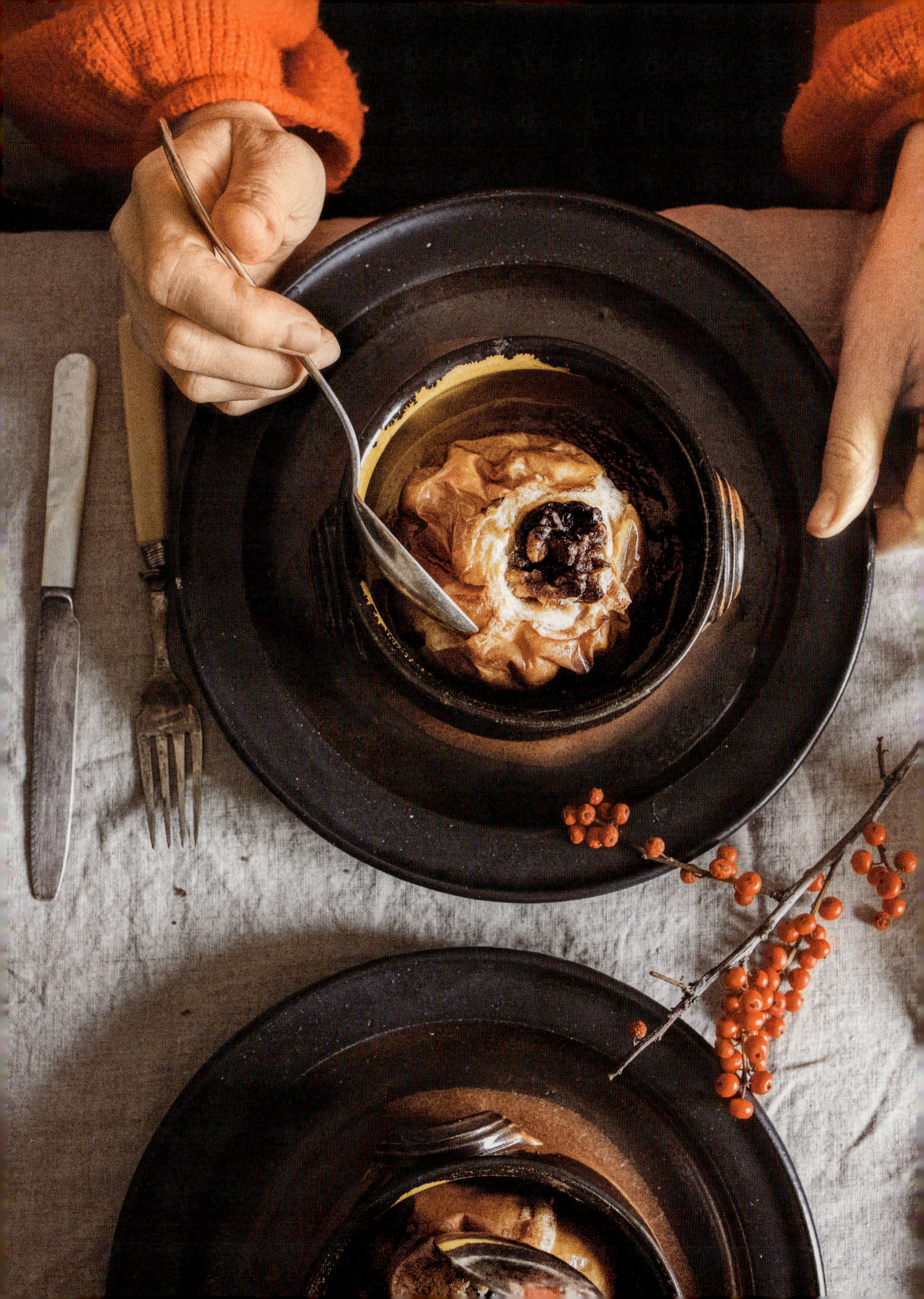

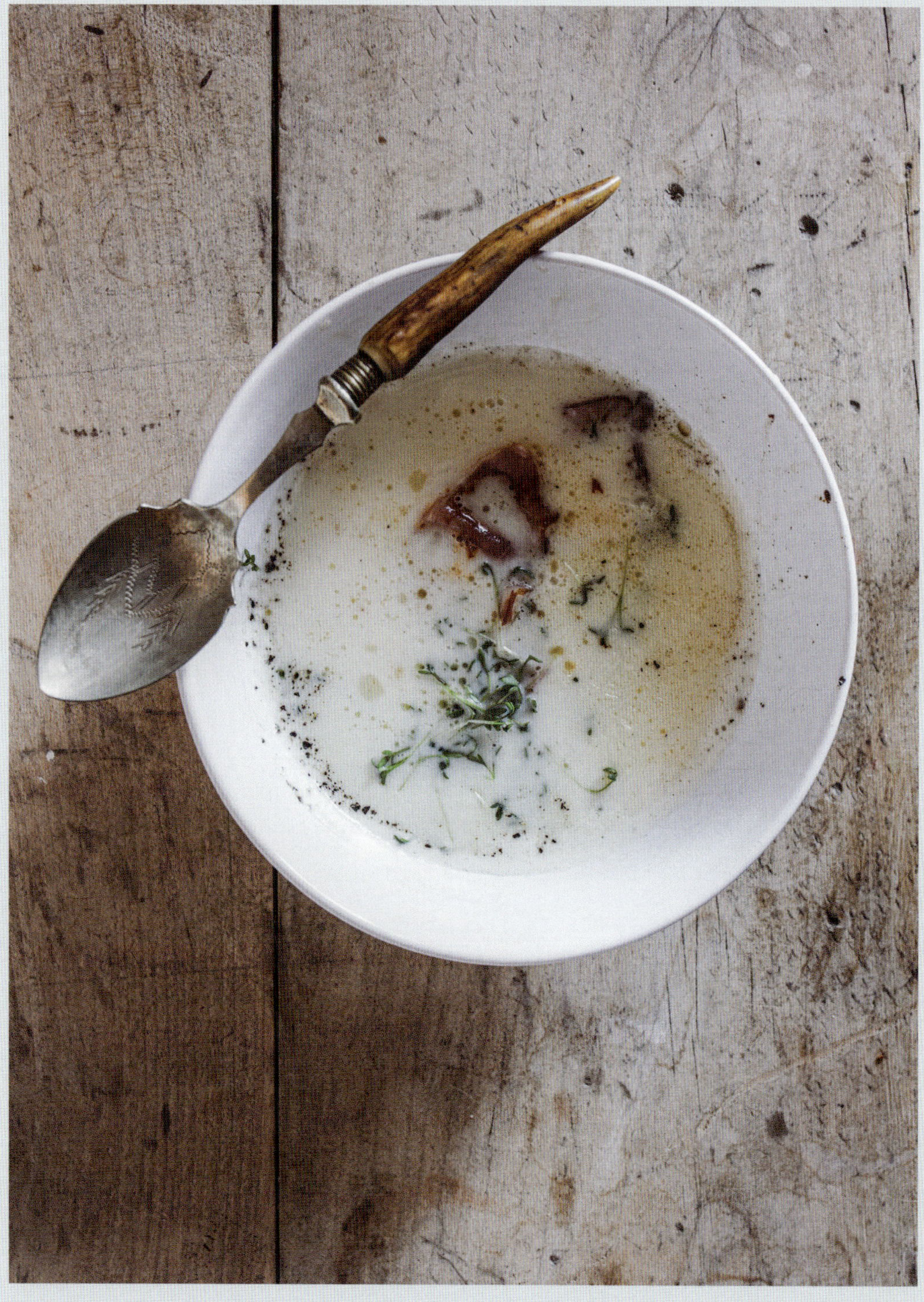

KRENSUPPE MIT SPECK

Kren (Meerrettich) wird bereits seit dem Mittelalter als Heilpflanze verwendet. Neben der antibiotischen Wirkung werden ihm auch appetitanregende Eigenschaften nachgesagt. Wer sich eine frische Wurzel nach Hause holt, sollte sie in ein feuchtes Tuch einschlagen, damit sie nicht austrocknet. In dieser Suppe wirkt sie wie ein natürlicher Geschmacksverstärker für das feine Raucharoma im Speck.

FÜR 4 PERSONEN

1 Zwiebel
3–4 cm Meerrettichwurzel
20 g Butter
20 g Mehl
1 l Gemüsebrühe
Pfeffer
1 Prise geriebene Muskatnuss
200 g Sahne
2 EL Weißwein
1 EL Weißweinessig
Salz

AUSSERDEM
100 g Bauchspeck
Kresse zum Servieren

Die Zwiebel schälen und fein würfeln. Den Meerrettich schälen und fein reiben. Die Butter in einem Topf zerlassen, die Zwiebel darin ein paar Minuten andünsten. Dann mit Mehl bestäuben und mit der Brühe aufgießen. Die Suppe mit Pfeffer und Muskat würzen und einmal aufkochen. Sahne, Weißwein und Essig einrühren, alles mit Salz und Pfeffer abschmecken und bei niedriger Hitze ca. 5 Minuten köcheln lassen. Den geriebenen Meerrettich löffelweise zugeben und die Suppe erneut kurz aufkochen.

Den Bauchspeck dünn schneiden und in einer Pfanne knusprig braten. Etwas Kresse abschneiden, waschen und trocken schütteln. Die Suppe mit Kresse und Speck auf Tellern anrichten und mit 1 Prise Pfeffer bestreut servieren.

Meerrettich kann man zwar mitkochen, jedoch verliert er durch die Hitze relativ stark an Aroma und Geschmack, daher sollte er erst zum Schluss zugefügt werden.

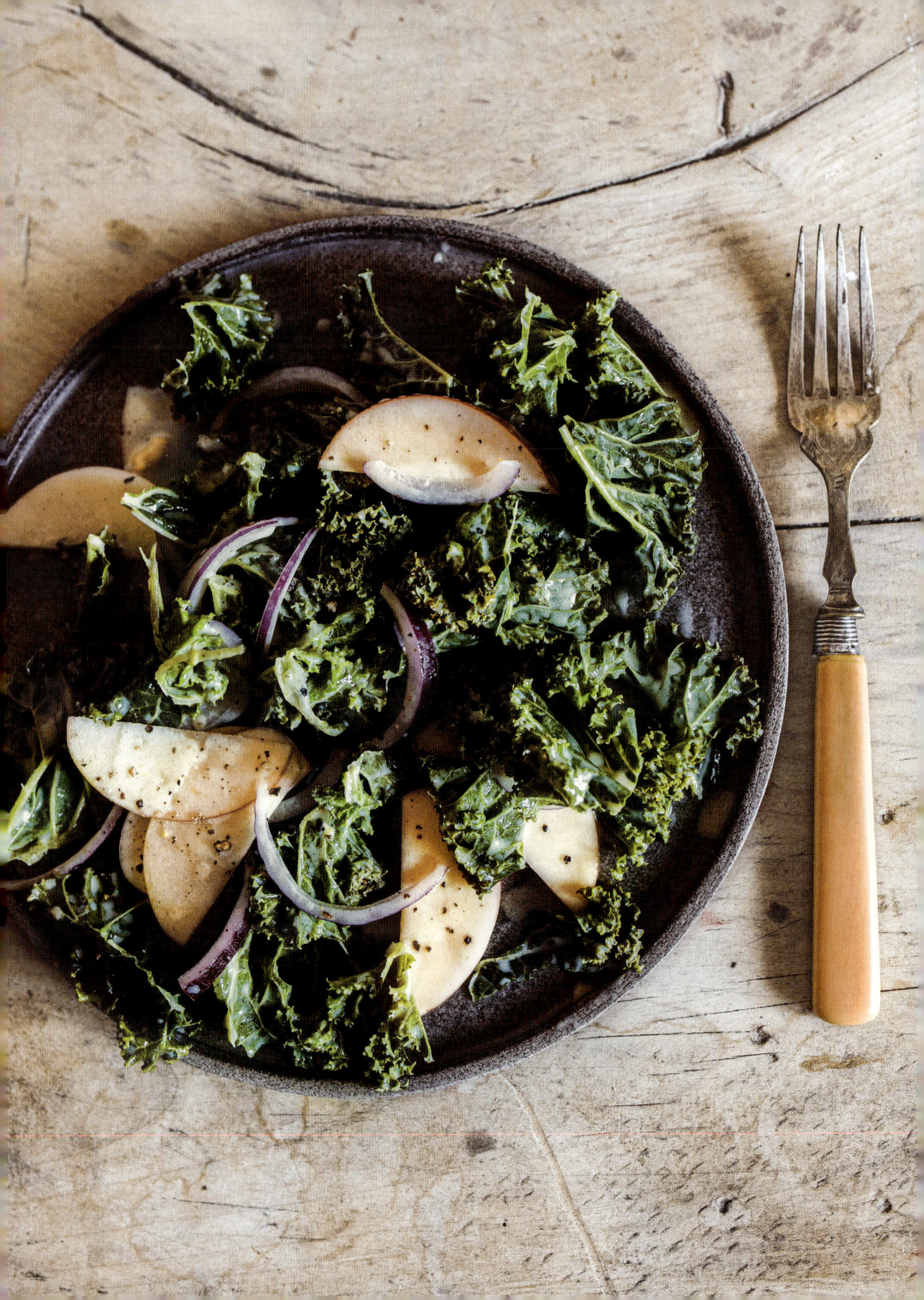

GRÜNKOHLSALAT MIT BUTTERMILCHDRESSING

Dieser leckere Salat überzeugt selbst diejenigen, die Grünkohl bislang nicht zu ihrem Lieblingsgemüse gezählt haben. Grünkohl gehört in jeden klassischen Bauerngarten – eine hübsche, besonders dekorative Variation davon ist der Palmkohl (Nero di Toskana), der palmenartig in die Höhe schießt.

FÜR 4 PERSONEN

FÜR DEN SALAT
200 g Grünkohl
1 Apfel
1 rote Zwiebel
Salz, Pfeffer

FÜR DAS DRESSING
200 ml Buttermilch
1 EL Apfelessig
1 EL Sonnenblumenöl
1 TL scharfer Senf
Salz, Pfeffer

AUSSERDEM
1 Schraubglas

Für den Salat den Grünkohl waschen, trocken schleudern, putzen und in mundgerechte Stücke schneiden oder reißen. Den Apfel waschen, halbieren, vom Kerngehäuse befreien und in feine Spalten schneiden. Die Zwiebel schälen und in dünne Ringe schneiden.

Für das Dressing Buttermilch mit Apfelessig, Sonnenblumenöl und Senf in ein Schraubglas geben und kräftig schütteln, bis sich alle Zutaten verbunden haben. Mit Salz und Pfeffer würzen.

Grünkohl, Apfel und Zwiebel in einer großen Schüssel mit dem Dressing vermengen und mit Salz und Pfeffer abschmecken. Den Salat auf Teller verteilen und servieren.

Zugegeben, Grünkohl hat schon einen sehr intensiven Eigengeschmack. Doch der leicht scharfe Senf harmoniert hervorragend mit ihm. Und Apfel und Buttermilch überdecken die leicht bittere Note.

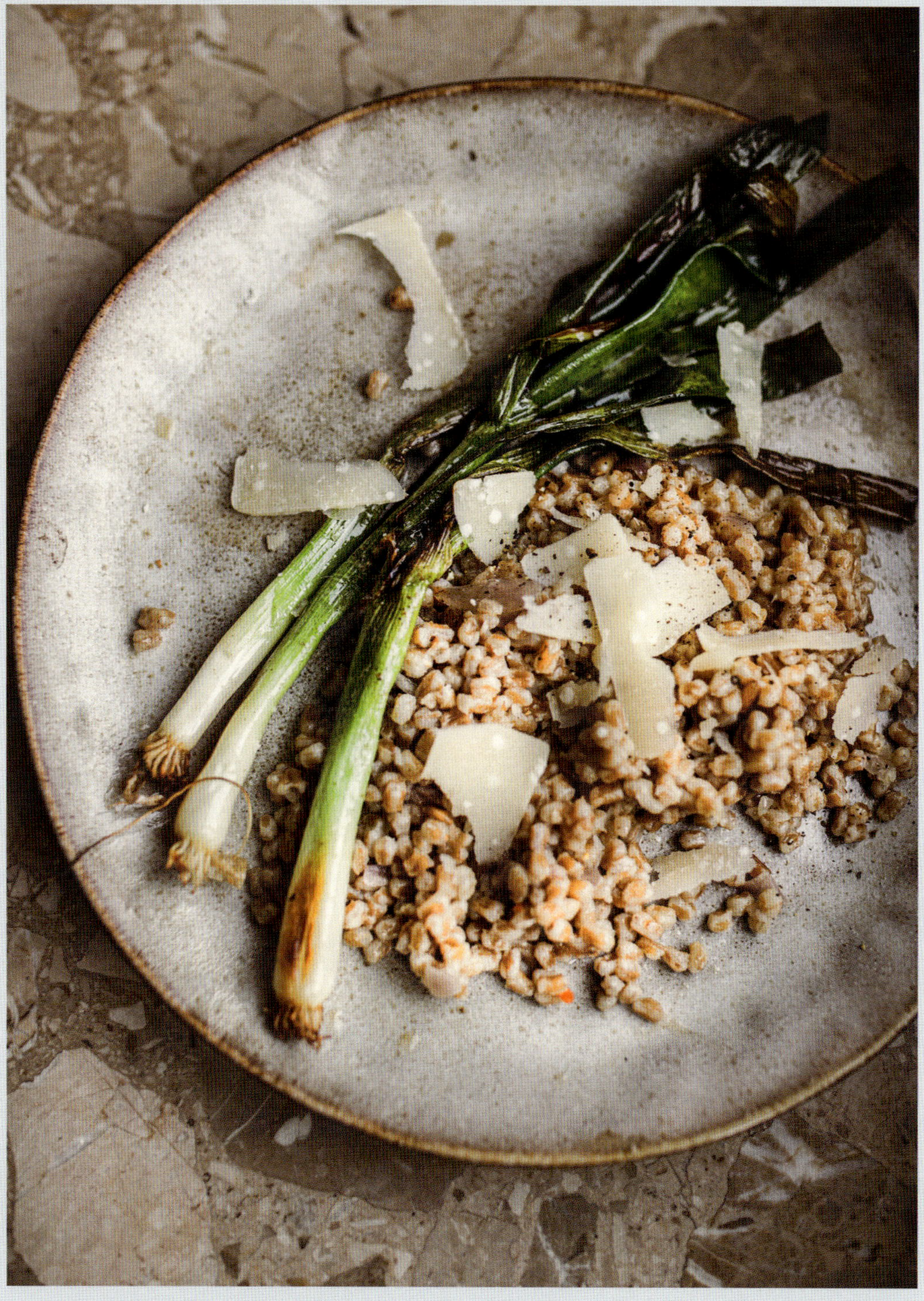

DINKELRISOTTO
MIT GEBRATENEN FRÜHLINGSZWIEBELN

Wer einen regionalen Ersatz für Reis sucht, ist bei geschliffenem Dinkel genau richtig. Für uns ist er eine perfekte Alternative, da er quasi vor unserer eigenen Haustür wächst und keine weiten Transportwege braucht, um auf unserem Teller zu landen. Geschliffenen Dinkel kann man sowohl für deftige Hauptgerichte als auch für Süßspeisen verwenden.

FÜR 4 PERSONEN

300 g geschliffener Bio-Dinkel (Dinkelreis)
600 ml Gemüsebrühe
40 g Parmesan
10–12 Frühlingszwiebeln
100 g Butter
100 ml Weißwein
Salz, Pfeffer

Den Dinkel in ein Sieb geben, kurz mit Wasser abspülen und dann in einer Schüssel über Nacht in kaltem Wasser einweichen. Am nächsten Tag den Dinkel mit der Gemüsebrühe in einem Topf aufkochen und 15–20 Minuten bei mittlerer Hitze köcheln lassen. Anschließend den Topf vom Herd nehmen und den Dinkel ca. 10 Minuten nachquellen lassen. In ein Sieb geben und abtropfen lassen.

Den Parmesan fein reiben. Die Frühlingszwiebeln gründlich waschen. 50 g Butter im Topf schmelzen und den gequollenen Dinkel darin 3 Minuten unter Rühren anbraten. Dann den Parmesan unterrühren, bis ein sämiges Risotto entstanden ist. Alles mit Weißwein ablöschen und weiterrühren. Sobald der Wein verdampft ist, das Risotto vom Herd nehmen und mit Salz und Pfeffer abschmecken.

In einer heißen Pfanne die restliche Butter zerlassen und die Frühlingszwiebeln darin von allen Seiten anbraten. Mit Salz und Pfeffer würzen. Das Risotto mit den Frühlingszwiebeln anrichten und servieren.

Nach Belieben mit gehobeltem Parmesan dekorieren.

GEWÜRZ-APFEL-PUNSCH

Unser großer Apfelbaum schenkt uns jedes Jahr mehrere Hundert Liter naturtrüben Apfelsaft. Diesen trinken und verwerten wir das Jahr hindurch in allen Varianten und Formen. Der Mostapfel der Sorte „Rheinischer Bohnapfel" ist von Haus aus sehr aromatisch und würzig. So liegt es nahe, auch in der Weihnachtszeit daraus einen heißen Punsch für Groß und – ohne die Zugabe von Rum – auch für Klein herzustellen.

FÜR 4 PERSONEN

1 Bio-Orange
1 l naturtrüber Apfelsaft
2 Zimtstangen
3 Sternanis
5 Gewürznelken
8 cl brauner Rum (ersatzweise Wodka; optional)

AUSSERDEM
1 kleiner Bio-Apfel
(nach Belieben)

Die Orange heiß waschen, trocknen und die Schale abziehen. Den Apfelsaft mit den Gewürzen und der Orangenschale in einem Topf aufkochen und anschließend mindestens 10 Minuten auf der ausgeschalteten Herdplatte ziehen lassen.

Den Apfel (falls verwendet) waschen, trocknen und in Scheiben schneiden. Den heißen Gewürz-Apfel-Punsch in große Tassen füllen. Wer möchte, kann noch je 2 cl Rum oder Wodka einrühren. Den Punsch nach Belieben mit 1–2 Apfelscheiben pro Tasse dekorieren und heiß servieren.

Sollte Punsch übrig bleiben, kann man diesen mit der gleichen Menge Zucker aufkochen und anschließend in sterilisierte Flaschen abfüllen. So hat man ein schönes Mitbringsel oder kleines Weihnachtsgeschenk für Freunde. Gießt man hiervon 4 cl mit etwas heißem Wasser und 1 Schuss Zitronensaft auf, hat man im Handumdrehen einen heißen Punsch.

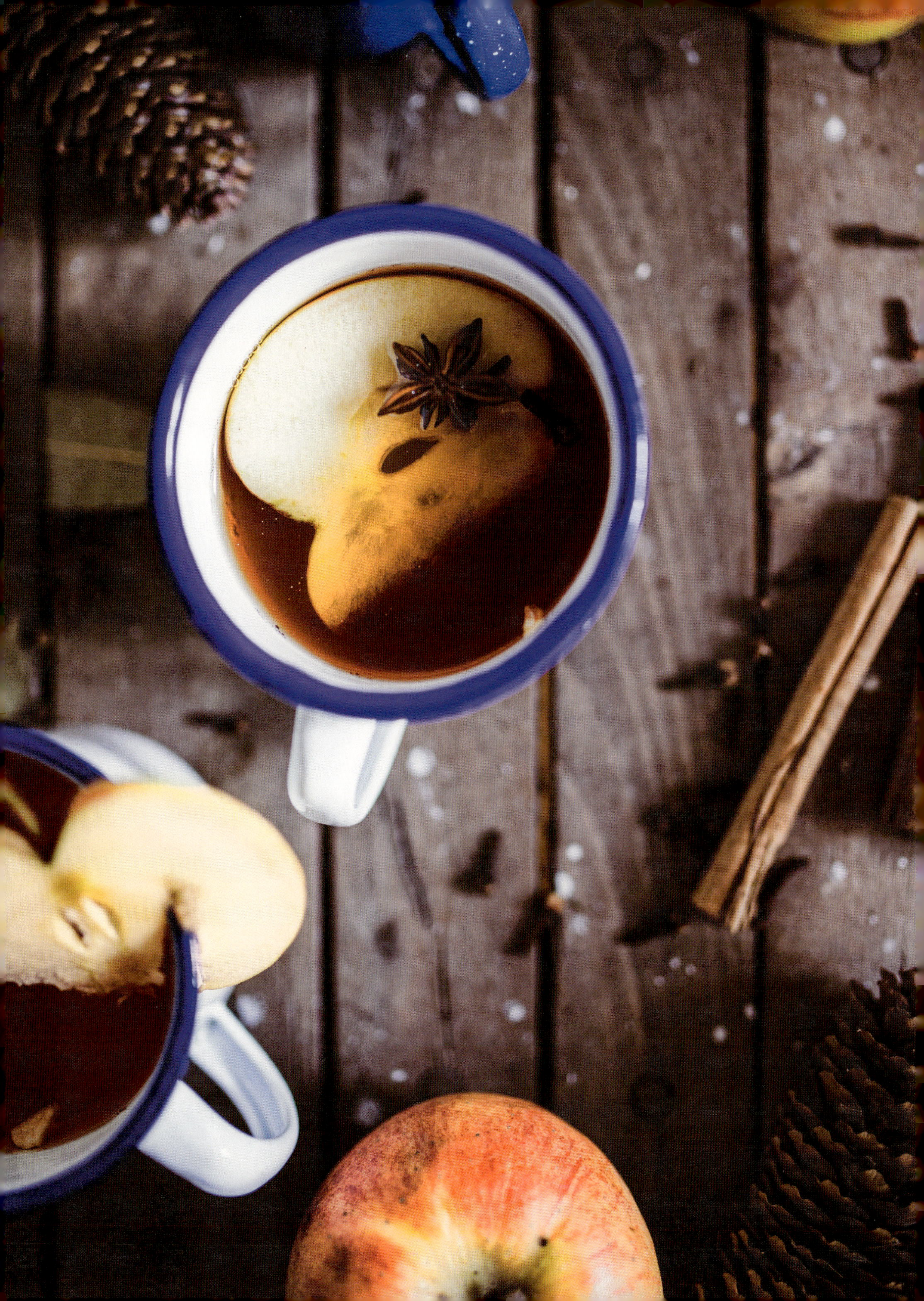

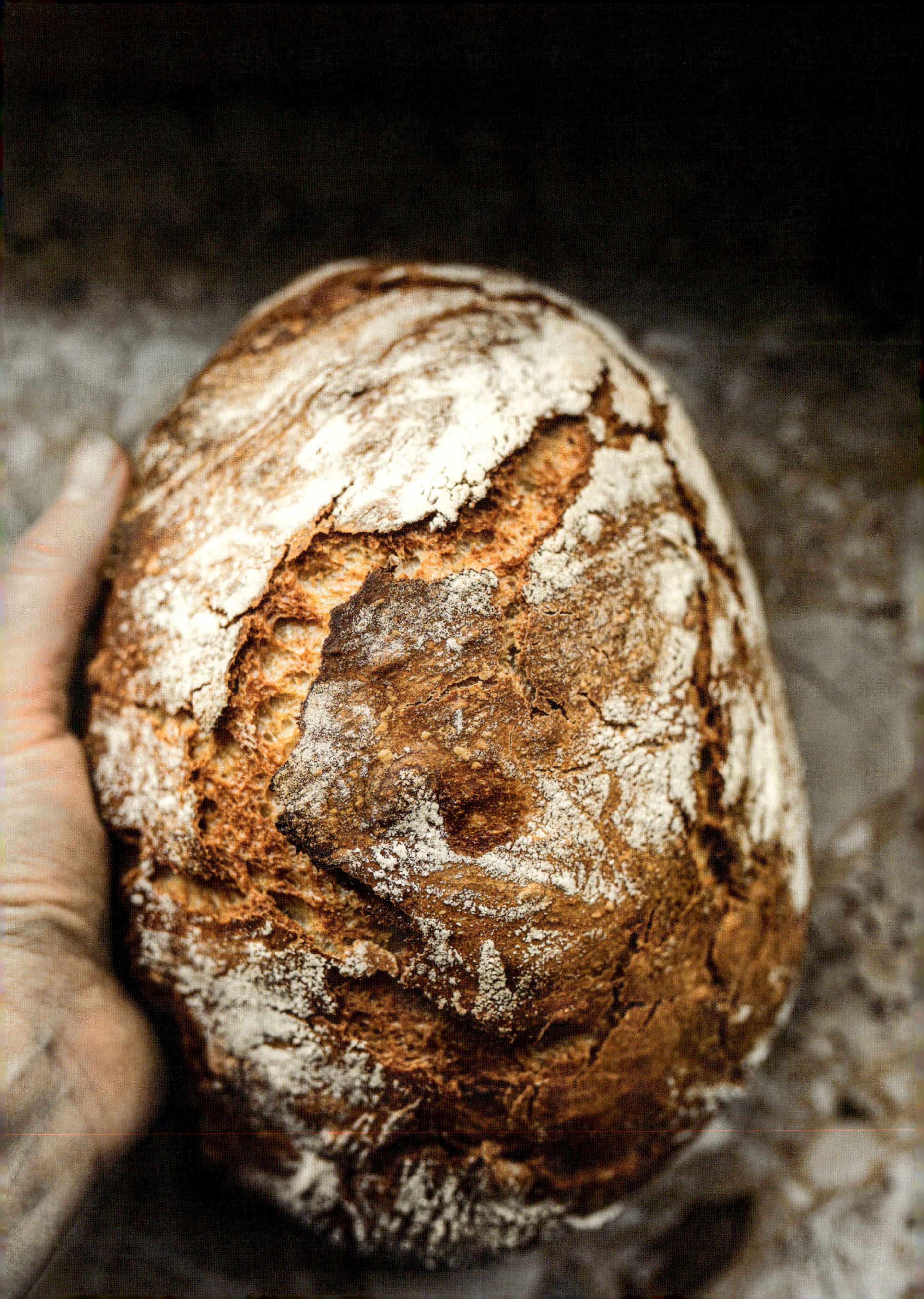

SAUERTEIG

Lange haben wir uns vorm Brotbacken gedrückt, weil wir dachten, es sei zu kompliziert. Dabei ist es so einfach. Heute backen wir etwa einmal wöchentlich Brot und haben uns dafür eine kleine Sauerteig-Routine angewöhnt. So entsteht aus wenigen Zutaten ein abwechslungsreiches Lebensmittel mit unterschiedlichen Texturen und Geschmäckern.

Zum Brotbacken braucht es nicht viel: Mehl, Wasser, Salz und einen Backofen. Schon kann man sein eigenes frisches Brot zu Hause backen. Sauerteig lebt durch seine Milchsäurebakterien und Hefen und reagiert somit auch auf äußere Einflüsse wie Luftdruck, Raumtemperatur und Feuchtigkeit. Je länger man dem Sauerteig Zeit zum Ruhen gibt, desto mehr wird man später mit Geschmack, Konsistenz und Haltbarkeit belohnt.

Wir haben bemerkt, dass unsere Brote von Mal zu Mal besser gelangen, je älter der Sauerteig wurde. Unsere ersten Brote waren zwar genießbar, aber nicht zu vergleichen mit den Broten, die wir heute backen. Ist der Sauerteig mal nicht so aktiv, geben wir einfach ein wenig Honig dazu, um die enthaltene Hefe zu reaktivieren. Innerhalb kürzester Zeit arbeiten die Mikroorganismen wieder fleißig und produzieren feine Bläschen.

Bis man in die erste knusprige, ofenwarme Scheibe vom eigenen Brot beißen kann, braucht man Geduld. Brotbacken zwingt einen förmlich zur Entschleunigung. Für uns ist es beinahe zu einer Art Meditation geworden, bei der wir uns voll und ganz auf die Herstellung konzentrieren. Am schönsten finden wir dabei die Beobachtung, wie sich der Brotteig über Stunden hinweg entwickelt. Während wir dem Brot seine Zeit geben, geben wir auch uns selbst Zeit. Das Warten lohnt sich – garantiert!

ROGGENSAUERTEIG
(SAUERTEIG-ANSTELLGUT)

Sauerteig ist ein fermentiertes Lebensmittel und kann aus jedem Mehl angesetzt werden. Es entwickeln sich kleine Bläschen im Teig und es entsteht ein leicht säuerlicher Geruch. Für ein Sauerteigbrot werden mindestens 30 g Sauerteigansatz auf 1 kg Mehl benötigt. Die Qualität des späteren Brotes hängt stark von der Auswahl und Beschaffenheit der verwendeten Mehle und zusätzlichen Triebmitteln wie Hefe ab.
Der Sauerteig wird besser, je älter er ist.

FÜR 200 G ROGGENSAUERTEIG
(SAUERTEIG-ANSTELLGUT)

150 g Roggenmehl
150 ml Wasser

<u>AUSSERDEM</u>
1 Einmachglas (500 ml)

<u>Tag 1:</u> 50 g Roggenmehl mit 50 ml Wasser direkt in einem sterilisierten Einmachglas verrühren und 24 Stunden in der Küche abgedeckt ruhen lassen. Im Glas sollte nach oben genug Platz sein, damit der Sauerteig wachsen kann. Den Deckel locker auflegen, damit die Mikroorganismen im Mehl genug Luft zum Fermentieren bekommen.

<u>Tag 2–3:</u> 50 g von der Masse abnehmen. Den Rest des Sauerteigansatzes wieder mit 50 ml Wasser und 50 g Mehl verrühren. Diese Prozedur von Tag 1 im Abstand von je 24 Stunden wiederholen. Der Sauerteig wird nun voluminöser, wirft langsam Bläschen und sollte leicht säuerlich riechen.

<u>Tag 4:</u> Der aktive Sauerteigansatz ist nun fertig zur weiteren Verarbeitung.

Da nicht der ganze Sauerteig zum Backen benötigt wird, kann der Rest als inaktives Anstellgut im verschraubten Einmachglas im Kühlschrank bis zum nächsten Backen gelagert werden. Will man erneut backen, einfach am Vortag wieder etwas Sauerteig abnehmen und mit Mehl und Wasser (zu gleichen Teilen) „füttern".

Damit das Anstellgut weiterlebt, sollte es bei einer längeren Pause im Kühlschrank ebenfalls regelmäßig mit Wasser und Mehl gefüttert werden. Nach einiger Zeit im Kühlschrank kann sich dunkles, fast schwarzes Wasser absetzen. Das ist nicht schlimm, dem Anstellgut geht es noch gut. Bei der Reaktivierung – besonders am Tag vor dem nächsten Brotbacken – die Flüssigkeit einfach abgießen und den Sauerteig mit frischem Wasser und Mehl füttern. Riecht es faulig, ist der Sauerteig umgekippt und man muss mit einem neuen Glas von vorne beginnen.

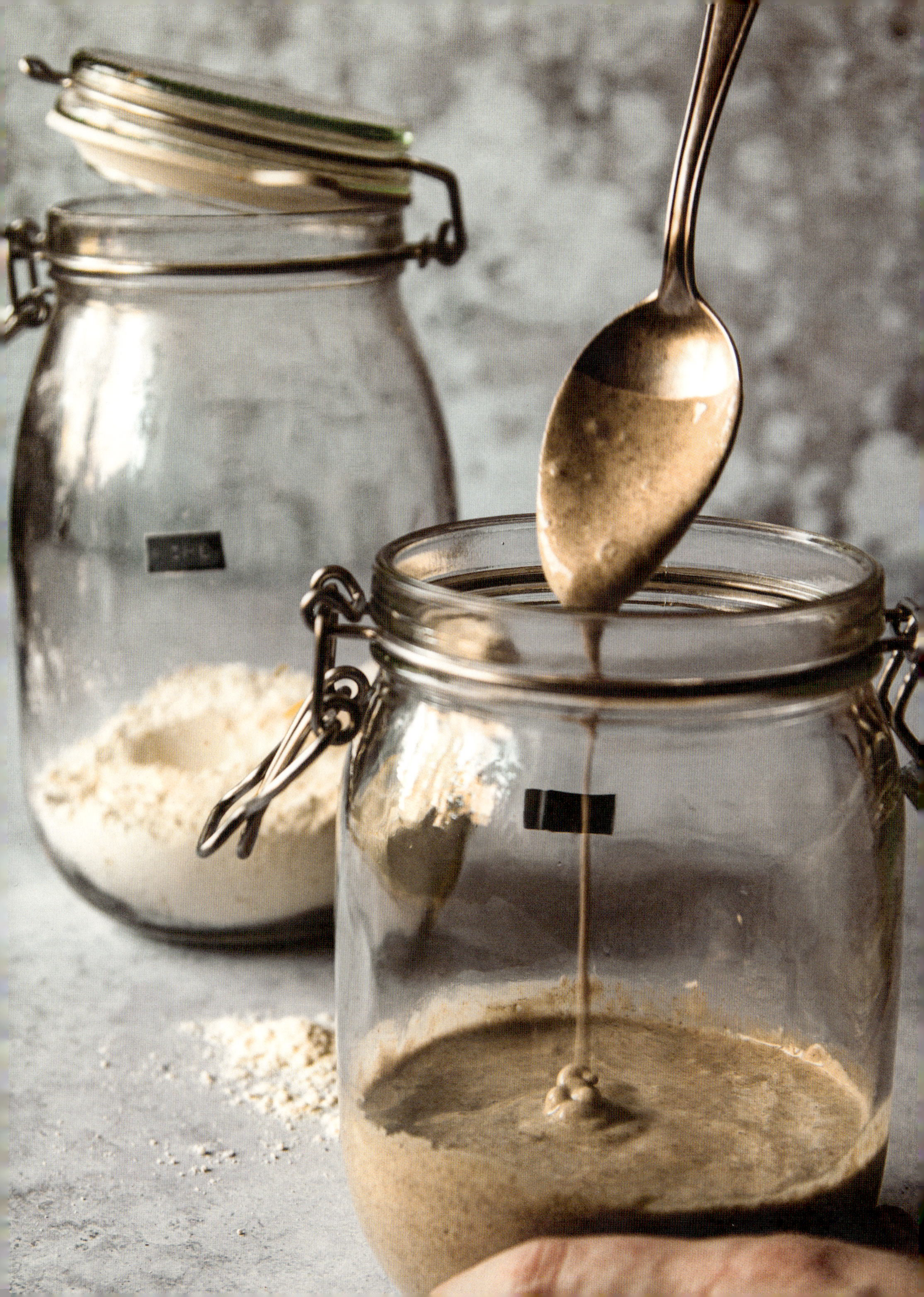

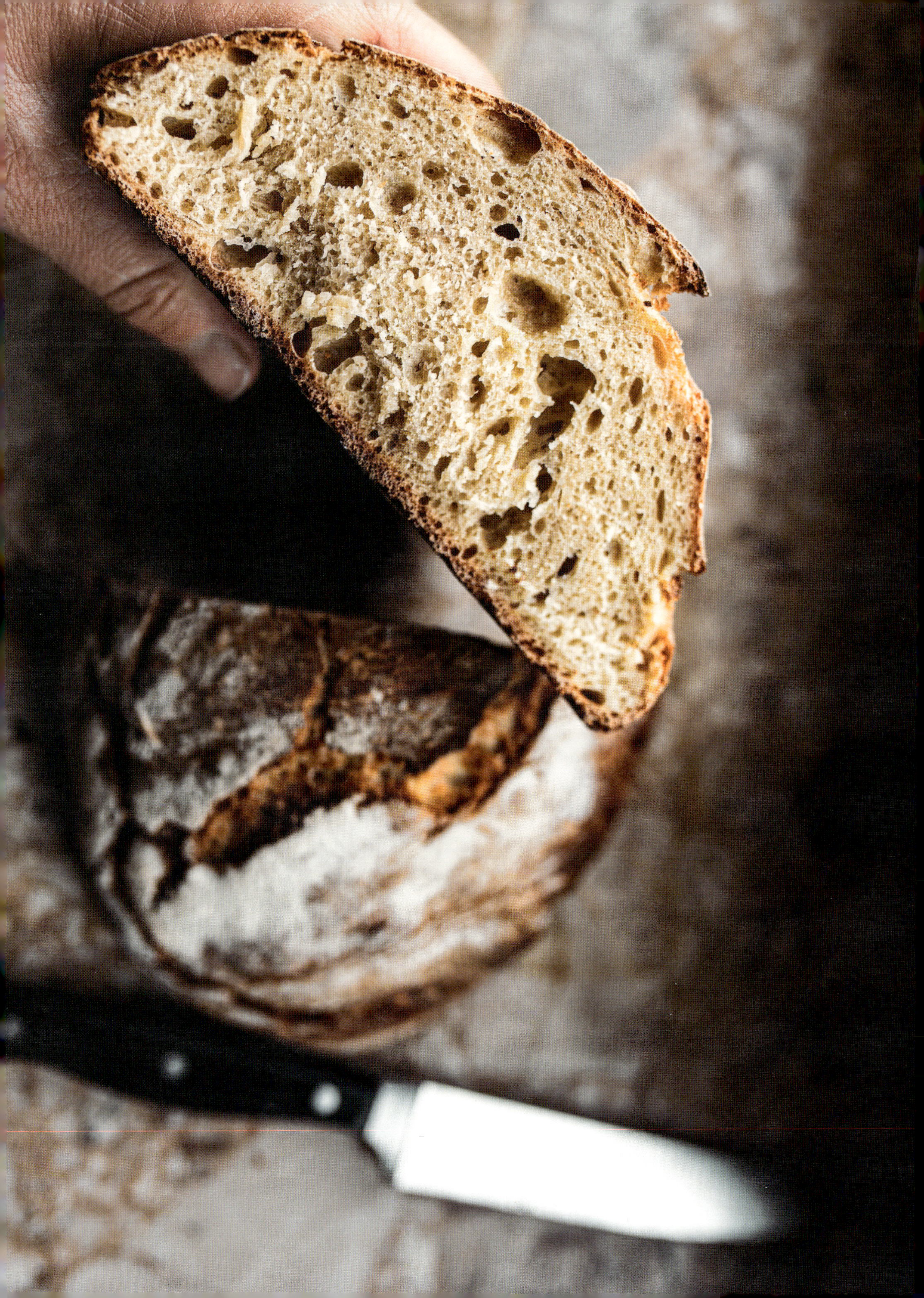

SAUERTEIGBROT

Es geht nichts über den Moment, wenn man nach fast 24 Stunden das erste frisch gebackene und duftende Brot aus dem Ofen holt und endlich anschneiden darf. Wir kneten den Teig mit den Händen, um ein Gespür dafür zu bekommen, ob er schon geschmeidig genug ist.

FÜR 1 GROSSES BROT (CA. 950 G)

FÜR DEN VORTEIG
100 g Sauerteig-Anstellgut
(Rezept s. S. 184)
200 g Roggenmehl (Type 1150)
200 ml lauwarmes Wasser

FÜR DEN HAUPTTEIG
Vorteig
100 g Weizenmehl (Type 550)
150 g Dinkelvollkornmehl
100 g Dinkelmehl (Type 630)
220 ml lauwarmes Wasser
12 g Salz
1 TL Honig

AUSSERDEM
Gärkorb (ø 20 cm)
Mehl zum Arbeiten
Sprühflasche

Für den Vorteig das Sauerteig-Anstellgut, 100 g Mehl und 100 ml lauwarmes Wasser vermischen und abgedeckt an einem warmen Ort 12–14 Stunden gehen lassen. Dann das restliche Roggenmehl und Wasser unterrühren und alles weitere 6–8 Stunden gehen lassen.

Für den Hauptteig den Vorteig mit allen drei Mehlsorten, Wasser, Salz und Honig mischen und verkneten. Ist der Teig geschmeidig, diesen rund wirken und mit dem Schluss nach oben in den bemehlten Gärkorb setzen. Den Teig abdecken und 1 Stunde gehen lassen. Der Teig sollte dabei sein Volumen deutlich vergrößern. Den optimalen Garzustand testet man mit einem Fingerdruck in den Teig: Füllt sich die entstandene Delle nur langsam, ist der Teig bereit zum Backen.

Den Backofen inklusive Backblech auf 250 °C vorheizen. Das Brot auf das heiße Backblech stürzen, in den Backofen geben und vor dem Schließen der Ofentür mit Wasser besprühen. Nach 10 Minuten die Temperatur auf 200 °C reduzieren und die Ofentür kurz öffnen, um den Dampf entweichen zu lassen. Durch das verdampfende Wasser bekommt das Brot eine knusprige Kruste. Das Brot in weiteren 40 Minuten fertig backen. Auf einem Gitter auskühlen lassen.

Bei jungem, noch triebschwachem Sauerteig-Anstellgut kann das Wasser für den Hauptteig zusätzlich mit 3 g frischer Hefe verrührt werden.

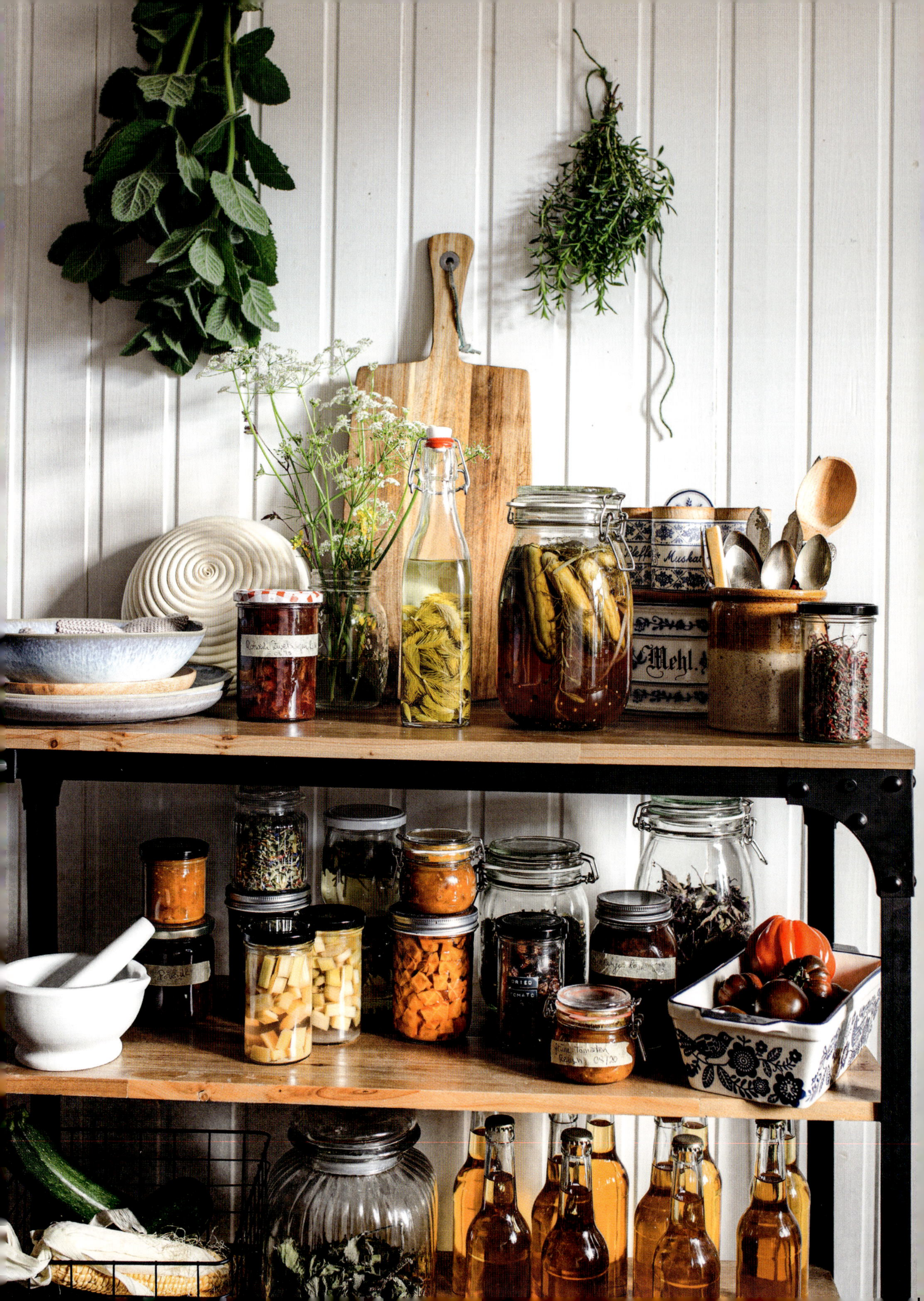
Muskat
Mehl.

UNSERE SPEISEKAMMER

TROCKNEN

Vor allem Kräuter spielen in unserer Küche eine wichtige Rolle. Damit wir sie das ganze Jahr zum Würzen verwenden können, beginnen wir schon früh damit, sie zum Trocknen aufzuhängen. Durch den Wasserentzug werden viele Lebensmittel zu wahren Kraftpaketen an Inhaltsstoffen und Geschmack. Wie lange Obst, Gemüse oder Kräuter trocknen müssen, hängt ganz von der Menge, der Beschaffenheit und dem Volumen ab. Kleine Tomaten trocknen wir gerne im Ofen und füllen sie später in Einmachgläser.

EINKOCHEN

In unserer Speisekammer dürfen Konfitüre, Kompott oder Zwetschgenröster (Rezept s. S. 95) in keinem Jahr fehlen. Beim Einkochen erhitzt man das so haltbar gemachte Obst und Gemüse auf 75–100 °C. Dabei sterben alle Mikroorganismen ab, die ansonsten die Früchte weiter zersetzen würden. Fügt man noch Zucker hinzu, verlängert sich die Haltbarkeit zusätzlich.

EINLEGEN

Essig, Öl, Alkohol, Zitronen-, Zucker- oder Salzlösungen konservieren zuverlässig die verschiedensten Lebensmittel und hemmen deren Zersetzung. Nach kurzer Reife kann das Endprodukt direkt verwendet und weiter im Kühlschrank aufbewahrt werden. Den Geschmack des Sommers konservieren wir gerne in unseren Sirups und Shrubs als Grundlage für zahlreiche Drinks und Dressings.

FERMENTIEREN

Die Methode der Fermentation ist schon seit Jahrtausenden bekannt. Sie wird nicht nur bei Sauerkraut angewendet, sondern auch bei Bier, Käse, Joghurt oder Brot. Das Fermentieren braucht Zeit und die Hilfe von lebendigen Mikroorganismen. Sie sorgen dafür, dass Lebensmittel lange Zeit genießbar sind und wesentlich bekömmlicher werden. Wir nutzen diese Methode für die Herstellung von Cider, Kimchi und unserem eigenen Sauerteigbrot – und außerdem zur Entschleunigung in unserem Alltag.

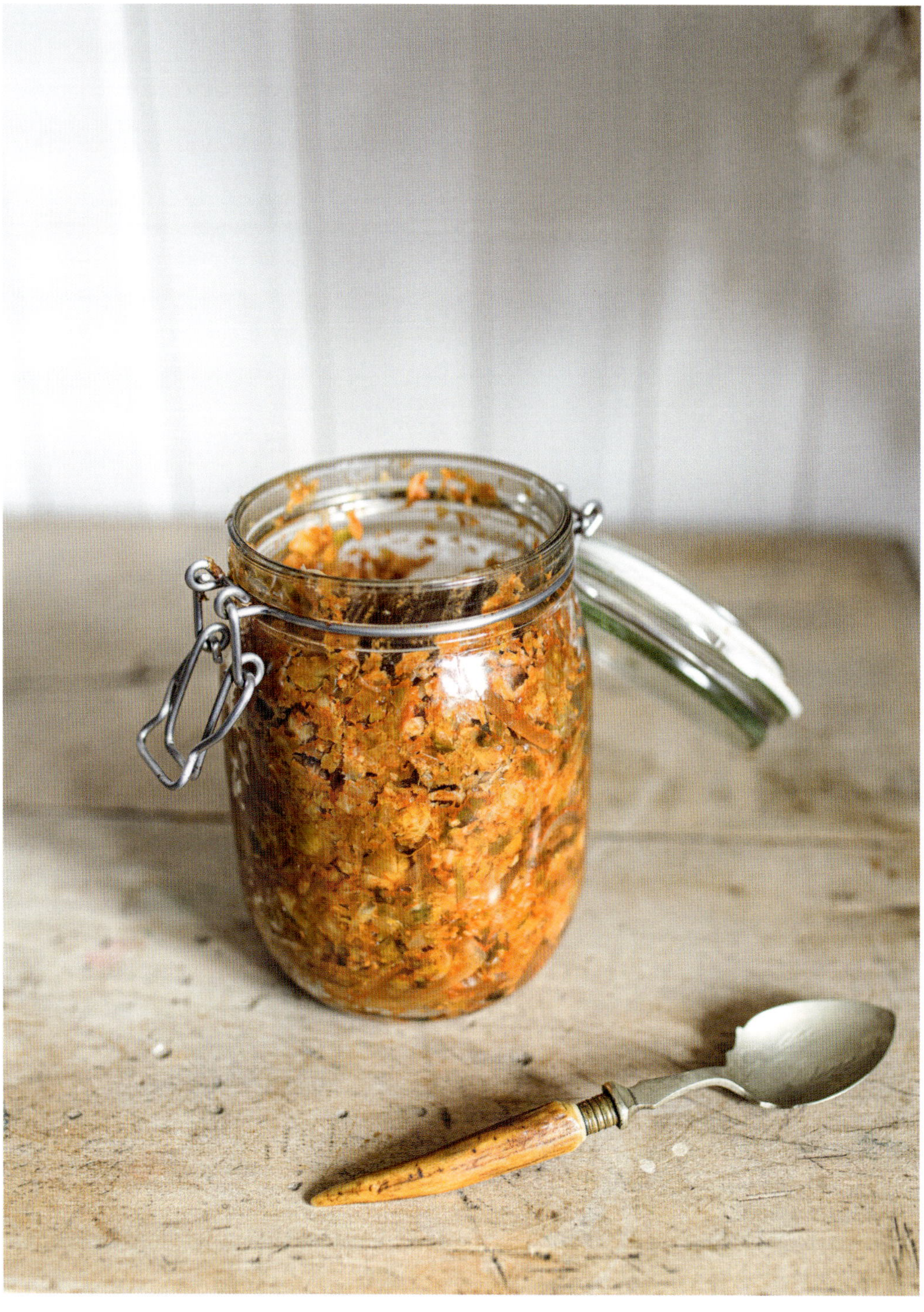

ROSENKOHL-KIMCHI

Wir sind verliebt in Kimchi – das fernöstliche Pendant zu unserem heimischen Sauerkraut. In Japan kommen dafür Chinakohl, Rettich, Ingwer und Fischsauce zum Einsatz. In unserer Version greifen wir auf regionale Produkte wie Rosenkohl, Lauch und schwarzen Winterrettich zurück. Da wir keine Fans von Fischsauce sind, nehmen wir stattdessen Sojasauce.

FÜR 1 EINMACHGLAS (1 L)

700 g Rosenkohl
100 g Lauch
200 g schwarzer Rettich
20 g Salz
2 Knoblauchzehen
5 cm Ingwer
2 EL Sojasauce
100 g Honig
2 EL Chiliflocken
100 ml gefiltertes Wasser

<u>AUSSERDEM</u>
1 Einmachglas (ca. 1 l)

Rosenkohl und Lauch gründlich waschen und putzen. Beides in dünne Scheiben schneiden. Den Rettich schälen und in längliche Streifen schneiden. Rosenkohl, Lauch und Rettich in einer großen Schüssel mit Salz bestreuen und gut durchkneten.

Knoblauch und Ingwer schälen, klein hacken und mit Sojasauce, Honig und Chiliflocken zu einer Paste verrühren. Die Paste in die Schüssel mit dem Gemüse geben und alles gründlich vermengen. Die Mischung in ein sterilisiertes Einmachglas füllen und mit dem gefilterten Wasser bedecken. Nach oben hin sollte noch etwas Platz sein. Das Glas verschließen.

Das Rosenkohl-Kimchi 3–5 Tage bei Zimmertemperatur stehen lassen. Es muss die ganze Zeit mit Flüssigkeit bedeckt sein, andernfalls das Gemüse mit einem Löffel herunterdrücken. Das Glas 2-mal täglich öffnen, damit frei werdende Gase entweichen können. Nach den ersten 3–5 Tagen das Glas in den Kühlschrank stellen. Nach ca. 2 Wochen ist das Kimchi verzehrfertig. Im Kühlschrank gelagert hält es sich mehrere Monate.

CIDER – APFELWEIN

Für die Herstellung von Cider ist es essenziell, dass die für die Fermentation notwendigen Mikroorganismen noch am Leben sind. Deshalb verwenden wir für unseren Cider nur frischen, rohen und ungefilterten Apfelsaft. Diesen kann man entweder selbst pressen oder man erhält ihn auf Bestellung bei einer Mosterei. Wir verwenden für unseren Cider die alte Kultursorte „Rheinischer Bohnapfel".

FÜR CA. 4,5 L

4,5 l frisch gepresster naturtrüber Apfelsaft (roh, nicht abgekocht!)
1 g Weinhefe (online und in Apotheken erhältlich)
50 ml warmes Wasser

AUSSERDEM
Gärbehälter (5 l) mit Gärverschluss (inkl. Gärröhrchen)

Den frisch gepressten Apfelsaft in den Gärbehälter geben. Dabei darauf achten, dass für den entstehenden Gärschaum ungefähr zehn Prozent Platz bis zum oberen Rand bleiben. Um auf Nummer sicher zu gehen, sollten der Gärbehälter und das verwendete Zubehör vorher sterilisiert werden, um unerwünschte Mikroorganismen zu entfernen. Auf diese Weise wird wilde oder spontane Gärung verhindert, die den Cider evtl. ungenießbar machen könnte.

Die Weinhefe im warmen Wasser lösen und anschließend mit dem Apfelsaft im Gärbehälter verrühren. Das Gefäß mit dem Gärverschluss verschließen, sodass keine Luft mehr hineingelangt. Die Fermentationsgase entweichen über den Gärspund. Das Gemisch in einem kühlen Raum bei max. 21 °C ca. 4 Wochen reifen lassen. Am besten eignet sich ein Keller oder eine Speisekammer auf der Nordseite des Hauses.

Sobald die Hefe den Fruchtzucker vollkommen aufgebraucht hat und sich in dem Gärröhrchen keine Bläschen mehr bilden, ist der Cider fertig. Dieser kann jetzt mit einem dünnen Schlauch abgepumpt und in sterilisierte Glasflaschen abgefüllt werden. Unser Cider enthält keine Kohlensäure, deswegen können alle Arten von Flaschen verwendet werden. Wichtig ist, dass beim Einfüllen nichts von dem trüben Grund mit in die Flaschen gelangt. So abgefüllt und dunkel gelagert hält sich der Cider mehrere Jahre.

Unser Cider hat nach der Fermentation einen Alkoholgehalt von etwa 5,1 %.

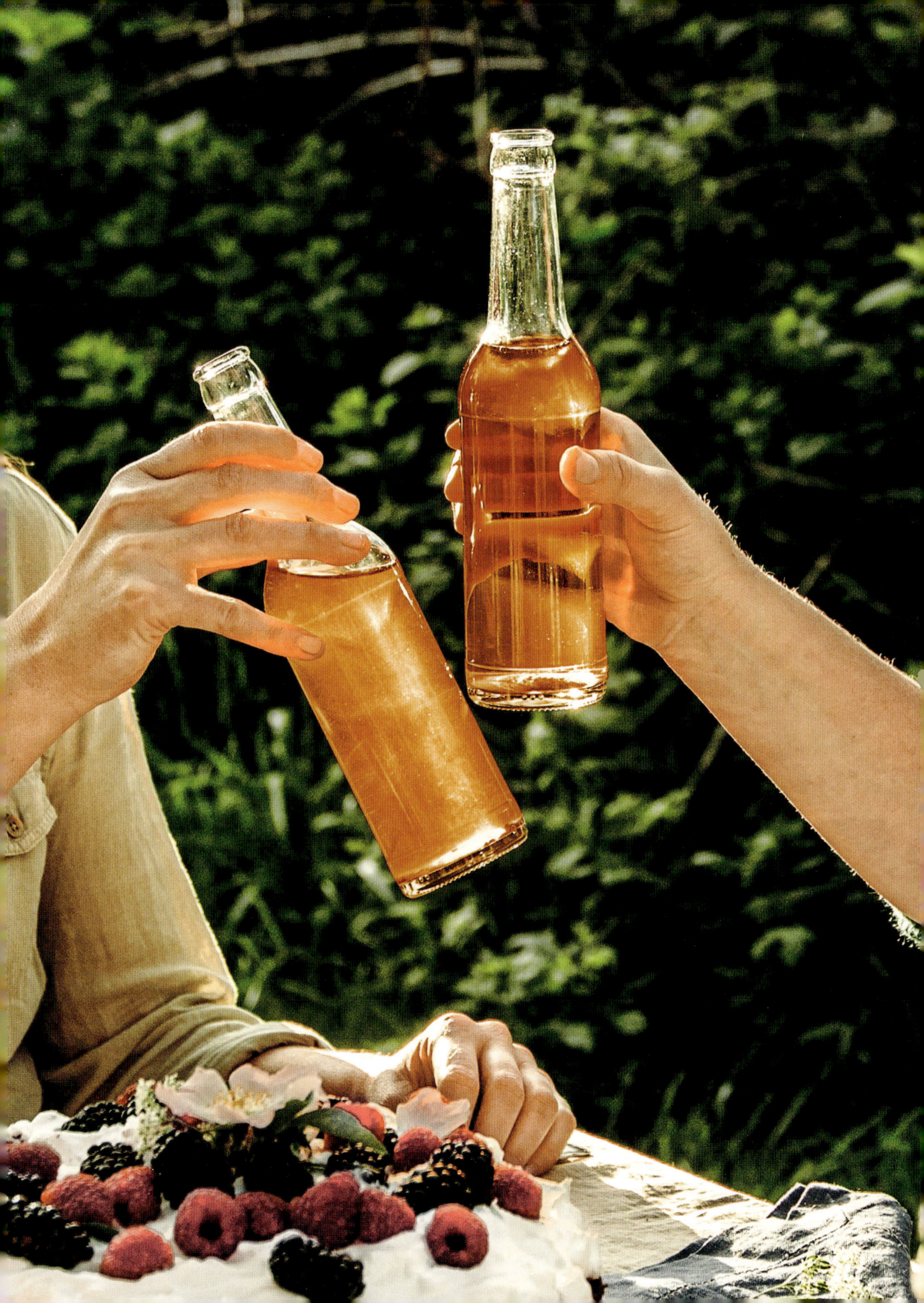

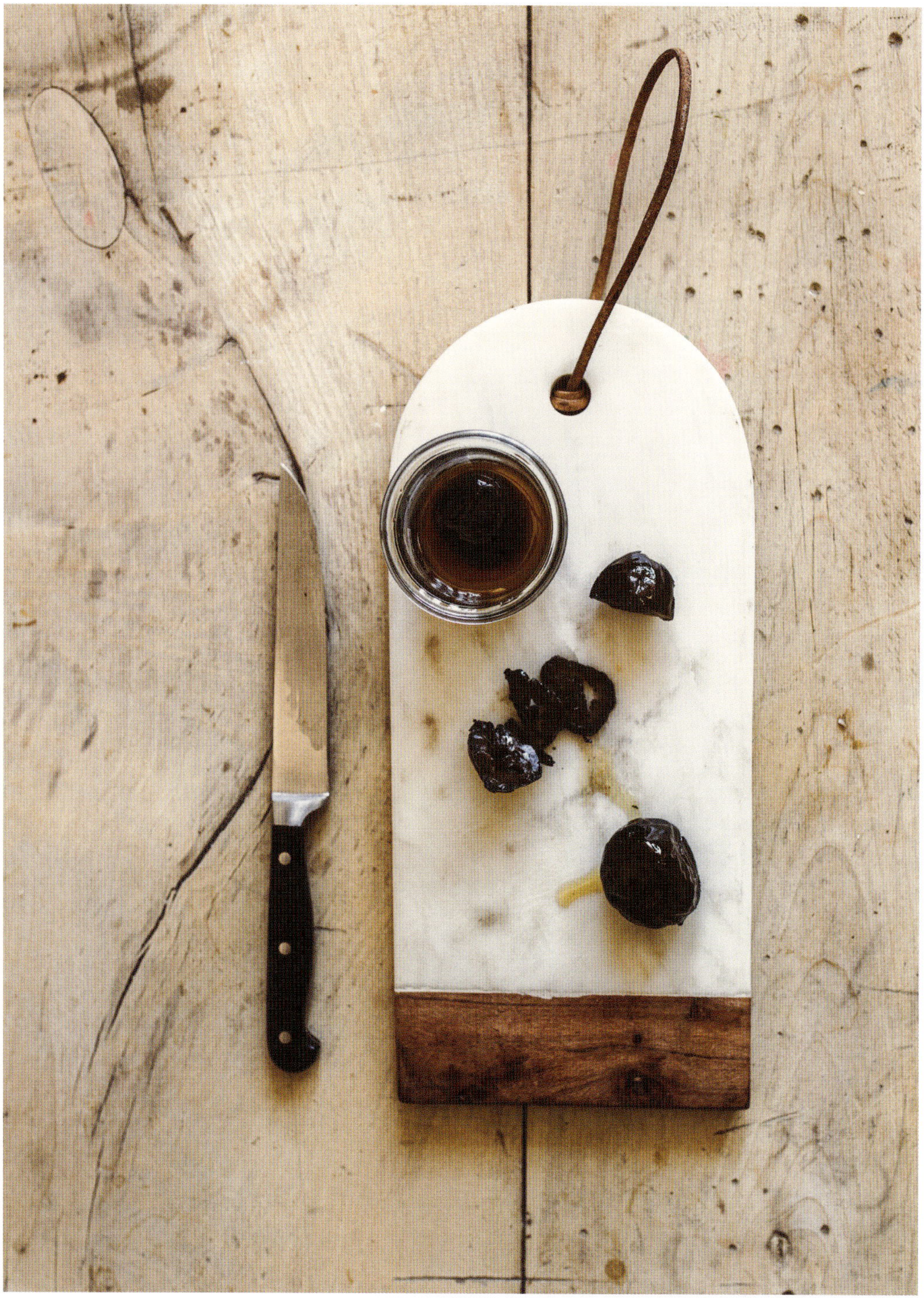

SCHWARZE NÜSSE

Wer wie wir nicht bis zum Herbst auf die Walnussernte warten möchte, der kann bis zum Frühsommer aus der noch grünen Nuss eine kleine Delikatesse herstellen. In Scheiben geschnitten passt diese Spezialität hervorragend zu Desserts, aber auch zu Käse und Fisch. Wir sammeln dafür im Juni erste grüne Walnüsse und aromatisieren sie mit Gewürzen.

FÜR 4 EINMACHGLÄSER
(À 300 ML)

20 grüne Walnüsse
700 g Rohrzucker
1 Vanilleschote
½ TL Zimtpulver
½ TL geriebene Muskatnuss
3 Gewürznelken
Schale von 1 Bio-Zitrone

AUSSERDEM
Nadel oder Zahnstocher
1 Schraubglas (ca. 1 l)

Die grünen Nüsse gründlich waschen. Mit einer Nadel oder einem Zahnstocher jede Nuss mehrmals an- oder durchstechen. Die Nüsse in ein mit Wasser gefülltes sterilisiertes Schraubglas geben und ca. 2 Wochen im Kühlschrank lagern. Mit den Nüssen verfärbt sich auch das Wasser dunkel, da die Gerbsäure langsam ausgeschwemmt wird. Es ist deshalb wichtig, das Wasser täglich zu wechseln.

Bleibt das Wasser relativ sauber und sind alle Nüsse komplett schwarz, diese abgießen und ca. 30 Minuten in einem Topf mit frischem Wasser kochen. Die Nüsse anschließend in ein Sieb abgießen und wieder in das sterilisierte Glas geben. Inzwischen in einem zweiten Topf 500 ml Wasser mit 500 g Zucker erhitzen. Den Zucker unter Rühren auflösen und Vanilleschote, Zimt, Muskat, Nelken und Zitronenschale zugeben. Die Mischung ca. 10 Minuten köcheln lassen, absieben und den Gewürzsud über die Nüsse in das Glas gießen. Bei Zimmertemperatur abkühlen lassen.

Am nächsten Tag den Sud abgießen und in einem Topf auffangen. Erneut 100 g Zucker zugeben, alles aufkochen und anschließend wieder über die Nüsse gießen. Diese Prozedur am dritten Tag wiederholen. Am vierten Tag die Nüsse mit dem Sirup aufkochen. Jeweils fünf Nüsse mit Sirup in ein kleineres sterilisiertes Glas füllen und dieses verschießen. Für den perfekten Geschmack die schwarzen Nüsse an einem kühlen Ort ca. 5 Monate reifen lassen.

Die Nüsse am besten mit Küchenhandschuhen verarbeiten, da sie aufgrund ihrer Gerbsäure stark färben.

BROTZEITGURKEN

Bei einer richtigen Brotzeit dürfen sie natürlich nicht fehlen: Essiggurken sind der Klassiker, wenn es ums Einwecken geht. Mit diesem Rezept als Grundlage lassen sich prinzipiell alle Gemüsesorten einlegen. Für die Haltbarkeit ist es wichtig, die Gläser vor dem Einlegen auszukochen, damit sich kein Schimmel bildet.

FÜR 1 EINMACHGLAS (1 L)

500 g kleine Gurken
3 El Salz
1 große Zwiebel
Je 2–3 Stängel Fenchel- und Bohnenkraut
300 ml Holunderblütensirup (Rezept s. S. 69; ersatzweise Zuckersirup)
300 ml Weißweinessig
1 Chilischote
1 TL Dillsamen
1 TL Senfkörner
1 TL Pfefferkörner
½ TL Fenchelsamen
1 Lorbeerblatt

AUSSERDEM
1 Einmachglas (ca. 1 l)

Die Gurken gründlich waschen. 1 l Wasser mit 1 EL Salz in einer Schüssel vermischen und die Gurken darin über Nacht einlegen. Am nächsten Tag das Salzwasser abgießen. Die Gurken sind nun weich und fertig zur weiteren Verarbeitung. Die Zwiebel schälen und in feine Scheiben schneiden. Fenchel- und Bohnenkraut abbrausen. Zwiebel, Kräuter und Gurken in ein sterilisiertes Einmachglas schichten.

Inzwischen in einem Topf 300 ml Wasser, Holunderblütensirup, das restliche Salz und Weißweinessig aufkochen. Die Chili waschen und mit den anderen Gewürzen in den Topf geben, alles 5–10 Minuten weiterköcheln lassen. Den heißen Sud über die Gurken gießen. Das Glas verschließen und die Brotzeitgurken vor dem Verzehr mindestens 4 Tage an einem kühlen Ort ziehen lassen.

Bei kühler Lagerung sind die Gurken bis zur nächsten Saison haltbar. Geöffnete Gläser im Kühlschrank aufbewahren und zeitnah verbrauchen.

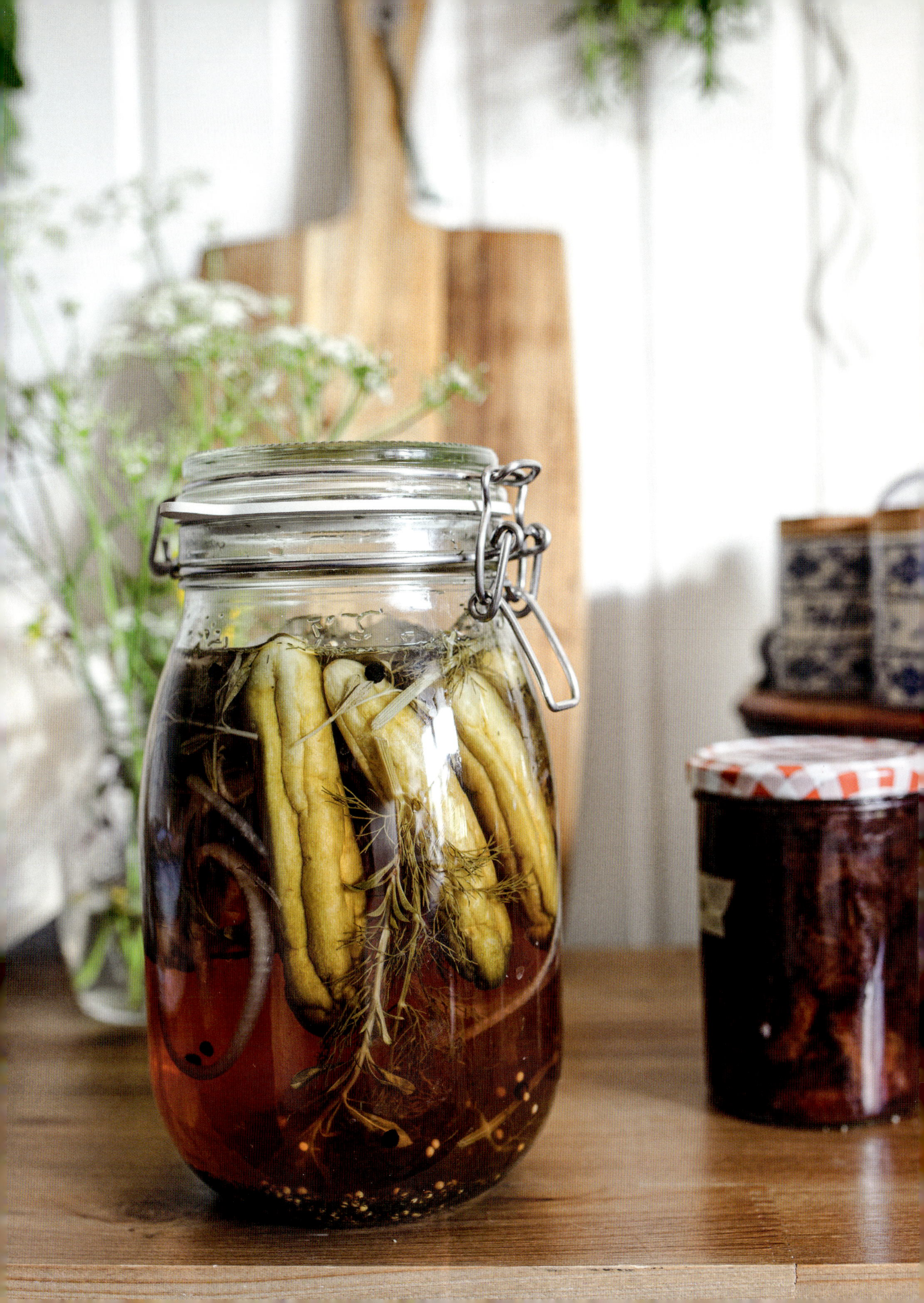

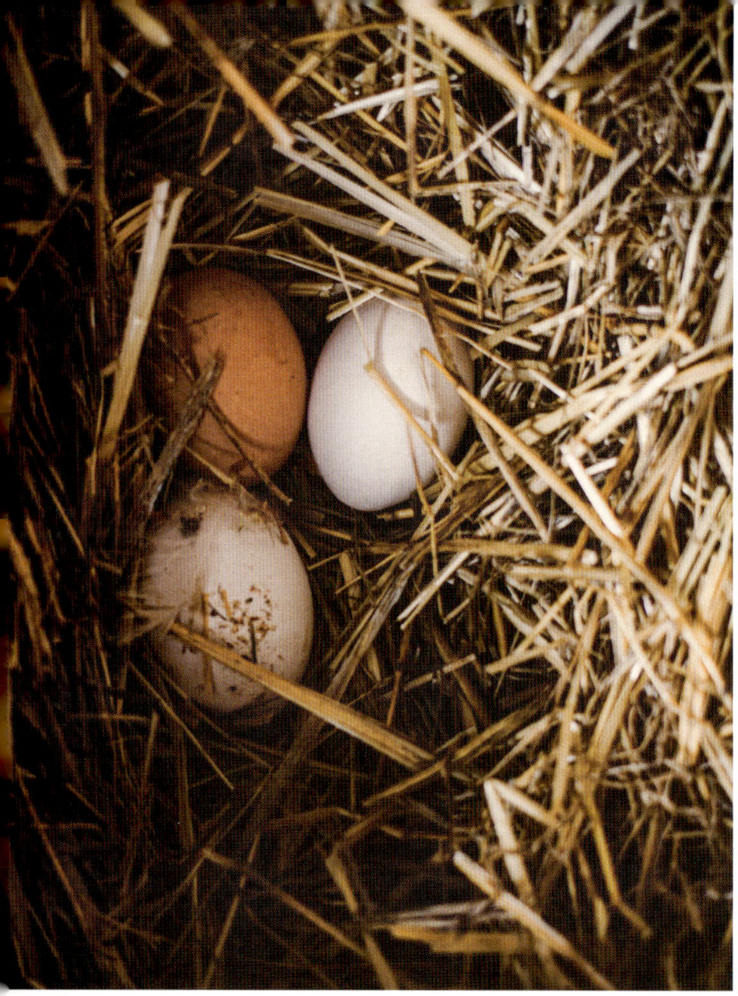
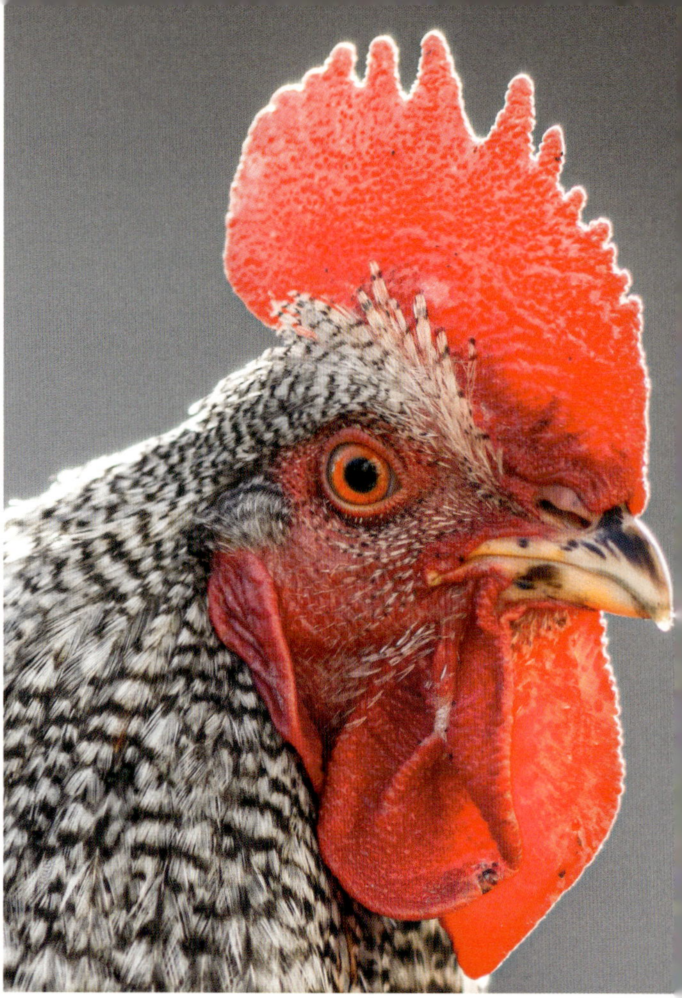
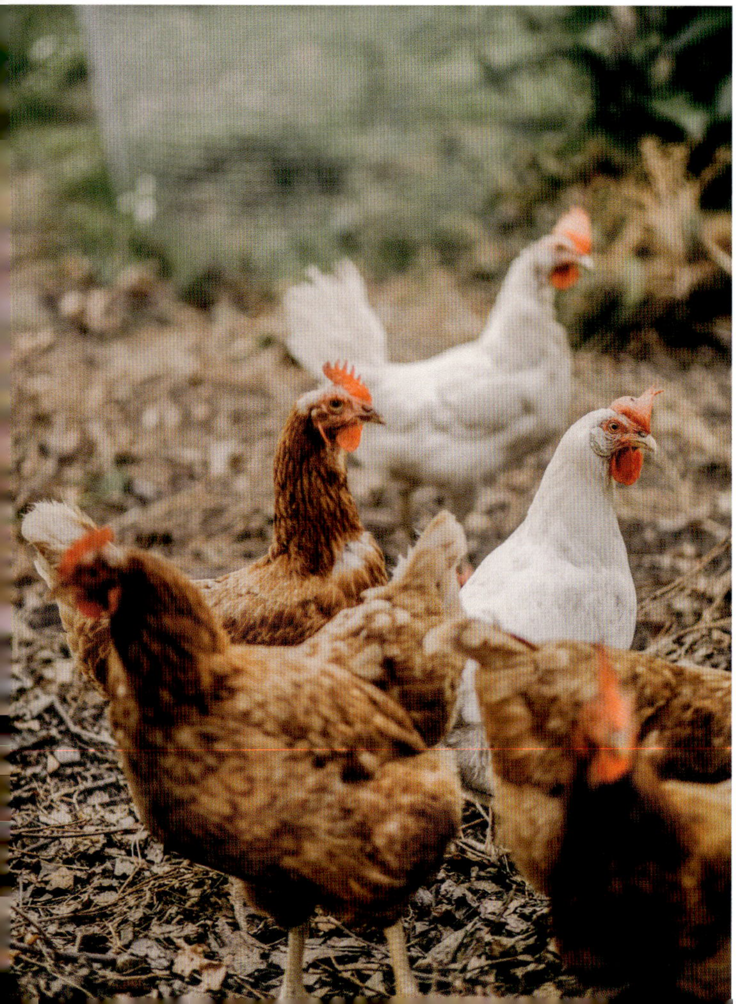
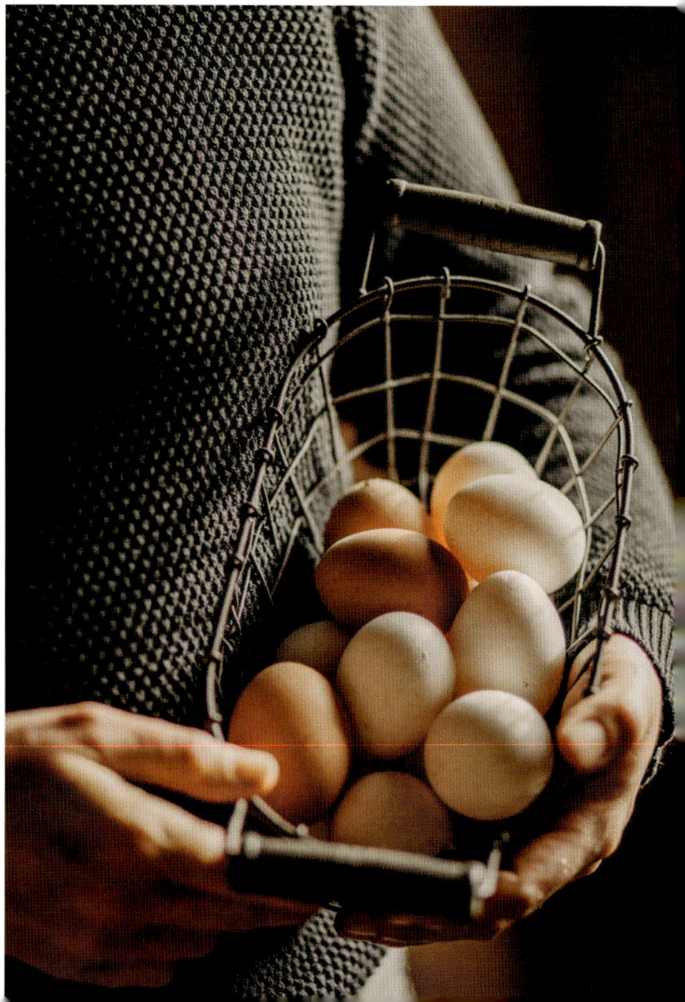

HÜHNER HALTEN – DIE BASICS

Das Schöne an Hühnern ist, dass sie uns fast täglich Eier zum Frühstück schenken. Frischer geht es kaum. Aber auch einfach nur das Verhalten des sozialen und klugen Federviehs zu beobachten macht uns ziemlich glücklich.

Hühner sind genügsam, benötigen aber mindestens einmal täglich frisches Wasser und Futter (z. B. Geflügelkörnermix aus 90 % Weizen und 10 % Bio-Legemehl). Jede Rasse hat ihre eigenen Stärken. Bei der Auswahl lässt man sich am besten von sachkundigen Züchtern beraten. Unabdingbar ist es, sich über die aktuell geltenden rechtlichen Auflagen des Tierschutzes bei der lokalen Verwaltungsbehörde zu informieren. Auch freuen sich gewiss die Nachbarn über eine kurze Vorabinfo zur geplanten „Familienerweiterung".

Ein Huhn ist ein soziales Wesen und will auf keinen Fall allein leben – mindestens drei bis fünf Hühner sollten es schon sein. Für den Auslauf reicht ein kleiner Garten: Pro Huhn sollte man 10 – 20 m² rechnen. Allerdings empfiehlt es sich, den Auslauf abzugrenzen, denn das fleißige Geflügel unterscheidet beim Scharren nicht zwischen Rasen oder Gemüsebeet. Die Größe des Stalles muss mindestens 2 m² für drei Hühner betragen und sollte so eingerichtet sein, dass jedes Tier artgemäß fressen, trinken, sich ausruhen, im Staub baden und ein Nest bauen kann. Das Schlafen auf einer Stange ist sehr wichtig: Es ist ein natürliches Bedürfnis nach Sicherheit und dient auch zur Klärung der Rangordnung.

Hühner benötigen viel Auslauf, deswegen dürfen sie bei uns täglich draußen frei herumlaufen. Das hat auch noch praktische Gründe: Während sie sich ihrem natürlichen Verhalten widmen und den Garten von Ungeziefer befreien, bleibt der Stall länger sauber. In der Regel sollte man diesen aber mindestens einmal pro Woche misten und das Stroh wechseln, um Milbenbefall vorzubeugen.

REGISTER

A

Apfel
- Apfelblüten-Whiskey mit Honig 19
- Zucchini-Fritters mit Apfel-Chutney 71
- Rote-Bete-Nudeln mit Gemüsechips und Walnusspesto 109
- Apfelpfannkuchen 126
- Rotkohlpuffer mit Feldsalat und Walnüssen 157
- Rotkohlsalat mit Feta 167
- Bratapfel mit Vanillesauce 172
- Grünkohlsalat mit Buttermilchdressing 177
- Gewürz-Apfel-Punsch 180
- Cider – Apfelwein 192

Apfelblüten-Whiskey mit Honig 19

Apfelpfannkuchen 124

Aubergine
- Garten-Shakshuka 61
- Stockbrot mit Auberginen-Dip 84

Ausgebackene Holunderblüten 42

B

Bärlauch
- Würzige Bärlauch-Scones mit Bergkäse 41
- Bärlauchkapern mit gegrillter Paprika 74

Bärlauchkapern mit gegrillter Paprika 74

Basilikum
- Sommerliche Tomatentarte 64
- Zucchini-Fritters mit Apfel-Chutney 71

Bier
- Ausgebackene Holunderblüten 42
- Bier-Brathendl 97

Bier-Brathendl 97

Birnen
- Gefüllte Nudeln mit Balsamico-Birne 124
- Rotwein-Gewürz-Kuchen mit versunkenen Birnen 123
- Winterporridge mit Birne 154

Blätterteig
- Sommerliche Tomatentarte 64

Bratapfel mit Vanillesauce 172

Brennnessel
- Brennnessel-Spätzle mit Röstzwiebeln 53

Brennnessel-Spätzle mit Röstzwiebeln 53

Brombeeren
- Steffis Geburtstagstorte 90

Brot
- Spinatknödel 50
- Romanesco-Sauerteig-Fladenbrot 107
- Gefüllte Kohlrabi 115
- Roggeneis mit Weißwein-Quitte 132
- Portulak mit Ei und geröstetem Brot 146
- Rotkohlpuffer mit Feldsalat und Walnüssen 157
- Gebackener Spitzkohl mit Butterbröseln 163
- Sauerteig 183 ff.

Brotzeitgurken 196

Bunter Kartoffelsalat mit Radieschengrün-Pesto 82

Buttermilch
- Grünkohlsalat mit Buttermilchdressing 177

C

Chili
- Rosenkohl-Kimchi 191
- Brotzeitgurken 196

Cider
- Cider – Apfelwein 192

Couscous
- Giersch-Apfelminz-Couscous mit Salzzitronen 29

Cider – Apfelwein 192

D

Datteln
- Grünes Tomaten-Relish 93

Dill
- Portulak mit Ei und geröstetem Brot 146
- Brotzeitgurken 196

Dinkel
- Rhabarber-Vanille-Tarte 38
- Würzige Bärlauch-Scones mit Bergkäse 41
- Tomaten-Focaccia 72
- Zucchini-Fritters mit Apfel-Chutney 71
- Stockbrot mit Auberginen-Dip 84
- Dinkel-Kaiserschmarrn mit Zwetschgenröster 95
- Romanesco-Sauerteig-Fladenbrot 107
- Kürbis-Gnocchi mit Gorgonzolasauce und Salbei 116
- Krautwickerl mit Dinkel und Haselnusssauce 118
- Winterporridge mit Birne 154
- Dinkelrisotto mit gebratenen Frühlingszwiebeln 179
- Sauerteig 183 ff.

Dinkel-Kaiserschmarrn mit Zwetschgenröster 95
Dinkelrisotto mit gebratenen Frühlingszwiebeln 179

E

Ei
- Radieschen-Wildkräuter-Tortilla 21
- Knusperbrot mit Erbsen, Karamellzwiebeln und Ei 32
- Rhabarber-Vanille-Tarte 38
- Würzige Bärlauch-Scones mit Bergkäse 41
- Ausgebackene Holunderblüten 42
- Frühlingssuppe mit Schnittlauch-Nockerln 47
- Spinatknödel 50
- Brennnessel-Spätzle mit Röstzwiebeln 52
- Garten-Shakshuka 61
- Zucchini-Fritters mit Apfel-Chutney 71
- Pavlova mit Erdbeer-Rhabarber-Kompott 80
- Dinkel-Kaiserschmarrn mit Zwetschgenröster 95
- Rote-Bete-Nudeln mit Gemüsechips und Walnusspesto 109
- Kürbiskekse 112
- Gefüllte Kohlrabi 115
- Kürbis-Gnocchi mit Gorgonzolasauce und Salbei 116
- Rotwein-Gewürz-Kuchen mit versunkenen Birnen 123
- Gefüllte Nudeln mit Balsamico-Birne 124
- Apfelpfannkuchen 126
- Roggeneis mit Weißwein-Quitte 132
- Portulak mit Ei und geröstetem Brot 146
- Rotkohlpuffer mit Feldsalat und Walnüssen 157
- Schwarzwurzeltarte 171
- Bratapfel mit Vanillesauce 172

Erbsen
- Frühlingspizza mit grünem Spargel und Zuckererbsen 22
- Knusperbrot mit Erbsen, Karamellzwiebeln und Ei 32
- Bunter Kartoffelsalat mit Radieschengrün-Pesto 82

Erdbeeren
- Grüner Spargel mit Balsamico, Erdbeeren und Parmesan 31
- Rhabarber-Wacholder-Gin am Stiel 79
- Pavlova mit Erdbeer-Rhabarber-Kompott 80

F

Feldsalat
- Rotkohlpuffer mit Feldsalat und Walnüssen 157

Fenchel
- Brotzeitgurken 196

Fermentierte Pilze 137

Feta
- Rotkohlsalat mit Feta 167

Fisch
- Frühlingssalat mit Räucherforelle und schwarzer Nuss 26

Fleisch
- Rinderschmorbraten mit Wurzelgemüse 149

- Krensuppe mit Speck 175

Frischkäse
- Gefüllte Nudeln mit Balsamico-Birne 124
- Roggeneis mit Weißwein-Quitte 132

Frühlingspizza mit grünem Spargel und Zuckererbsen 22
Frühlingssalat mit Räucherforelle und schwarzer Nuss 26
Frühlingssuppe mit Schnittlauch-Nockerln 47

Frühlingszwiebel
- Frühlingspizza mit grünem Spargel und Zuckererbsen 22
- Garten-Shakshuka 61
- Bunter Kartoffelsalat mit Radieschengrün-Pesto 82
- Dinkelrisotto mit gebratenen Frühlingszwiebeln 179

G

Garten-Shakshuka 61
Gebackener Spitzkohl mit Butterbröseln 163
Gefüllte Kohlrabi 115
Gefüllte Nudeln mit Balsamico-Birne 124
Gewürz-Apfel-Punsch 180
Giersch-Apfelminz-Couscous mit Salzzitronen 29

Gin
- Johannisbeer-Shrub 62
- Rhabarber-Wacholder-Gin am Stiel 79
- Sloe Gin Fizz 160

Grieß
- Frühlingssuppe mit Schnittlauch-Nockerln 47
- Kürbis-Gnocchi mit Gorgonzolasauce und Salbei 116

Grüner Spargel mit Balsamico, Erdbeeren und Parmesan 31
Grünes Tomaten-Relish 93

Grünkohl
- Stoppelrübeneintopf 153
- Grünkohlsalat mit Buttermilchdressing 177

Grünkohlsalat mit Buttermilchdressing 177

Gurke
- Gurkendrink mit Holunder 69
- Portulak mit Ei und geröstetem Brot 146
- Brotzeitgurken 196

Gurkendrink mit Holunder 69

H

Hähnchen
- Bier-Brathendl 97

Haselnuss
- Krautwickerl mit Dinkel und Haselnusssauce 118

Himbeeren
- Steffis Geburtstagstorte 90

Holunder
- Brotzeitgurken 196
- Ausgebackene Holunderblüten 42
- Gurkendrink mit Holunder 69
- Pavlova mit Erdbeer-Rhabarber-Kompott 80

Honig
- Apfelblüten-Whiskey mit Honig 19
- Frühlingspizza mit grünem Spargel und Zuckererbsen 22
- Knusperbrot mit Erbsen, Karamellzwiebeln und Ei 32
- Johannisbeer-Shrub 62
- Roggeneis mit Weißwein-Quitte 132
- Honig-Vanille-Rosenkohl mit Pürree 145
- Winterporridge mit Birne 154
- Bratapfel mit Vanillesauce 172
- Sauerteig 183 ff.
- Rosenkohl-Kimchi 191

Honig-Vanille-Rosenkohl mit Pürree 145

I

Ingwer

- Zucchini-Fritters mit Apfel-Chutney 71
- Grünes Tomaten-Relish 93
- Kürbissuppe 128
- Rosenkohl-Kimchi 191

J

Joghurt
- Rote-Bete-Suppe mit Meerettich-Joghurt 164

Johannisbeer-Shrub 62

K

Kapern
- Romanesco-Sauerteig-Fladenbrot 107

Kartoffeln
- Radieschen-Wildkräuter-Tortilla 21
- Bunter Kartoffelsalat mit Radieschengrün-Pesto 82
- Kürbis-Gnocchi mit Gorgonzolasauce und Salbei 116
- Kürbissuppe 128
- Honig-Vanille-Rosenkohl mit Pürree 145
- Stoppelrübeneintopf 153

Käse
- Grüner Spargel mit Balsamico, Erdbeeren und Parmesan 31
- Würzige Bärlauch-Scones mit Bergkäse 41
- Spinatknödel 50
- Brennnessel-Spätzle mit Röstzwiebeln 53
- Romanesco-Sauerteig-Fladenbrot 107
- Rote-Bete-Nudeln mit Gemüsechips und Walnusspesto 109
- Kürbis-Gnocchi mit Gorgonzolasauce und Salbei 116
- Krautwickerl mit Dinkel und Haselnusssauce 118
- Gefüllte Nudeln mit Balsamico-Birne 124
- Roggeneis mit Weißwein-Quitte 132
- Schwarzwurzeltarte 171
- Dinkelrisotto mit gebratenen Frühlingszwiebeln 179

Knusperbrot mit Erbsen, Karamellzwiebeln und Ei 32

Kohlrabi
- Gefüllte Kohlrabi 115

Koriander
- Garten-Shakshuka 61

Kräuterbutter aus dem Glas 87
Krautwickerl mit Dinkel und Haselnusssauce 118
Krensuppe mit Speck 175

Kürbis
- Kürbiskekse 112
- Kürbis-Gnocchi mit Gorgonzolasauce und Salbei 116
- Kürbissuppe 128

Kürbis-Gnocchi mit Gorgonzolasauce und Salbei 116
Kürbiskekse 112
Kürbissuppe 128

L

Lauch
- Frühlingssuppe mit Schnittlauch-Nockerln 47
- Rinderschmorbraten mit Wurzelgemüse 149
- Stoppelrübeneintopf 153
- Rosenkohl-Kimchi 191

Liebstöckel
- Knusperbrot mit Erbsen, Karamellzwiebeln und Ei 32
- Frühlingssuppe mit Schnittlauch-Nockerln 47

M

Mangold
- Mangoldstrudel mit getrockneten Tomaten 49

Mangoldstrudel mit getrockneten Tomaten 49

Maronen
- Pastinaken-Schwarzwurzel-Suppe mit gerösteten Maronen 104

Meerrettich
- Frühlingssalat mit Räucherforelle und schwarzer Nuss 26

- Frühlingssuppe mit Schnittlauch-Nockerln 47
- Rote-Bete-Suppe mit Meerettich-Joghurt 164
- Krensuppe mit Speck 175

Minze
- Giersch-Apfelminz-Couscous mit Salzzitronen 29
- Knusperbrot mit Erbsen, Karamellzwiebeln und Ei 32

Möhre
- Frühlingssuppe mit Schnittlauch-Nockerln 47
- Rinderschmorbraten mit Wurzelgemüse 149
- Stoppelrübeneintopf 153
- Rotkohlsalat mit Feta 167

N

Nüsse
- Frühlingssalat mit Räucherforelle und schwarzer Nuss 26
- Rote-Bete-Nudeln mit Gemüsechips und Walnusspesto 109
- Kürbiskekse 112
- Kürbis-Gnocchi mit Gorgonzolasauce und Salbei 116
- Krautwickerl mit Dinkel und Haselnusssauce 118
- Rotwein-Gewürz-Kuchen mit versunkenen Birnen 123
- Rotkohlpuffer mit Feldsalat und Walnüssen 157
- Bratapfel mit Vanillesauce 172
- Schwarze Nüsse 195

O

Orange
- Gewürz-Apfel-Punsch 180

P

Paprika
- Garten-Shakshuka 61
- Bärlauchkapern mit gegrillter Paprika 74

Pastinaken
- Pastinaken-Schwarzwurzel-Suppe mit gerösteten Maronen 104
- Rinderschmorbraten mit Wurzelgemüse 149

Pastinaken-Schwarzwurzel-Suppe mit gerösteten Maronen 104

Pavlova mit Erdbeer-Rhabarber-Kompott 80

Pesto
- Tomaten-Focaccia mit Gartenkräutern 72
- Bunter Kartoffelsalat mit Radieschengrün-Pesto 82
- Rote-Bete-Nudeln mit Gemüsechips und Walnusspesto 109

Pilze
- Fermentierte Pilze 137

Portulak
- Portulak mit Ei und geröstetem Brot 146

Portulak mit Ei und geröstetem Brot 146

Preiselbeeren
- Apfelpfannkuchen 124
- Rotkohlpuffer mit Feldsalat und Walnüssen 157

Q

Quitte
- Roggeneis mit Weißwein-Quitte 132

R

Radieschen
- Radieschen-Wildkräuter-Tortilla 21
- Bunter Kartoffelsalat mit Radieschengrün-Pesto 82

Radieschen-Wildkräuter-Tortilla 21

Rettich
- Rosenkohl-Kimchi 191

Rhabarber
- Rhabarber-Vanille-Tarte 38
- Rhabarber-Wacholder-Gin am Stiel 79
- Pavlova mit Erdbeer-Rhabarber-Kompott 80

Rhabarber-Vanille-Tarte 38

Rhabarber-Wacholder-Gin am Stiel 79

Ricotta
- Rhabarber-Vanille-Tarte 38
- Mangoldstrudel mit getrockneten Tomaten 49

Rinderschmorbraten mit Wurzelgemüse 149

Rindfleisch
- Rinderschmorbraten mit Wurzelgemüse 149

Roggen
- Romanesco-Sauerteig-Fladenbrot 107
- Roggeneis mit Weißwein-Quitte 132
- Sauerteig 183 ff.

Roggeneis mit Weißwein-Quitte 132

Romanesco
- Romanesco-Sauerteig-Fladenbrot 107

Romanesco-Sauerteig-Fladenbrot 107

Rosenkohl
- Honig-Vanille-Rosenkohl mit Pürree 145
- Rosenkohl-Kimchi 191

Rosenkohl-Kimchi 191

Rosmarin
- Rosmarin-Rum-Cocktail 37
- Sommerliche Tomatentarte 64
- Bärlauchkapern mit gegrillter Paprika 74
- Bier-Brathendl 97

Rosmarin-Rum-Cocktail 37

Rote Bete
- Rote-Bete-Nudeln mit Gemüsechips und Walnusspesto 109
- Rote-Bete-Suppe mit Meerettich-Joghurt 164

Rote-Bete-Nudeln mit Gemüsechips und Walnusspesto 109
Rote-Bete-Suppe mit Meerettich-Joghurt 164

Rotkohl
- Rotkohlpuffer mit Feldsalat und Walnüssen 157
- Rotkohlsalat mit Feta 167

Rotkohlpuffer mit Feldsalat und Walnüssen 157
Rotkohlsalat mit Feta 167
Rotwein-Gewürz-Kuchen mit versunkenen Birnen 123

Rucola
- Frühlingspizza mit grünem Spargel und Zuckererbsen 22
- Grüner Spargel mit Balsamico, Erdbeeren und Parmesan 31

Rum
- Rosmarin-Rum-Cocktail 37
- Johannisbeer-Shrub 62
- Dinkel-Kaiserschmarrn mit Zwetschgenröster 95
- Gewürz-Apfel-Punsch 180

S

Salbei
- Spinatknödel 50
- Kräuterbutter aus dem Glas 87
- Kürbis-Gnocchi mit Gorgonzolasauce und Salbei 116

Sauerteig
- Sauerteig 183 ff.
- Romanesco-Sauerteig-Fladenbrot 107

Schlehen
- Sloe Gin Fizz 160

Schnittlauch
- Frühlingspizza mit grünem Spargel und Zuckererbsen 22
- Frühlingssalat mit Räucherforelle und schwarzer Nuss 26
- Grüner Spargel mit Balsamico, Erdbeeren und Parmesan 31
- Knusperbrot mit Erbsen, Karamellzwiebeln und Ei 32
- Frühlingssuppe mit Schnittlauch-Nockerln 47
- Kräuterbutter aus dem Glas 87
- Rotkohlsalat mit Feta 167

Schwarze Nüsse 195

Schwarzwurzel
- Pastinaken-Schwarzwurzel-Suppe mit gerösteten Maronen 104
- Schwarzwurzeltarte 171

Schwarzwurzeltarte 171

Sellerie
- Frühlingssuppe mit Schnittlauch-Nockerln 47
- Rinderschmorbraten mit Wurzelgemüse 149
- Rotkohlsalat mit Feta 167

Sherry
- Pastinaken-Schwarzwurzel-Suppe mit gerösteten Maronen 104

Sloe Gin Fizz 160
Sommerliche Tomatentarte 64

Spargel
- Frühlingspizza mit grünem Spargel und Zuckererbsen 22
- Grüner Spargel mit Balsamico, Erdbeeren und Parmesan 31

Speck
- Krensuppe mit Speck 175

Spinatknödel 50

Spitzkohl
- Gebackener Spitzkohl mit Butterbröseln 163

Steffis Geburtstagstorte 90
Stockbrot mit Auberginen-Dip 84
Stoppelrübeneintopf 153

T

Thymian
- Sommerliche Tomatentarte 64
- Bärlauchkapern mit gegrillter Paprika 74
- Gefüllte Nudeln mit Balsamico-Birne 124

Tomaten
- Mangoldstrudel mit getrockneten Tomaten 49
- Garten-Shakshuka 61
- Sommerliche Tomatentarte 64
- Tomaten-Focaccia mit Gartenkräutern 72
- Grünes Tomaten-Relish 93

Tomaten-Focaccia mit Gartenkräutern 72

V

Vanille
- Rhabarber-Vanille-Tarte 38
- Dinkel-Kaiserschmarrn mit Zwetschgenröster 95
- Kürbiskekse 112
- Rotwein-Gewürz-Kuchen mit versunkenen Birnen 123
- Roggeneis mit Weißwein-Quitte 132
- Honig-Vanille-Rosenkohl mit Pürree 145
- Bratapfel mit Vanillesauce 172
- Schwarze Nüsse 195

W

Wacholder
- Rhabarber-Wacholder-Gin am Stiel 79

Walnüsse
- Rote-Bete-Nudeln mit Gemüsechips und Walnusspesto 109
- Kürbiskekse 112
- Kürbis-Gnocchi mit Gorgonzolasauce und Salbei 116
- Rotwein-Gewürz-Kuchen mit versunkenen Birnen 123
- Rotkohlpuffer mit Feldsalat und Walnüssen 157
- Bratapfel mit Vanillesauce 172
- Schwarze Nüsse 195

Wein
- Rosmarin-Rum-Cocktail 37
- Dinkel-Kaiserschmarrn mit Zwetschgenröster 95
- Rotwein-Gewürz-Kuchen mit versunkenen Birnen 123
- Roggeneis mit Weißwein-Quitte 132
- Rotkohlpuffer mit Feldsalat und Walnüssen 157
- Krensuppe mit Speck 175
- Dinkelrisotto mit gebratenen Frühlingszwiebeln 179

Weizen
- Frühlingspizza mit grünem Spargel und

Zuckererbsen 22
- Knusperbrot mit Erbsen, Karamellzwiebeln und Ei 32
- Ausgebackene Holunderblüten 42
- Mangoldstrudel mit getrockneten Tomaten 49
- Brennnessel-Spätzle mit Röstzwiebeln 52
- Steffis Geburtstagstorte 90
- Grünes Tomaten-Relish 93
- Rote-Bete-Nudeln mit Gemüsechips und Walnusspesto 109
- Kürbiskekse 112
- Gefüllte Kohlrabi 115
- Kürbis-Gnocchi 116
- Rotwein-Gewürz-Kuchen mit versunkenen Birnen 123
- gefüllte Nudeln mit Balsamico-Birne 124
- Apfelpfannkuchen 126
- Rinderschmorbraten 149
- Rotkohlpuffer mit Feldsalat und Walnüssen 157
- Schwarzwurzeltarte 171
- Krensuppe mit Speck 175
- Sauerteig 183 ff.

Whiskey
- Apfelblüten-Whiskey mit Honig 19

Wildkräuter
- Radieschen-Wildkräuter-Tortilla 21
- Frühlingssalat mit Räucherforelle und schwarzer Nuss 26
- Giersch-Apfelminz-Couscous mit Salzzitronen 29
- Bunter Kartoffelsalat mit Radieschengrün-Pesto 82
- Krautwickerl mit Dinkel und Haselnusssauce 118

Winterporridge mit Birne 154

Wirsing
- Krautwickerl mit Dinkel und Haselnusssauce 118

Wodka
- Zwetschgen-Cordial 135

Würzige Bärlauch-Scones mit Bergkäse 41

Z

Zimt

- Johannisbeer-Shrub 62
- Dinkel-Kaiserschmarrn mit Zwetschgenröster 95
- Kürbiskekse 112
- Rotwein-Gewürz-Kuchen mit versunkenen Birnen 123
- Kürbissuppe 128
- Roggeneis mit Weißwein-Quitte 132
- Winterporridge mit Birne 154
- Gewürz-Apfel-Punsch 180
- Schwarze Nüsse 195

Zitronen
- Giersch-Apfelminz-Couscous mit Salzzitronen 29
- Rosmarin-Rum-Cocktail 37
- Mangoldstrudel mit getrockneten Tomaten 49
- Gurkendrink mit Holunder 69
- Pavlova mit Erdbeer-Rhabarber-Kompott 80
- Dinkel-Kaiserschmarrn mit Zwetschgenröster 95
- Bier-Brathendl 97
- Roggeneis mit Weißwein-Quitte 132
- Sloe Gin Fizz 160
- Rote-Bete-Suppe mit Meerrettich-Joghurt 164
- Schwarze Nüsse 195

Zitronenmelisse
- Knusperbrot mit Erbsen, Karamellzwiebeln und Ei 32
- Dinkel-Kaiserschmarrn mit Zwetschgenröster 95

Zucchini-Fritters mit Apfel-Chutney 71

Zucchino
- Garten-Shakshuka 61
- Zucchini-Fritters mit Apfel-Chutney 71

Zuckererbsen
- Frühlingspizza mit grünem Spargel und Zuckererbsen 22
- Bunter Kartoffelsalat mit Radieschengrün-Pesto 82

Zwetschgen
- Zwetschgen-Cordial 135
- Dinkel-Kaiserschmarrn mit Zwetschgenröster 95

Zwetschgen-Cordial 135

Impressum

5 4 3 2 1   25 24 23 22 21

978-3-88117-238-7

Rezepte und Fotos: Elisabeth Grindmayer und Stephanie Haßelbeck, www.farmmade.de
Weitere Fotos: Carina Pilz
Illustrationen: shutterstock
Lektorat: Christin Geweke
Layout und Satz: Gesa Sander
Redaktion: Franziska Grünewald
Herstellung: Anja Bergmann
Litho: FSM Premedia GmbH & Co. KG, Münster

© 2021 Hölker Verlag in der Coppenrath Verlag GmbH & Co. KG
Hafenweg 30, 48155 Münster, Germany
Alle Rechte vorbehalten, auch auszugsweise
www.hoelker-verlag.de